한권으로 만나는 인도

인류문명의 요람, 종교와 신화의 보물창고, 인도를 말하다!

| 이병욱 지음 |

학문의 실용성이란 무엇일까? 논문의 경우라면 삶에서 벗어난 주제를 다루는 것이 아니라 현재의 삶과 밀접하게 관련된 주제를 연구하는 것을 말한다. 예컨대 요즘에는 환경오염이 심각하므로 철학 쪽에서도 이런 문제에 대해 어떤 대안을 제시할 것인지 고심하고 있다. 그런데 한편으로 '과연 논문을 읽는 독자가 얼마나 될까?'라는 의구심이 일어나는 것을 막을 수 없다. 아무리 현실과 밀접한 주제로 글을 쓰고, 독자가 읽을 수 있도록 여러 가지 요소를 배려했다고 해도 논문은 논문이다. 논문은 일반 대중이 가까이 하기에는 너무 먼 당신이다. 그래서 학문의 실용성에 동의하고 삶과 밀접한 주제로 연구하겠다고 생각해도, 과연 그것이 진정한 학문의 실용성인지 나 자신은 아직 확신하지 못하고 있다.

그러던 어느 날 갑자기 하나의 생각이 스치고 지나갔다. 대학에서 강의하는 사람으로서 학문의 실용성을 멀리서 찾을 것이 아니라, 당장 대학에서 내 강의를 듣는 학생들이 읽을 만한 교재를 만드는 것도 하나의 대안일 수 있겠다는 생각이 들었다. 그렇게 되면, 강의가 단순히 정보를 전달하는 데 그치는 것이 아니고 강의 자체가 하나의 생산적 작업이 된다. 그리고 자연히 강의에 임하는 자세가 아무래도 그전보다 더 진지해지는 부수입이 생기고, 사는 즐거움도 더 커진다. 이런 생각의 과정을 통해서 이 책을 쓰게 되었다. 이 책은 인도에 대해서 일반 독자가 잘 이해할 수 있도록 5가지 주제를 통해서 접근한 것이다.

이 책은 모두 5장으로 구성되어 있다. 1장에서는 인도에 대한 전반적 이해를 돕기 위해 인도의 지역, 인종과 언어, 현대 인도의 여러 모습과 특징에 대해 개괄적으로 소개하였다. 특히 현대 인도의 특징에서는 인도의 전통문화가 현대 인도에 어떤 영향을 끼쳤는지에 주안점을 두었다. 2장에서는 인도의 역사를 간단하게 다루었다. 1장에서 현대 인도의 여러 모습을 간단히 소개하였는데, 그것이 어떻게 해서 형성된 것인지 역사적 배경을 알아보고자 했다. 인도의 역사는 크게 말하자면 힌두 시대, 이슬람 시대, 영국 식민지 시대, 오늘의 독립국가 시대로 구분할 수 있다. 2장에서는 이 구분에 토대를 두고 힌두 시대에 대해 조금 더 살을 붙여보았다.

1장과 2장을 통해 현대 인도의 모습과 인도의 역사를 이해하면, 어느 정도 인도에 대한 개괄적 그림을 그릴 수 있다. 이제 인도에 대해 구체적 모습을 알아볼 차례이다. 인도를 대표할 만한 내용은 여러 가지가 있겠지만, 여기서는 3가지에 주목하고자 한다. 그것은 인도의 종교와 철학, 인도의 신화, 그리고 카스트제도이다.

'인도' 하면 우선 떠오르는 것이 종교의 나라라고 하는 점이다. 그래서 인지 '인도' 하면 벌거벗은 수행자가 고행을 하는 것이 연상된다. 3장에 서는 인도의 종교와 철학, 곧 힌두교, 불교, 자이나교, 시크교에 대해 검토하였다. 아울러 인도의 종교를 보다 잘 이해하기 위해서 종교의 개념과 세계의 종교도 간단히 언급하였다. 다른 종교에 대한 기본적 인식이 있을 때 인도의 종교에 대해 더욱 잘 이해할 수 있을 것이기 때문이다. 그 요점은 유대교, 기독교, 이슬람교의 일신교 전통, 유교와 도교의 중국 현세간주의 전통, 업과 윤회를 공통분모로 하는 인도 종교로 구분해서 바라볼 때 인도 종교를 잘 이해할 수 있다는 것이다.

4장에서는 인도의 신화를 다루었다. 그 가운데서 힌두교의 브라흐마, 비슈누, 쉬바의 3신 신화와 그 배우자 신神을 중심으로 논의를 전개하였다. 여기서도 인도의 신화를 소개하기에 앞서서 신화란 무엇이고 신화가 왜 중요한 것인지를 알아보고, 그 다음에 인도 신화, 중국 신화, 한국 신화에 대해 간단히 비교하였다. 물론 더 많은 비교를 하면 더욱 좋겠지만 필자의 역량이 부족해서 중국·한국의 신화와 비교하는 데 그쳤다. 이렇게 비교를 하면 인도 신화의 특징이 더욱 선명해질 것이라고 기대한다. 그 요점은 인도의 신화는 종교적 색채가 강한 것이고, 중국의 신화는 인간적 요소에 비중을 두는 것이며, 한국의 신화에서는 남방문화와 북방문화가 결합된 것을 읽을 수 있다는 것이다.

5장에서는 인도의 카스트제도를 검토하였다. 아마도 대부분의 독자들이 인도의 카스트제도에 대해 어느 정도는 알고 있을 것이다. 그만큼 카스트제도가 인도를 대표하는 특징이기 때문이다. 이 책에서는 카스트제도를 이해하기 위해서 노예제, 신분제, 계급, 카스트제도를 비교하였다. 이런 비교를 통해서 카스트제도가 더욱 분명하게 이해될 것이라고 기대된다. 그 요점은 다른 중세적 신분질서(노예제와 신분제)에서는 개인의 노력에 의해 신분상승이 가능하지만, 카스트제도에서는 개인적 신분상승은 가능하지 않고 해당 카스트 전체가 올라가야 한다는 것이다. 이는 그만큼 카스트제도가 신분적 제한이 심하다는 것을 보여준다. 그 다음에 카스트제도의 성립과 전개를 알아보고, 현대 인도의 카스트 모습에 대해 3가지 관점에서 간단히 서술하였다.

이 책은 고려대(조치원 캠퍼스)와 안동대에서 강의한 내용을 중심으로 이루어졌다. 먼저 나의 강의를 경청해준 학생들에게 고맙다는 말을

8

하고 싶다. 그리고 이 책에 사용된 사진을 제공해준 선문대학교 문선영 교수님에게도 감사의 인사를 드린다. 이 책의 출판을 선뜻 동의해준 운주사에도 고맙다는 말을 전한다. 최근 인도학에 관한 연구가 상당히 진행되고 있고, 그에 대한 저술활동도 활발하다. 이 책은 이러한 연구와 저술활동들에 힘입어 나온 것이다. 아무쪼록 이 책의 내용이 인도의 이해에 조금이라도 보탬이 되었으면 하는 심정으로 이 글을 마친다.

2011년 2월
이병욱

2장 인도의 역사 _81

3장 인도의 종교

4장 인도의 신화

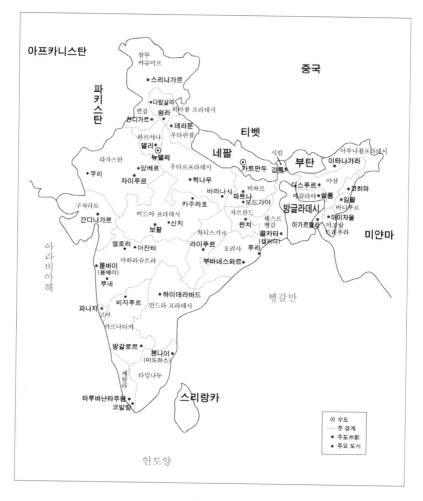

아프카니스탄

파키스탄

잠무
카슈미르

스리나가르

딤람살라
히마찰 프라데시
펀잡
심라
찬디가르
데라둔
하르야나
우타란찰

델리
뉴델리

라자스탄

쿠리

암베르
자이푸르

우타르프라데시

럭나우

바라나시

카주라호

마드야 프라데시

보팔
산치

차티스가르
라이푸르

엘로라
아잔타

마하라슈트라

뭄바이
(봄베이)
뿌네

파나지
고아
비자푸르

카르나타카

방갈로르
첸나이
(마드라스)
타밀나두

케랄라

타루바난타푸람
코발람

중국

티벳

네팔

카트만두

시킴
감톡

비하르
파트나
보드가야
자르칸드
란치

오리사
푸리

부바네스와르

하이데라바드

안드라 프라데시

부탄

아루나찰프라데시
이타나가라

아삼
디스푸르
코히마
메갈라야
실롱
임팔
마니푸르

방글라데시

웨스트
뱅갈
콜카타
(캘커타)

아가르탈라
미조람
트리푸라

미얀마

벵갈만

스리랑카

아라비아해

인도양

⊙ 수도
····· 주 경계
● 주도州都
• 주요 도시

인도 지도

1장 인도의 이해

1. 인도의 자연환경

인도의 다양성은 복잡한 지리적 조건, 기후, 인종, 언어, 종교, 풍습 등에서 말미암은 것이다. 우선 자연환경부터 살펴보자. 인도는 하나의 대륙으로 볼 수 있다는 주장이 있는데, 이 경우에는 아대륙(亞大陸, Sub-continent)이라는 용어를 사용한다. 인도아대륙은 크게 4부분으로 나누어볼 수 있다. 먼저 히말라야 산록(山麓: 산기슭)에는 카슈미르, 네팔, 시킴, 부탄 등이 위치해 있다. 동서로 약 2천마일 정도로 뻗어 있는 히말라야 산맥은 인도에 많은 영향을 끼쳤다. 만년설로 덮여 있는 히말라야 산맥은 북쪽에서 침입하는 외적을 막아 주는 역할을 하였고, 티베트로부터 불어오는 찬 공기도 막아 주었다. 북부 평야지대를 지나는 3개의 큰 강(인더스 강, 갠지스 강, 브라흐마푸트라Brahmaputra

강)이 히말라야 산맥에서 시작되었다.

북부의 평야지대는 북쪽의 히말라야 산맥과 중부의 데칸Deccan고원 사이에 위치하고 있기 때문에 커다란 분지를 이룬다. 펀자브Punjab 지방에서 벵골Bengal 지방에 이르는 커다란 평야는 메마른 지역이지만 히말라야 산맥으로부터 눈이 녹아내린 물이 여러 개의 강을 통해서 흐르고 있기 때문에 어느 정도 경작이 가능하다. 비교적 비옥한 평야라 는 유리한 조건 때문에 고대로부터 이 지역은 인구가 집중되었고, 따라서 북부 평야지대가 인도 역사의 중심 무대가 되었다. 조그마한 산이 하나도 없는 곳, 곧 넓은 평야라는 조건 때문에 서북쪽에서 외적外 敵이 펀자브 지방의 강을 넘어오면 큰 어려움이 없이 벵골 지방까지 정복할 수 있었다.

중부 인도에는 빈디야Vindhya 산맥과 사트푸라Satpura 산맥이 있는 데, 이 두 산맥이 데칸고원을 이루고 있다. 이 데칸고원으로 인해서 북부 평야지대에는 혹서酷暑가 오기도 하지만, 또한 데칸고원으로 인해서 북부의 정치 세력이 남쪽으로 확대되지 못하였다. 데칸고원의 마라타족은 체격은 작지만, 자연환경의 영향을 받아서 끈기 있고 강인 한 민족의식을 발휘하여 무굴 제국이 남쪽으로 내려오는 것을 막았다.

남부 인도에서는 작은 나라들이 흥망을 거듭하였다. 남부의 해안선 을 따라서 펼쳐지는 평야지대에서는 풍요로운 번영을 이룰 수 있었지 만, 정치적으로는 크게 세력을 떨치지 못하였다. 그리고 북부의 평야지 대를 지배한 세력이 데칸고원의 남쪽까지 영향력을 확대한 일은 있었지 만, 남쪽 끝까지 세력을 확대한 적은 없었다. 그래서 남부 인도에는 힌두교의 신앙과 힌두교의 고유한 습속이 잘 보존되어 있다.

인도는 광대한 지역이므로 기후도 다양하다. 히말라야 산맥은 혹한

酷寒 지역이고, 남부 인도는 항상 여름철 기후이며, 북부 평야지대는 길고 지루하면서 매우 더운 여름이 있지만 4계절도 느낄 수 있다. 중부 지방에는 고원 특유의 기후가 나타나는데, 북부와 남부에 비하면 비교적 서늘한 날씨이다. 인도는 섭씨 45도에 이르는 더위에도 불구하고 히말라야의 높은 봉우리에는 만년설이 남아 있다. 이 점은 사람이 자연을 자신의 힘으로 다스리기 어렵다는 것을 느끼게 한다. 그래서 이러한 극단적 자연현상은 인도인으로 하여금 자연에 대해 두려움과 경외를 느끼게 하였다. 이러한 자연환경 속에서 인도인은 인종적忍從的·염세적厭世的·사색적 특성을 가지게 되었다. 이렇게 자연환경이 인도 문화에 적지 않은 영향을 주었음을 알 수 있다.

이번에는 강우량을 살펴보자. 인도아대륙은 전체적으로 보면 메마른 곳으로, 이 강우량 부족이 인도를 가난하게 만든 주요한 원인이 된다. 그렇지만 인도아대륙에는 세계에서 비가 가장 많이 내리는 지역이 있는가 하면, 일 년 동안 거의 비가 오지 않는 사막도 존재한다. 인도의 대부분 지역에서는 논농사가 어렵지만, 예외적으로 큰 강이 흐르는 주변 지역의 일부에서는 대규모 벼농사가 가능하며, 특히 인도아대륙의 동쪽과 서쪽에 있는 해안선 지방에는 풍부한 강우량과 따뜻한 날씨로 인해 다모작多毛作도 가능하다. 이러한 기후의 다양성은 지리적 조건과 함께 어울리면서 서로 단절된 인도의 지역 문화를 이루는 데 큰 원인이 되었다.

또한 인도에서 '강'은 인도 문화의 형성에 많은 영향을 끼치고 있다. 인도의 신화와 전설에서 물과 관련된 모든 것이 성스럽게 받아들여지는 것은 인도인의 삶에 강이 매우 중요하다는 것을 보여주는 예이다. 인도인에게 하얀 만년설을 간직하고 있는 히말라야와 끊임없이 흐르는 강은 성스러운 존재였다. 특히 히말라야는 성스러운 산이고 거기서 흘러내리는 갠지스 강은 성스러운 물이다. 북인도를 가로지르는 갠지스 강과 야무나 강은 힌두교 문화를 탄생시킨 곳이다. 이 지역의 문화적 전통에서 불교도 생겨나고 발전하였다.[1]

2. 인도 지역

1) 북부 지역과 중부 지역

페르시아의 언어로 펀자브(판자브, 판잡)로 불리는 '오하五河'는 손가락 모양으로 되어 있으며, 인더스 강으로 흘러들어 와서 하나의 큰 줄기를 이룬 다음에 바다로 향해 흘러간다. 1947년에 인도와 파키스탄으로 분리된 이후 파키스탄에는 5개의 강 가운데 4개의 강만이 흐르게 되었다. 인도의 펀자브 주는 시크교도의 치열한 분쟁이 있고 난 뒤인 1966년에 시크교도 중심의 펀자브와 힌두교도로 구성된 하리아나(하르야나) 주州로 분리되었다. 그래서 규모가 상당히 줄어들기는 하였지만, 펀자브 주는 비옥한 토양과 풍부한 수력자원으로 인해서 1970년대에는 인도 25개 주 가운데 부유한 주가 되었다.

근면한 시크교 신도를 중심으로 한 펀자브 주의 주민은 자신의 풍요로움을 인도 공화국의 빈곤한 주 지역과 나누어야 한다는 데 분노하고 있다. 이들은 펀자브 주가 국가 재정의 최대 몫을 가지고 있어야 한다는 주장을 하고 있지만, 인도 정부에서는 이들의 주장을 받아들이

---

1 이은구, 『힌두교의 이해』(세창출판사, 2000 2쇄), 1~8쪽; 조길태, 『인도사』(민음사, 1997 3쇄), 15~18쪽.

고 있지 않다. 이러한 점은 펀자브 주의 시크교 신도가 독립을 요구하는 근거가 되고 있다.

델리 남부에는 반경이 300마일이 넘는 호弧 모양의 사막지대가 있다. 이 사막지대가 라자스탄 지역 대부분을 둘러싸고 있다. 그리고 알라하바드 남쪽에도 반경이 150마일 정도 되는 건조한 지대가 있는데, 이 지대가 마디아프라데시(마드야프라데시)의 대부분을 덮고 있다. 이 중부에 있는 건조한 지역을 천 년 이상 지배해 온 힌두교도가 라즈푸트 왕족이다. 이 라즈푸트 왕족은 서력기원 초기에 중앙아시아에서 인도로 침입한 부족으로 생각된다. 이 라자스탄의 행정중심도시는 '우다이푸르'인데, 이곳은 아름다운 인공 호수로 둘러싸인 언덕으로 이루어져 있어서 천연의 요새 역할을 하고 있다. 한때 강력했던 무굴 제국도 이곳은 점령하지 못했다고 한다.

라자스탄의 농부들은 그 옷차림이 화려하고 아름다운 색조로 널리 알려져 있다. 이들은 주홍색 또는 밝은 노란색의 터번과 번쩍거리는 스커트와 조끼를 입는데, 이것은 인도에서 가장 화려한 차림새라고 한다. 그리고 라자스탄의 공작과 파란 앵무새도 인도에서 가장 아름다운 새로 알려져 있다. '집시'라고 하는, 유랑하는 악공과 춤꾼과 점쟁이로 이루어진 라자스탄인은 오랜 세월이 흐르면서 루마니아를 거쳐서 이집트에 정착하였으며, 이들은 세계 곳곳에서 활동하고 있다. 집시의 언어인 루마니아어語는 현대 인도의 힌디어 계열의 라자스탄 언어와 유사하다. [2]

---

2 이들이 인도 북서부 펀자브 지방에 살았다는 주장도 있다. 이들은 인도에서 말을 타고 이동해서 9세기 중엽에는 터키에서 바다를 건너 유럽에 들어갔고, 15세기에는

라자스탄의 주민은 낮은 습기와 강한 무더위라는 열악한 조건으로 인해서 겨우 생계를 유지하고 있는 형편이다. 또 이곳은 인도에서도 가장 높은 문맹률을 기록하고 있다. 그러나 라자스탄의 주민은 한편으로 빈곤하면서도 뛰어난 예술성과 고귀한 정신력을 발휘하고 있다.

그리고 비하르 주는 석탄광업의 중심지이고, 우타르프라데시 주는 농촌의 중심지이다. 네루, 샤스트리, 인디라 간디 등의 인도 정치지도자가 우타르프라데시 출신이다. 이 지역은 전통 힌두교 문화의 고대 중심지이고 오늘날까지 현대 힌두교 문화의 중심지이다. 이 지역에는 마투라, 바라나시(바나라시, 베나레스) 등의 성도聖都가 있는데, 특히 바라나시는 인도에서 가장 보수적인 힌두교 전통을 유지하고 있는 곳이다.

벵골에서는 걸출한 문인, 예술가, 철학자, 종교인, 정치인이 상당수 나왔다. 타고르와 비베카난다, 슈리 오로빈도 등이 벵골 출신이다. 벵골인은 도심 지역을 제외하고 모두 같은 옷을 입고 생활한다. 이 지역은 옛날부터 도티dhoti라고 하는 의복으로 유명했다. '도티'는 앞에서 주름을 잡아서 뒤에서 고정시킨 흰색의 의복이다. 정치적으로는

프랑스와 스페인, 16세기에는 독일과 동유럽으로 퍼졌다. 그래서 유럽에서는 언제나 이방인 취급을 받았으며, '집시'라는 이름도 이집트에서 왔다는 뜻인 '에딥시안'이 잘못 발음된 것이다. 이 '집시'라는 용어는 차별적인 용어이고, 바른 이름은 '롬'(인간)이고 복수형은 '로마'라고 한다. 배우 율 브린너가 이 '로마' 민족 출신이다. 로마는 독립전쟁을 하는 민족도 아니고, 민족으로 소동을 일으키는 집단도 아니다. '로마'는 유랑민족이므로 각각의 집단이 여러 나라로 뿔뿔이 흩어져 있고, 차별과 멸시를 받으면서도 독자의 집단을 형성하고 있다. '로마'는 전 세계적으로 총 5,350만 명이 있다고 추산된다.(후쿠오카 마사유키 지음, 김희웅 옮김, 『21세기 세계의 종교분쟁』 국일미디어, 2001, 182~187쪽)

모택동(마오쩌둥) 사상의 인도판 변형이라고 할 수 있는 낙살라이트 운동이 이 지역의 낙살바리에서 시작되어 폭동과 정치인 암살과 파업으로 이어지기도 했다.

방글라데시는 1억 이상의 인구가 살고 있는 곳으로, 세계에서 가장 인구밀도가 높은 나라이다. 방글라데시는 동부 파키스탄에서 1971년 독립한 나라이다. 이곳은 1947년까지는 영국령 벵골(벵갈) 인도의 일부분에 속했던 곳이다. 기아상태에 빠진 수백만 명의 방글라데시 국민이 국경을 넘어 거주민이 적은 메갈라야, 아삼(아쌈), 미조람, 마니푸르, 나갈랜드의 거친 정글에서 땅을 구하고 있다. 하지만 방글라데시와 국경을 접한 인도의 여러 주에 살고 있는 원주민은 자신의 지역에 방글라데시의 무슬림이 침입한 사실에 분노하고 있다. 최근 '7개 주州 연합 해방군'이라는 세력을 만든 미조람, 마니푸르, 나가, 아삼 부족은 방글라데시의 이민자를 위협해서 그들을 돌려보내려고 시도하고 있다.

나갈랜드는 인도 동부 브라흐마푸트라 강 유역과 상上 미얀마 사이에 있다. 나갈랜드는 나가족이 거주하는 전통 지역이다. 나가족은 여러 부족으로 구성되어 있다. 이 부족들은 그 시조가 다르고, 다양한 문화를 가지고 있으며, 심지어 생긴 모습도 다르다. 하지만 인도에서는 하나의 인구 집단으로 취급하고 있다. 나가족은 한때 머리사냥 풍습으로 악명이 높았지만, 오늘날에는 나가족의 상당수가 기독교로 개종하였으며, 이들은 티베트, 미얀마 계열에 속하는 다양한 방언을 사용하고 있다. 그리고 마니푸르의 사람들은 쿠키친 계열의 언어를 사용한다. 마니푸르에서 여성은 사회적 지위가 높고 무역업에 종사한다. 주민 대부분의 종교는 힌두교이다. 이곳은 마니푸르 춤이라는 대중예술로 유명하다.

일설에 따르면 운동경기 폴로가 이곳에서 영국으로 전래되었다고 한다.

인도 동부의 퐁디셰리는 프랑스와 긴밀한 관계를 맺은 곳이다. 이곳은 프랑스가 건설하였고, 그 뒤에 네덜란드와 영국의 지배를 거쳐서 1816년에는 프랑스에 의해 다시 점령되었다. 1954년에는 인도의 지배를 받았고, 1963년에 인도의 영토로 정식으로 편입되었다. 고아에 포르투갈의 영향이 강한 것처럼, 이 지역에도 프랑스의 영향이 많이 남아 있다.

데칸고원은 용암의 트랩(새까만 화강암)지대인데, 이곳은 뭄바이(봄베이)가 수도인 마하라슈트라 주에 대부분 포함된다. 마하라슈트라 주의 마라타족은 마라티어語를 구사하고, 성품이 투박하고 쉽게 감정을 드러내지 않는다고 한다. 아마도 척박한 자연환경이 마라타족의 성품에 영향을 준 것으로 추정된다. 마라타족은 체격이 작은데, 이들은 17세기까지 무굴 제국의 군대에게 저항하였으며, 또한 영국의 통치에도 마지막까지 저항한 세력이었다. 이들은 거의 3백 년 동안 인도의 서부를 지배했다는 자부심과 충성심이 강한 부족으로 알려져 있다. 한편, 이 지역의 브라만 카스트에서는 많은 학자와 역사가와 법조인 등을 배출하였다.

구자라트 주州는 1960년까지 봄베이 주(지금의 마하라슈트라 주)의 일부였지만, 언어의 분포에 따라 하나의 주로 독립하였다. 구자라트인은 국내외적으로 기업가 재질을 가진 것으로 널리 알려져 있다. 또한 이들은 자이나교의 영향을 받아서 모든 생물은 신성불가침이라는 신념을 가지고 있다. 간디도 구자라트 사람으로 그가 주장한 '비폭력'은 이곳 주민에게 상당한 호소력이 있었다고 한다.

푸네는 봄베이에서 동쪽으로 90마일 정도 떨어져 있는 도시다. 이곳은 과거 데칸의 수도였다. 이곳은 과거에는 마라타 세력과 전통 힌두교의 학습 장소였고, 또한 현대 인도민족주의의 거점이 되는 곳이다. 푸네는 현재 인도 고등교육의 중요한 중심지이고, 최근에는 현대 인도의 화학산업 중심지로 변화하고 있다. 또한 푸네에는 사관학교가 있는데, 이곳에서 인도 사관士官의 기초 훈련이 이루어지고 있다.

오리사(오리싸, 오릿사) 주는 안드라프라데시 주의 북쪽에 있다. 오리사 주의 평야지대는 폭이 매우 좁고 고도가 낮아서 벵골만에서 발생하는 허리케인에 의해 종종 침해를 입곤 한다. 하지만 오리사 주에 있는 '부바네슈와르'와 아름다운 해안 마을인 '푸리'는 힌두교 사원의 탁월한 건축물과 예술품이 있는 곳으로 널리 알려져 있다.[3] 한편, 한국의 포스코가 오리사 주에 일관제철소 건립을 추진 중이다. 2005년 6월 22일에 포스코는 총 120억 달러를 투자해서 2010년에서 2016년까지 300만 톤 규모의 제철소 4기를 단계적으로 가동해서 1,200만 톤 규모의 제철소를 건설한다는 양해각서(MOU)를 오리사 주 정부와 체결하였다. 2005년 8월에 포스코는 부바네슈와르에 현지 법인 POSCO-India를 설립하였고, 2008년 1월에 제1기 제철소를 착공해서 2010년 6월에 완공할 예정이지만 현재 지연되고 있다.

부바네슈와르는 철강 산업의 메카로 떠오르고 있는 곳이다. 한국의 포스코가 1,200만 톤 규모의 제철소를 건립할 계획이라는 것은 앞에서

---

3 정승석, 『본 대로 느낀 대로 인도기행』(민족사, 2000), 174쪽: 오리사 주의 사원들의 특징은 적당한 정교함에 유연한 모습을 갖추었다는 것이다. 탑은 높아도 전혀 예리함을 느끼게 하지 않는다. 이 탑은 항상 곡선을 유지하고 있다. 그 정적인 분위기의 세부를 들여다보면 생동감이 있다. 이곳 사원들의 주요한 신神은 쉬바와 배우자 신神이다.

말했고, 세계 1위 철강업체인 '미탈 아르셀로'가 1,200만 톤 규모의
제철소를 건립할 계획이고, 인도 '타타스틸'도 600만 톤 규모의 제철소
건립을 추진 중이다. 인도는 세계에서 3번째로 많은 철광석을 보유하고
있는 나라인데, 이 가운데 절반 정도가 오리사 주에 매장되어 있다.
이곳에서는 해발 950미터의 산악 지역에서 땅굴을 파지 않고도 손쉽게
철광석을 캘 수 있는 장점이 있다고 한다.

2) 남부 지역

안드라프라데시 주는 인도 동남부에 위치하고 있는데, '안드라'는 인도
에서 오래된 왕조의 이름이기도 하다. 이 지역의 사람은 남부 드라비다
어 가운데 텔루구어를 주로 사용한다. 안드라족은 고대로부터 안드라
프라데시 지역에 거주하면서 텔루구어를 발전시켜 왔다. 안드라족은
하나의 종족이 아니라 드라비다족과 아리아족의 혼혈 종족이다. 안드
라족의 문화유산은 미술, 건축, 음악, 무용, 문학 부문에서 현저하게
나타난다. 쿠치푸디Kuchipudy 무용 양식은 인도의 고전무용 가운데
독특한 위치를 차지하고 있으며, 그림자 연극이나 꼭두각시놀이가
인도 극예술의 초기 형태로 남아 있다.

　안드라프라데시 주민은 대부분 빈곤한 농부와 어부다. 이들은 면화
를 잣고 뜨는 일을 부업으로 해서 겨우 생계를 유지하고 있다. 앞에
소개한 '마하슈트라 주'와 마찬가지로 '안드라프라데시 주'도 몬순
(monson: 인도에서 남서 계절풍이 불고 비가 오는 계절)에 의한 비의
혜택을 거의 받지 못하는 곳이다. 하지만 벵골(벵갈)만의 해안지대에는
인도 반도의 여러 강이 바다로 흘러 들어가면서 쌓아 놓은 침전물로
인해서 비옥한 논이 형성되었다.

마하라슈트라 주와 안드라프라데시 주의 남쪽으로 카르나타카(옛 이름은 마이소르) 주와 타밀나두 주가 있다. 이 두 주는 인도에서 인구가 가장 밀집되어 있는 지역이고 부유한 드라비다 계열의 지역이다. '카르나타카 주'에서는 카나레스어(칸나다)를 사용한다. 이 지역에는 칸나다족이 거주한다. 칸나다족은 드라비다 계열의 종족에 속하지만, 여러 세기 동안 아리아인과 혼혈되었다. 칸나다족은 마우리아 왕조(B.C. 3세기)까지 거슬러 올라가는 풍부한 문화유산을 만들어냈다. 칸나다 문학은 자이나교, 브라만교, 비라 샤이바(링가아트)파派의 작가에 의해서 발전하고 풍요로워졌다. 약샤가나(Yakṣagāna)라는 뮤지컬이 17세기경에 이 지역에서 발전하였다. '약샤가나'는『푸라나』나 반半역사적 사실에 근거를 둔 것이다. 카르나티크 음악은 칸나다족의 이름을 빌린 것이라고 하는데, 이는 고대 힌두 음악에서 발전한 것이다. 이 음악은 오늘날 북부 인도의 힌두스탄 음악과 대비되는 독특한 양식으로 발전하였다. 칸나다족의 주요 종교는 힌두교이지만 자이나교와 불교도 아직까지 남아 있다.

'방갈로르'는 카르나타카 주의 수도인데, 이곳은 전자 산업의 중심지로 변화하고 있으며, 또한 남인도 공군사관학교가 자리 잡고 있다. 과거에는 방갈로르가 조용하고 쾌적한 영국 정원의 도시로 이름이 나 있었는데, 오늘날에는 불행하게도 교통체증과 스모그로 더 유명하다.

케랄라 주의 말라바르 해안은 오늘날까지도 여가장제女家長制가 지속되고 있는 곳이다. 이 지역에서는 어머니가 일상생활과 행동의 주요 사항을 결정한다. 이는 드라비다인의 초기 사회 모습을 반영하고 있는 것으로 해석된다. 인도에서 가부장제가 처음 시작된 것은 인도 아리아인이 인도에 들어오고 나서부터이다.

말라얄리족은 케랄라 주에 거주하고 있다. 이 말라얄리족은 2종류로 구분되는데, 하나는 힌두교를 믿는 나야르족이고, 다른 하나는 시리아계 기독교도 사회다. 케랄라 주는 트라방코르 왕국과 코친 왕국이 합쳐져서 이루어졌고, 그리고 케랄라 주에서는 '말라얄람어'라는 공통의 언어를 기반으로 해서 하나의 통일체를 이루었다. 또한 여러 사회집단 가운데 주목되는 2개의 집단이 있는데, 하나는 시리아계의 기독교인 사회이고, 다른 하나는 백인과 흑인으로 이루어진 유대인 사회이다. 기독교인 사회가 서해안을 따라 말라바르 전체에 넓게 퍼져 있는 데 비해서, 유대인 사회는 코친 지역에 한정되어 있다. 또 특별히 눈에 띄는 사회는 이슬람교도인 모플라족이다. 이들은 아랍 상인의 후손으로, 서해안에 거주하고 있다.

고아는 마하라슈트라의 콘칸 해안에 자리 잡고 있다. 고아는 1961년까지 포르투갈의 지배를 받았기 때문에 오늘날 인도의 가톨릭 중심지로 남아 있다. 이곳의 가톨릭교도는 종교의 동질성 때문에 포르투갈 문화의 영향이 강한 독특한 사회를 형성하였다. 물론 이 지역도 힌두교도가 다수를 차지하고 있지만, 포르투갈의 후원으로 가톨릭은 이 지역에서 특수한 위치를 차지하고 있다.

고아 남쪽의 말라바르 해안(케랄라 주 대부분과 카르나타카 주의 해안지역)은 사나운 몬순 기간 동안에 강우량이 2,500mm에 이를 정도이다. 이곳은 즐비하게 늘어선 야자나무와 여기저기 흩어져 있는 산호초로 꾸며져 있어서 인도에서 가장 아름다운 해변이라고 한다. 게다가 이 지역은 바나나와 망고 숲, 후추나무와 정향나무로 둘러싸여 있다. 고츠 산맥에 위치한 고원지대에는 차 농장과 커피 농장이 펼쳐져 있다. 이 아름다운 해안은 서구 제국주의의 선봉장인 포르투갈 상인이 눈독을

들인 곳이기도 하다.

3) 히말라야 산맥 지역

인도 북쪽에 있는 잠무카슈미르Jammu & Kashmir 주는 파키스탄과 관계에서 문제가 되는 곳이다. 인도의 카슈미르는 파키스탄의 아자드 카슈미르와 국경을 맞대고 있어서 계속 분쟁이 일어나는 곳이다. 카슈미르에 살고 있는 주민은 대부분 이슬람교도다. 이곳의 원래 원주민은 라다크 동북쪽의 끝부분에서 살고 있는 중국계 티베트 민족이다. 이곳에 있는 스리나가르의 '레이크달'은 천연 그대로의 아름다움을 간직하고 있으며 평온한 분위기를 유지하고 있는 곳이다. 이곳에서는 눈 덮인 산에 화려한 수상 가옥의 시설이 갖추어져 있다.

1947년에 영국의 식민지에서 인도가 독립할 때 인도와 파키스탄으로 분리되었는데, 이때 가장 문제가 되었던 곳이 카슈미르 지역이다. 주민의 대다수는 이슬람교도여서 파키스탄에 들어가기를 원하였지만, 당시 카슈미르의 왕이었던 하리 싱은 국민투표를 무시하고 인도에 들어가기로 결정하였다. 이에 분노한 이슬람교도는 파키스탄 무장 세력의 도움을 받아서 주州의 수도인 '스리나가르'를 점령하려 하였고, 그러자 하리 싱은 인도에 도움을 청하였다. 그래서 결국 제1차 인도-파키스탄 전쟁이 일어났다.

1948년 8월에 인도와 파키스탄의 정전 합의가 이루어져서 카슈미르 지역의 3분의 2는 인도에 들어가고 3분의 1은 파키스탄에 포함되었다. 유엔의 결의안에서는 "인도령 잠무카슈미르가 인도와 파키스탄 가운데 한 곳을 선택할 때는 자유롭고 민주적인 주민투표를 통해서 결정해야 한다"라고 하였지만, 1951년에 인도의 네루 수상은 이 결의안에 따르지 않고 잠무카슈미르의 특별지위를 규정하는 헌법 370조항을 마련하였으며, 1957년에는 이 지역을 인도의 연방으로 편입하였다.

네팔은 힌두교 왕국이다. 네팔은 인도의 우타르프라데시 주와 비하르 주 사이에 있는 중부 히말라야 지역에 걸쳐 있다. 네팔의 수도는 카트만두이며, 힌두교의 왕족이 티베트-몽골계의 주민을 통치하고 있는데, 이 계열의 주민은 건장하고 호전적인 구르카족과 순박한 네와르족으로 이루어졌다. 네팔의 계곡에서 발견되는 파고다(탑) 양식의 건축물로 보자면, 네팔인은 인도인이라기보다는 중국인에 가깝고, 이들이 사용하는 네팔어는 원래 인도의 산스크리트어에 기원을 두고 있다고 한다. 네팔은 인도와 문화적·외교적으로 긴밀한 관계를 맺고 있으며, 히말라야 산맥 저편에 있는 중국과는 비교적 소원한 관계를 유지하고 있다. 네팔과 티베트를 연결하는 18군데의 야크(yak: 소 종류로서 티베트 고원 해발 4,300~6,100미터 지역에 서식함)의 길 가운데 2개의 길은 상거래의 중요한 공급원인데, 이 2개의 길은 중국의 군사고속도로로 활용될 여지가 있다.

시킴Sikkim은 인도에서 티베트로 가는 천연의 통로에 있다. 시킴 왕국은 네팔 왕국과 부탄 왕국 사이에 위치하고 있으며, 1975년까지는 준독립국 상태에 있었지만, 그 후 인도연합에 속하게 되었다. 시킴은 인도의 주 가운데 두 번째로 작은 주이다. 시킴은 면적이 3,000km²이고 그곳에 50만 정도의 주민이 살고 있다. 토착민은 렙차스족이지만, 주민의 대다수는 네팔인이거나 티베트인이다. 시킴의 수도는 해발 1마일에 위치한 강톡(Gangtok)이며, 그곳에서 티베트로 이르는 길은 전략적 가치가 매우 높다. 이 길은 현재 인도의 군인들이 직접 지키고 있다. 시킴에서는 선거에 의해 의회정부를 구성하고 있지만, 시킴의 여러 부족사회는 대의정치의 문제로 시달리고 있다. 또한 시킴은 중국의 침입에 대처해야 하는 히말라야의 약소국이고, 게다가 오랫동안 인도 정부의 군사법에 의해 독재정치가 행해져 왔다.

부탄은 '용'의 왕국이고, 시킴의 동쪽에 위치하고 있다. 부탄은 대승불교의 군주국이다. 국민은 1백만 명 정도이고, 대다수가 티베트 계통의 사람이다. 부탄은 인도의 보호 아래 있으며, 그래서 외교정책의 방향도 인도의 영향을 받고 있다. 인도의 기업과 부탄의 기업이 합작해서 엄청난 양의 광물과 목재를 개발하고 있다.

아루나찰프라데시 주는 현대 인도의 주요한 군사적 거점이 되는 곳이다. 이곳은 미얀마, 중국, 티베트와 국경을 함께 하고 있다. 아루나찰프라데시 주의 주민은 대부분 티베트-미얀마 계통의 불교도이다. 이곳의 주민은 다른 인도인에 대해 이방인의 감정을 갖고 있다. 그리고 방글라데시의 주민도 북쪽에 위치한 아루나찰프라데시 주에 이주할 생각을 하지 못한다. 왜냐하면 이곳은 빙하지대의 겨울 추위가 기다리고 있기 때문이다. 이곳은 인종, 언어, 종교적 측면에서 보자면, 인도보다는 중국과 미얀마와 티베트에 가깝다. 그래서인지 현재 아루나찰프라데시의 주 정부는 인도 중앙 정부와 그 관계가 점차 소원해지고 있다.[4]

---

4 스탠리 월퍼트 지음, 이창식·신현승 옮김, 『인디아, 그 역사와 문화』(가람기획, 2000 2쇄), 37~61쪽; 윤백중, 『인도 10억, 인도를 잡아라』(삶과 꿈, 2006), 113~114쪽; 브리태니커 백과사전 '인도' 항목.

3. 인도의 인종과 언어

1) 인도의 인종

인도에는 많은 종족이 서로 어울려 살고 있기 때문에 인도를 '인종의 박물관'이라고도 한다. 인도의 원주민이 어느 민족인지에 대해서도 논란이 있다. 추정컨대, 호주와 인도 부근의 군도群島에서 생활하였던 호주 원주민(Australoids)이 인도 본토에까지 거주하였을 것이라고 본다. 호주 원주민은 키가 작고 검은 피부에 납작코를 가졌다. 콜족Kols, 비힐족Bihils, 문다족Mundas이 호주 원주민의 계열이고, 이들이 사용한 몇 개의 언어가 아직도 인도에 남아 있다. 문다족은 1970년대에 약 5백만 명에 달했다. 이들은 비하르 주의 남부에 있는 초타나그푸르 고원과 오리사 주의 구릉지대에 밀집해서 산다. 신체상으로는 다른 인도 종족과 차이점은 없다. 이들의 영역은 인도문명의 중심부에서 멀리 떨어져 있기 때문에 최근까지도 접근이 어려웠다. 이들은 한때 널리 퍼져 살았던 것으로 보이는데, 다른 세력에 밀려서 현재 살고 있는 곳으로 이주한 것으로 보인다. 문다족은 독자적 언어를 가지고 있고, 고유의 신앙, 가치 등을 유지하고 있다.

그 다음으로 인도아대륙에 살았던 인종은 몽골리안 계열이다. 이들은 히말라야 산맥의 동서쪽의 길을 통해서 인도에 들어왔다. 이들의 거주지는 과거부터 현재까지 북부 지방에 한정되었다. 네팔, 시킴, 아삼 지방 등에 살고 있는 구르카족, 부티야족Bhutiyas, 카시족Khasis 등이 이 계열의 대표적 종족이다.[5]

---

5 남상욱, 『인도, 21세기 새로운 강자로 떠오르고 있다』(일빛, 2000), 387~388쪽: 현재

구르카족은 지금의 네팔 왕국을 건설한 종족이다. 네팔의 중서부 산악지대에 살며, 농경, 목축, 상업에 종사하고, 종교는 불교이며 언어는 티베트어족에 속한다. 부티야족은 14세기부터 티베트에서 시킴 지방으로 이주했다. 부티아족은 높은 산악지대에서 유목생활을 주로 하고, 티베트어를 사용한다. 이들은 시킴 지방에 살지만, 이곳의 3분의 2에 해당하는 힌두교도와는 교류하지 않고 있다.

카시족은 인도 아삼 주 북부와 메갈라야 주의 카시·자인티아 구릉지대에 사는 종족이다. 카시족은 오스트로아시아족의 몬크메르어를 사용하며, 몇 개의 씨족으로 나누어져 있다. 주식은 쌀인데, 밀림을 태우고 그곳에다 1~2년 동안 곡물을 재배하는 화전농법으로 농사를 짓는다. 카시족 대표에게 주 의회와 국회의 의석이 별도로 배정되어 있다. 카시족은 독특한 문화를 가지고 있다. 그것은 유산이나 부족의 공직은 막내딸이 물려받지만, 직무나 재산관리는 여자가 직접 하지

인도에는 3천만 명이 넘는 몽고족 계통의 주민이 살고 있다. 아삼에 2천5백만 명, 마니푸르에 2백만 명, 나갈랜드에 1백4십만 명, 아루나찰프라데시에 1백만 명, 미조람에 82만 명이 거주하고 있다. 이 지역에 거주하는 29개의 부족은 대개 몽고족 계통이라고 한다. 또한 네팔에도 2백만 명, 파키스탄과 아프가니스탄에도 수백만 명의 몽고족 계통의 부족이 있다. 그에 비해 몽고의 국민은 2백5십만 명에 지나지 않고, 중국의 내몽고에 살고 있는 몽고족도 5백만 명밖에 되지 않는다. 그리고 인도에 사는 몽고족의 풍습과 의복, 음식 문화가 몽고와 매우 비슷하다. 이 점에서 앞서 소개한 인도의 부족을 몽고족이라고 볼 수 있다. 특히 마니푸르 지방의 풍습이 오늘날 몽고의 풍습과 유사한 점이 많다고 한다. 마니푸르의 씨름은 몽고의 전통씨름과 매우 비슷하고, 마니푸르의 전통악기도 몽고의 악기와 유사하다. 또 몽고에서 길가는 사람이 행운을 빌면서 길가에 돌을 쌓아 두는 돌무더기 풍습이 있는데 마니푸르에도 같은 풍습이 있으며, 몽고에서 칼을 상대방에게 줄 때 자신이 칼날 쪽을 쥐고 칼자루는 상대방을 향하게 하는 풍습이 있는데 이것도 마니푸르에서 발견할 수 있다.

않고 이들이 지명한 남자에 의해 이루어진다. 그러나 카시족의 많은 사람이 기독교로 개종하면서 전통 종교의 의무와 기독교 문화 사이에 갈등이 생겨났다. 그리고 카시족 사람 사이에게 재산을 자식에게 상속하려고 하는 변화가 생겨나기 시작하였다.

선주민을 정복하고 새롭게 인도아대륙에 들어온 종족이 드라비다족 Dravidians이다. 이들은 피부가 비교적 검고, 체격이 왜소하다. 드라비다족이 인더스문명의 주인공이었을 것으로 추정된다. 드라비다족은 인더스문명의 몰락과 함께 남부 지방으로 밀려났을 것이다. 드라비다족의 언어, 곧 드라비다어가 남부에서 사용되고 있으며 북부 지방에서도 한때 사용된 적이 있기 때문에 이들이 한때 인도아대륙을 지배했을 것이라고 본다. 드라비다어 계열의 언어로는 텔루구, 타밀, 칸나다, 말라야람을 거론할 수 있다.

이 드라비다족을 물리치고 인도의 새로운 주인공이 된 종족이 아리아족 Aryans이다. 이들에 의해서 인도문명의 찬란한 업적이 이루어졌다. 아리아족은 이슬람교도(모슬렘)의 지배와 영국의 통치 아래서도 민족적 긍지를 가졌고, 자신의 전통을 유지시켰다. 인도아리아어 계열로는 힌디, 벵갈리, 우르두, 구자라티, 마라티, 오리야 등을 거론할 수 있다.

2) 인도의 언어

인도아대륙이 넓고 거기에 사는 종족도 많기 때문에 당연히 언어도 많을 수밖에 없다. 인도아대륙의 언어는 보통 220여 개로 분류된다. 인도의 독립 이후에 언어 분포를 조사하였는데, 인도 국민이 사용하는 언어가 179개이고, 방언도 544개나 존재한다고 한다. 현재 인도 정부가 공용어로 인정하고 있는 것이 산스크리트(Sanskrit: 범어梵語)를 포함해서 22개에 이른다. 산스크리트는 인도인의 일상생활에서 사용되고 있는 언어는 아니지만, 고전어로서 그 주요한 위치로 인해 공용어에 포함되었다.

이 많은 언어를 크게 구분하면, 북부의 인도아리아 어군語群과 남부의 드라비다 어군으로 나눌 수 있다. '인도아리아어'는 인도 인구의 70퍼센트가 넘는 사람이 사용하고 있는 것이고, 이는 산스크리트에서 파생된 것이다. 인도아리아어도 다음의 몇 가지로 나누어진다.

① 힌디Hindī는 인도의 북부 지방에서 가장 광범위하게 사용되고 있는 언어다. 정확하게 말하자면 전체 인구의 40.22퍼센트가 사용하는 언어다. 수도 뉴델리(주민의 81.6%)를 비롯해서 하리아나(91%), 우타르프라데시(90.1%), 라자스탄(89.6%), 히마찰프라데시(88.9%), 비하르(80.9%), 마디아프라데시(85.6%), 찬디가르(61.1%) 등에서 주州의 제1공식어로 사용하고 있다. 또 네팔에서도 800만 명이 힌디를 사용한다. ② 벵갈리(Bengalī: 벵골어)는 캘커타(현재의 콜카타)를 중심으로 한 벵골 지방과 방글라데시에서 사용하는 언어로, 인도 전체 인구의 8.3퍼센트가 사용한다. 웨스트벵골 주의 공식어로서 이 주의 주민 86퍼센트가 벵갈리를 사용한다. ③ 우르두Urdū는 펀자브 지방과 파키스탄에서 사용하는 이슬람교도(모슬렘) 언어로, 이 언어의 문자와 말은 아라비아어와 비슷하다. 인도 전체 인구의 5.18퍼센트가 이 언어를 사용한다. ④ 구자라티(Gujarātī: 구자라트어)는 서해안 지방에서 사용되는 언어로, 구자라트 주민 91.5퍼센트가 사용한다. 그래서 구자라티는 '인도의 비즈니스맨의 언어'라고도 불린다. 구자라티는 인도 전체 인구의 4.85퍼센트가 사용하는데, 전 세계적으로 이 언어를 사용하는 인구는 6,000만 명에 이른다고 한다. ⑤ 마라티(Marāthī: 마라타어)

는 인도의 경제 수도 봄베이(지금의 뭄바이)를 중심으로 한 마하라슈트라 지방의 언어로, 이 주의 주민 73.3퍼센트가 이 언어를 사용한다. 인도 중부의 데칸 지역에서도 이 언어가 많이 쓰인다. 인도 전체 인구의 7.45퍼센트가 이 언어를 사용한다. ⑥ 오리야Oriya는 동해안 지방에서 사용되는 언어다. 이는 오리사 주민 82.8퍼센트가 사용하며, 많은 방언과 지방 사투리가 있는 것이 이 언어의 특징이다.

인도의 남부 지역에서 주로 사용하는 드라비다어는 인도 인구의 30퍼센트 정도가 사용하는 언어다. 드라비다어도 몇 가지로 구분된다. ⑦ 텔루구Telugu는 동부 지방의 안드라프라데시 주민의 84.8퍼센트가 사용하는 언어이고, 또한 인도 제2의 실리콘밸리로 통하는 하이데라바드 사람이 주로 사용하는 언어다. 이는 인도 전체 인구의 7.87퍼센트가 사용한다. ⑧ 타밀Tamil은 마드라스(지금의 첸나이)를 중심으로 주변 지역에서 광범위하게 쓰이는 언어다. 또한 타밀나두 주민의 86.7퍼센트가 사용하는 언어이고, 인도 전체 인구의 6.32퍼센트가 사용하는 언어다. ⑨ 칸나다Kannada는 남서부의 마이소르(카르나타카 주) 지방에서 사용되는 언어로, 이는 인도 실리콘밸리 방갈로르에서 사용되며, 인도 전체 인구의 3.91퍼센트가 사용한다. ⑩ 말라야람Malayaram은 인도의 가장 남쪽 케랄라 지방에서 쓰이는 언어로, 이는 인도 전체 인구의 3.62퍼센트가 사용한다.

그 밖에도 ⑪ 펀자비Punjabī는 펀자브 주민의 92.2퍼센트가 사용하고, 인도 전체 인구의 2.79퍼센트가 사용하는 언어다. ⑫ 아싸미스Assamese는 아삼 주민의 57.8퍼센트가 사용하는 언어로, 인도 전체 인구의 1.56퍼센트가 사용한다. ⑬ 신디Sindhī는 구자라트 주 등, 인도와 파키스탄의 접경 지역에 사는 주민이 사용하는 언어로, 이는 인도

전체 인구의 0.25퍼센트가 사용한다. ⑭ 네팔리Nepali는 네팔의 국어
다. 이는 네팔 인구의 90퍼센트가 사용하는 언어이며, 인도 전체 인구의
0.25퍼센트가 사용하는 언어다. ⑮ 콘카니는 고아 주민의 51.5퍼센트
가 사용하는 언어로, 인도 전체 인구의 0.21퍼센트가 사용한다. ⑯ 마니
푸리는 보석의 땅이라는 뜻을 가진 마니푸르에서 사용되는 언어다.
이는 이 지역 주민의 60.4퍼센트가 사용하는 언어로, 인도 전체 인구의
0.15퍼센트가 사용한다. ⑰ 카슈미리Kashmiri는 잠무카슈미르 주에서
주민의 55퍼센트가 사용하는 언어로, 인도 전체 인구의 0.01퍼센트가
사용한다. ⑱ 산스크리트는 인도의 고전어로서 일상생활에서 사용되
는 언어는 아니다. 이는 인도 전체 인구의 0.01퍼센트가 사용하는
언어이다.[6] ⑲ 마이틸리Maithili는 비하르 주에서 공용어로 사용하고
네팔에서도 소수가 사용한다. 인도 전체 인구의 1.18퍼센트가 사용한
다. ⑳ 산탈리Santali는 문다어족 계열의 언어인데 인도 전체 인구의
0.63퍼센트가 사용한다. ㉑ 도그리Dogri는 잠무카슈미르 주의 공용어
이고 남부 아시아에서 200만 정도가 사용한다. 인도 전체 인구의 0.22퍼
센트가 사용한다. ㉒ 보도Bodo는 인도 아삼 주의 공용어이고 이는 중국
티베트어족의 언어이다. 인도 전체 인구의 0.13퍼센트가 사용한다.

4. 현대 인도의 모습

1) 2001년 인구조사를 통해 보는 인도

한국에서도 얼마 전에 인구조사를 하였다. 그런데 이 인구조사라는

---

6 홍대길, 『꿈틀대는 11억 인도의 경제』(신구문화사, 2004), 221~226쪽.

것이 단순히 인구조사만 하는 것이 아니고 여러 가지 항목이 있어서 변화된 한국 문화를 읽을 수 있는 지표가 되었다.

이 점은 인도에서도 마찬가지라고 본다. 그래서 2001년 발표된 인구조사를 보면 현대 인도인의 모습을 읽을 수 있다. 인도의 주택 수는 모두 1억 7,900만 개이다. 평균 잡아 한 집에 6명이 사는 셈이다. 그렇지만 가족 수는 1억 9,200만에 이르러 약 1,300만의 가족이 집이 없는 것으로 나타났다. 도시에서 자기 집에 사는 사람들은 67퍼센트이고, 임대해서 사는 사람은 29퍼센트에 이른다. 인도 가정의 40퍼센트는 원룸에서 살고 있다. 결혼한 부부 가운데 39퍼센트가 독립적인 방을 소유하지 못하고 있다. 한편, 인도 전체를 볼 때 1,600만 채가 비어 있다고 한다. 수도 델리에서는 11퍼센트가 비어 있고, 구자라트 주에서는 14퍼센트가 비어 있다.

인도에서는 시멘트로 지은 집에 사는 것만으로도 이미 중산층에 포함된다. 시멘트 바닥을 가진 집은 전체의 35퍼센트에 지나지 않고, 시멘트 지붕을 가진 집은 21퍼센트(도시는 44%이고 시골은 12%)이다. 욕실을 가진 집은 도시가 70퍼센트고 시골이 23퍼센트이다. 부엌은 전체 가구 중에서 64퍼센트(도시는 76%이고 시골은 59%)만이 갖추고 있다.

집에서 물을 취할 수 있는 가구는 전체의 38퍼센트(도시는 65%이고 시골은 29%)이다. 이 가운데 36.7퍼센트가 수돗물을 얻을 수 있고, 35.7퍼센트가 수동 펌프를 통해서 물을 얻으며, 18.2퍼센트가 우물을 이용한다. 집안에서 물을 얻을 수 없는 62퍼센트의 가구는 집 밖에 있는 '공동우물'이나 '빗물탱크', '강'에서 물을 길어 먹는다. 도시는 수돗물 공급이 시골에 비해 나은 편이다. 찬디가르처럼 91.9퍼센트가 수돗물을 먹는 도시가 있지만 물의 질은 형편없다. 마실 물을 끓여 먹든지 정수기로 걸러 먹지 않으면 거의 탈이 난다고 한다. 얼마 전까지만 해도 한국에 주둔하는 미군도 한국의 수돗물을 먹지 않았다고 하는데, 아마도 한국의 수돗물을 믿지 않았나 보다. 하긴 한국 사람도 수돗물을 먹는 사람이 많지 않은 형편이니까 더 말해서 무엇 하겠는가?

그런데 인도에서는 이런 '물'조차 하루에 4시간 공급하는 도시가 거의 없다. 그래서 커다란 물탱크를 만들어 놓고 물을 받아 놓았다가 사용한다. 수돗물은 대부분 시당국에서 무료로 공급한다. 그래서 일부 지식인들 사이에서는 무료 공급이 물을 제대로 공급하지 않겠다는 의미라고 비판하는 경우도 있다. 왜냐하면 이로 인해 시민들이 수돗물을 개선하는 데 노력하기보다는 일반 소비재에만 골몰한다고 보기 때문이다.

도시와 시골의 차이를 분명하게 나타내는 것이 '전기'이다. 도시지역은 전기 보급률이 88퍼센트지만 시골은 44퍼센트이다. 히마찰프라데시, 고아, 펀자브 주는 90퍼센트 이상의 가정에 전기가 보급되지만 어느 주도 전기 보급률이 100퍼센트인 곳은 없다. 비하르 주는 1,400만 가구 중에 10퍼센트만이 전기를 이용하고 있다. 절반 이상의 시골지역은 등유로 밤을 밝힌다. 전기 보급률이 낮다는 것은 기업들이 상품을 판매하는 데 커다란 장애가 된다. 전기가 없으면 가전제품을 이용할 수 없기 때문이다.

그렇지만 텔레비전 수상기를 가진 가구는 전체 가구의 32퍼센트에 이른다. 수도 델리의 경우 74.5퍼센트의 보급률을 보이고 있고, 찬디가르도 보급률이 73.9퍼센트이다. 보급률이 낮은 곳은 비하르(9.1%), 오리사(15.5%), 자르칸트(17.2%), 나갈랜드(18.1%), 아삼(18.1%),

미조람(20.4%), 메갈라야(20.9%) 등 주로 북동쪽의 주州이다. 라디오
를 가진 가정은 35퍼센트이다.

화장실을 갖춘 집이 텔레비전을 가지고 있는 집보다 적다. 우타르프
라데시 주에서는 텔레비전을 가진 가구의 숫자는 640만인 데 비해서
화장실을 갖춘 집의 숫자는 200만에 지나지 않는다. 그리고 은행 계좌를
가지고 있는 가구는 전체의 35퍼센트에 이르는 6,800만으로, 도시에서
는 50퍼센트가 은행을 이용하고 시골에서는 30퍼센트가 이용한다.
이들은 저축할 돈이 있고 이것을 활용할 수 있는 능력이 있다. 고아와
같은 곳은 통장을 가진 가구가 73퍼센트에 이른다.

가장 대중적인 교통수단인 스쿠터, 오토바이, 모페드(moped: 모터
달린 자전거)와 같은 이륜차는 2,250만 가구, 곧 전체의 12퍼센트(도시가
25%이고 시골이 7%)가 보유하고 있다. 찬디가르(43.2%), 고아
(38.7%), 델리(28%)가 높은 보급률을 나타낸다. 이를 통해서 이 지역
이 비교적 경제적으로 부유한 곳임을 알 수 있다.[7]

2) 인도의 중산층

한국에서 97년 IMF 외환위기를 겪으면서 중산층이 몰락하는 조짐이
보이기 시작하였다. 그 이전에는 한국사람 대부분이 중산층이라고
믿고 살았다. 실제 수입은 중산층이 되지 않더라도 자신이 중산층이라
고 생각하였다. 이는 정치하는 사람에게는 굳이 나쁠 것이 없는 현상이
다. 중산층이 아니라고 하면서 불만을 품는 것보다는 어찌 되었건
간에 중산층이라고 믿으면서 불만을 품지 않고 사는 것이 더 좋을

---

7 홍대길, 『꿈틀대는 11억 인도의 경제』, 21~26쪽.

것이다.

얼마 전에 2008년을 기준으로 해서 2년 뒤에 자동차를 살 것을 목표로 해서 저축을 하는 인도 가정을 소개하는 프로그램을 텔레비전에서 본 적이 있다. 이것이 인도 중산층의 한 단면일 것이다. 인도에는 3억 명에 이르는 중산층과 2,000만 명에 이르는 고소득층이 있다. 원래 인도에는 극소수의 부유층과 다수의 빈곤층이 존재했다. 그러다가 1990년대에 들어서 경제개방이 이루어지면서 자식의 교육문제를 고민하고 주말에는 여가생활을 즐기는 중산층이 등장하였다.

인도국가응용경제연구원의 자료에 따르면, 고소득층(연간 9만 6,000루피 이상)이 2,000만 명, 상위 중소득층(6만 2,200~9만 6,000루피)이 4,000만 명이고, 중소득층(4만 5,000~6만 2,000루피)이 1억 명이며, 하위 중소득층(2만 5,000~4만 5,000루피)이 2억5,000만 명이다. 연간 2만 5,000루피~9만 6,000루피의 소득을 올리는 사람이 중산층이라고 이 연구원에서는 밝히고 있다. 인도의 1루피는 한국의 '원'으로 환산하면 17원 정도 한다. 그리고 인도 중소득층 5만 5,000루피는 한국 돈으로 약 90만 원이다. 하지만 루피의 실질 구매력을 따져보면, 인도의 물가는 한국과 비교할 때 상당히 싸기 때문에 5만 5,000루피는 실제로는 한국보다 5~10배의 소득효과가 있다. 그리고 소득격차가 크기 때문에 이 정도의 소득도 많다고 받아들인다.

최근 인도인은 부수입을 올리기 위해서 상당히 노력하고 있다. 이는 경제에 눈을 뜬 것이고, 그래야 자식 교육과 자신의 노후가 보장된다고 생각하기 때문이다. 인도의 중산층은 아직 자동차를 구입할 여유는 없지만(최근 텔레비전에서 2년 뒤에 자동차를 구입하기 위해서 소비를 절제하는 인도 가정을 소개한 적이 있다), 텔레비전과 냉장고 등의 가전제품과 휴대폰과 오토바이에 대해서는 관심이 높다. 새로운 소비의 주체로 등장한 중산층의 소비 패턴도 눈여겨볼 만하다. 과거에는 식품과 의류 등을 소비하는 데 치중했다면, 현재에는 가전제품과 가구 등을 구입하기 시작하였다.[8]

3) 인도의 부자

자본주의가 힘쓰고 있는 나라에서 선망의 대상은 아무래도 부자이다. 한국에서는 "부자 되세요"가 덕담이 되어버렸다. 얼마 전까지만 해도 내심 추구하는 것이 돈이라고 하더라도 그것을 드러내 놓고 말하지는 못하였는데, 세상의 흐름이 점차 변하고 있다. 그 누가 이 흐름을 바꿀 수 있겠는가? 자본주의라는 거대한 흐름이 이 세상을 삼키고 있다.

2003년 6월에 발표한 미국계 투자 은행 메릴린치와 컨설팅 업체인 캡제미니언스트&영의 발표에 따르면, 인도에는 100만 달러 이상 투자할 수 있는 사람이 5만 명 정도 있다고 한다. 스탠더드 채터드에서는 연간 소득이 약 11만 달러 이상 되는 부자들이 15만 명에 이른다고 한다. 두 기관은 은행을 이용하는 사람들을 분석해서 자료를 내놓은 것이다. 이 자료들에 따르면, 인도의 부자 숫자는 한국의 부자 숫자보다 조금 많다. 이 두 기관이 추정한 바에 따르면, 2003년 한국에서는 100만 달러 이상의 금융재산과 부동산(거주 자택 제외)을 가진 재산가가 5만 5,000명이라고 한다. 2002년보다 5,000명 정도가 늘어났는데 이는 부동산 가격의 폭등 때문이다.

---

8 홍대길, 『꿈틀대는 11억 인도의 경제』, 26~29쪽.

그런데 SRI 컨설팅 비즈니스 인텔리전스라는 조사기관은 인도에서 집을 제외한 재산이 100만 달러 이상인 가구가 2000년에는 390만이던 것이 2002년에는 540만으로 늘어났다고 한다. 세금을 제대로 내지 않고 재산을 감추기 좋아하는 경향이 인도에 있기 때문에 어쩌면 이 통계가 맞을 가능성도 있다.

인도는 오랜 역사에 걸쳐서 무역과 장사가 활발했던 나라이다. 구자라트 주는 무역과 상업이 발달한 곳이다. 이곳 사람은 인도 면화와 실크를 실크로드를 통해서 아랍 세계에 팔았고, 금과 은을 수입해서 돈을 벌었다. 16~17세기의 무굴 시대에 수라트 항구는 세계무역의 중심이었다. 지금도 구자라트 주는 41개 항구를 통해 인도 제품을 세계로 내보내고 있다.

구자라트에는 상인 카스트가 유명하다. 이들은 대를 이어가면서 무역과 장사로 돈을 벌었다. 대표적인 구자라트 출신의 상인이 인도 최고의 재벌로 불리는 '릴라이언스'의 암바니 가족이다. 일용품 무역을 하던 디루바니 암바니(1932~2002)는 1966년에 방직공장을 세워서 세계적인 신뢰를 쌓은 뒤에 1977년에는 주식을 공개하였다. 이 주식의 값이 올라서 금융과 통신과 석유화학 등의 분야로 사업을 확장하였다. 릴라이언스는 인도 전체 기업 순이익의 10퍼센트를 차지하고, 민간기업 순이익의 30퍼센트를 차지한다고 한다. 암바니의 아들 무케시(46세)와 아닐(44세)은 28억 달러의 재산을 보유하게 되었고, 2003년 포브스가 선정한 세계 500대 부자 서열 123위에 오르게 되었다. 인도인으로는 두 번째 부자이다. (2010년 세계 4위의 부자이다)

'타타' 가문도 구자라트 주 출신인데, 이는 민간 무역과 면직 산업으로 크게 성공한 그룹이다. 목화 상인이었던 잠세트지 타타(1839~1904)는 방직회사를 만들어서 큰돈을 번 다음에 철강과 자동차, 화학과 전기, 호텔업 등으로 사업을 확장하였다. 타타그룹은 인도를 대표하는 기업 집단이 되었다.

'위프로'는 인도 제일의 소프트웨어 회사이다. 위프로의 아짐 프렘지 회장(57세)은 2003년에 인도 최고의 부자로 꼽혔다. 시가 총액은 59억 달러이고, 프렘지 회장은 이 회사의 주식을 84퍼센트나 소유하고 있다. 그래서 프렘지 회장은 세계 42위 부자로 평가되었다. 이밖에도 세계 500대 부자에 들어가는 사람이 5명 더 있다. 한국은 2003년 포브스 발표에 따르면, 삼성그룹의 이건희 회장 일가가 28억 달러로 123위를 기록했고, 롯데그룹의 신격호 회장이 22억 달러로 177위에 올랐을 뿐이다. 그리고 인도의 또 다른 부자 그룹은 해외에서 살고 있는 비非거주 인도인들이다. 이들은 대부분 소프트웨어를 공부한 뒤에 미국 실리콘밸리로 건너가서 돈을 번 사람이다. 이들 중에 인도로 돌아와서 투자하는 사람도 많아지고 있다.[9]

4) 세계 최대 에이즈 환자의 나라, 인도

유엔 당국은 인도가 세계에서 가장 많은 에이즈 환자를 보유하고 있는 국가라고 추정하고 있다. 인도 보건성에 따르면, 1999년 현재, 350만의 HIV(Human Immunodeficiency Virus) 감염자가 있다고 하고(2005년 570만 명), 일부 비정부 기구에서는 800만의 감염자가 있다고 주장한다. 인도는 불과 몇 년 전만 해도 에이즈 문제가 심각한 나라가 아니었다. 1994년에는 100만이던 HIV 양성 반응자가 5년 만에 350만으로 늘어난

9 홍대길, 『꿈틀대는 11억 인도의 경제』, 30~37쪽.

것이다. 비정부 기구에 의하면, 현재의 추세대로 진행된다면 2010년에는 에이즈 환자가 3,000만 명으로 늘어날 것이라고 추정했다. 인도 정부에서는 이 주장이 과장된 것이고 많아야 1,000만 명이라고 주장한다. 하지만 이 또한 적은 숫자라고 할 수 없다.

에이즈 감염 환자만 늘어나는 것이 아니고 감염 내용에서도 문제가 심각하다고 한다. 에이즈는 과거에는 주로 마약 환자의 주사기 또는 동성연애를 통해서 감염되었다. 그러나 최근에 에이즈는 이성異姓 사이에서도 감염되고 있고, 이러한 경향은 늘어나고 있다. 특히 이제까지 에이즈 환자는 하층민에 집중되었는데, 이제는 점차 중산층으로까지 번지고 있다.

인도에서 에이즈가 크게 퍼지고 있는 직접적 이유는 마약 남용과 문란한 성행위 때문이다. 마약은 구입하기 쉬울 뿐더러 가격도 싸기 때문에 마약 복용자가 날로 늘어나고 있다. 마약의 주된 거래처로 알려져 있는 인도 동북부 지방에서 에이즈 환자가 많이 발생하고 있다. 또한 대도시의 빈민가에서 문란한 성생활로 인한 에이즈 환자가 많이 늘어나고 있고, 콜카타와 뭄바이 등지의 사창가에도 에이즈가 상당히 퍼져 있다고 한다. 게다가 최근에는 대도시만이 아니라 농촌지역에서도 환자가 늘어나고 있다. 이는 농한기에 농촌지역에서 도시로 나와 일하는 계절노동자나 장거리 트럭 운전자가 에이즈를 농촌지역에 옮기기 때문이다.

인도의 에이즈 예방 운동에서 가장 큰 장애는 에이즈 교육의 미비이다. 인도 사람의 대다수는 에이즈에 대한 기본지식이 별로 없고 산아제한에 대한 인식이 낮으며, 또한 이들은 콘돔도 잘 사용하지 않는다. 그로 인해 인도에서 에이즈가 더욱 급속히 퍼지고 있다. 특히 농촌지역에서는 에이즈에 대한 인식이 매우 낮고, 그래서 에이즈 환자인 줄도 모르고 방치해두는 경우가 많으며, 또한 에이즈 환자라고 판명이 나더라도 비싼 치료비를 감당하지 못하는 경우가 적지 않다. 인도에서 에이즈 문제는 보건위생의 문제이면서 심각한 인권 문제이기도 하다. 에이즈 환자는 문둥병 환자처럼 사회에서 격리되고 배척당하기 때문이다. 나아가 종교단체에서도 에이즈 환자를 사악한 존재로 보고 있다. 일부 종교지도자들은 에이즈가 부도덕한 생활로 인해 나타난 신神의 천벌이라고 주장하기도 한다.

　인도 정부에서는 에이즈 문제가 사회문제가 될 것을 우려해서 나름대로 에이즈 박멸운동을 펼치고 있다. 인도 보건부 산하기구인 국립에이즈대책기구는 전국적으로 400여 개의 센터를 운영하고 있다. 또한 뉴델리 지방 정부에서도 시립검사소를 운영하고 있다. 이 시립검사소에서는 에이즈를 검사하는 비용도 저렴하고, 시설을 간편하게 이용할 수 있으며, 에이즈 환자의 신원도 보장된다. 하지만 인도 정부는 고질적인 예산 부족에 시달리고 있고, 일반 국민은 에이즈에 대한 인식이 부족하기 때문에 인도 정부의 에이즈 퇴치운동은 한동안 어려움에 빠질 것이라고 생각된다.[10]

5) 세계에서 재판 기간이 최대로 긴 나라, 인도

어느 인도의 대법원 판사가 '고쉬'라는 사람의 어려운 처지를 공개해서 인도 사회를 충격으로 몰아넣었다. 고쉬는 1962년에 동생을 살해한 혐의로 재판에 회부되었는데, 무려 37년 동안 재판을 받지 못한 채

10　남상욱, 『인도, 21세기 새로운 강자로 떠오르고 있다』, 254~257쪽.

인생의 절반을 캘커타(지금의 콜카타)의 감옥에서 보내야만 했다. 결국 그는 정신병 판정을 받고 정신병원에 실려 가서야 감옥에서 빠져나올 수 있었다고 한다. 이처럼 돈도 배경도 없는 서민은 재판을 기약 없이 마냥 기다려야 한다.

세계에서 재판 절차 기간이 가장 오래 걸리는 나라가 인도이다. 형사재판은 최종심에 올라가서 재판이 종결되기까지 5~10년이 걸리고, 민사재판은 20~25년이 걸린다. 현재의 속도로 재판이 진행될 경우에 대기 중인 3천만 건을 모두 처리하는 데 3백 년이 걸린다고 한다.

인도에서 재판 절차가 오래 걸리는 이유는 정부의 예산 부족, 인력난, 널리 퍼져 있는 사회 부조리 때문이다. 인도가 독립한 이래 법관의 숫자는 크게 늘어나지 않은 데 비해, 인구의 증가와 사회문제의 복잡성으로 인해서 재판으로 가는 경우가 날로 늘어나고 있다. 또한 종전 같으면 당사자 간에 합의할 수 있는 사건도 법에 호소하는 경우가 많아져서 재판의 건수가 급속히 늘어나는 추세이다.

인도는 인구 100만 명당 판사의 숫자가 50명은 되어야 하는데, 현재는 10명 수준에 지나지 않는다. 하급심 판사가 하루에 처리하는 재판 건수는 평균 70여 건이나 된다고 한다. 그러나 재판에 회부되는 사건의 건수가 판사가 소화할 수 있는 분량의 몇 배나 되기 때문에 재판 처리 기간이 길어질 수밖에 없다. 이로 인해 죄가 없는 사람이 억울하게 재판에 회부되어도 재판 과정이 모두 끝날 때까지 감옥에서 오랜 기간 갇혀 있어야 한다.

민사소송은 형사재판보다 재판 기간이 더 오래 걸린다. 이 때문에 재판에서 이겨도 실효성이 적다. 배상금을 받는다고 해도 그동안의 인플레를 감안하면 보잘것없고, 변호사 비용에도 미치지 못한다. 이러한 현실을 악용해서 은행이나 개인에게 돈을 빌리고서 일부러 갚지 않고 수십 년의 소송을 고의로 당하는 악덕배도 있다. 심지어 재판이 오래 걸리기 때문에 재판 도중에 당사자가 사망하는 경우도 있다고 한다.

우타르프라데시 주의 한 조그만 마을에 살고 있는 초한 할아버지는 공식적으로 사망자다. 호적에는 사망자로 처리되어 있어서 선거철이 되어도 투표권이 없고, 어떠한 계약행위도 할 수 없다. 초한 할아버지는 친자식이 없었는데, 그의 조카가 초한 할아버지의 농지를 탐내어서 할아버지가 사망한 것으로 허위로 신고하고 농지를 가로챘다. 뒤늦게 이 사실을 안 초한 할아버지는 사망 신고를 바로잡으려고 법원에 재판을 신청했다. 그러나 재판이 언제 열릴 지 기약할 수 없고, 재판이 열려도 돈이 없어 변호사의 도움을 받을 수 없기 때문에 재판에서 이긴다는 보장도 없다. 설령 10여 년이 지나서 재판이 열려 이긴다고 해도 할아버지가 그때까지 살아 있을 가능성도 적다. 왜냐하면 인도 농촌의 평균수명은 50세밖에 되지 않기 때문이다.

그렇지만 사법부는 행정부나 입법부와 비교해서 유능하다고 평가받고 있다. 그래서인지 인도 사회에서 권력을 휘두르는 정계의 인물도 일단 법원의 판결이 나오면 순응한다.[11]

---

11 남상욱, 『인도, 21세기 새로운 강자로 떠오르고 있다』, 258~264쪽.

6) 인도의 여성문제

(1) 산트로 신부: 결혼 지참금 문제

뉴델리의 어느 병원 응급실에 온몸에 화상을 입은 한 젊은 부인이 응급차에 실려 왔다. 불에 탄 몸에는 석유 냄새가 진동했다. 게다가 부인은 임신한 몸이었다. 응급실의 의사가 화상의 원인을 묻자, 부인은 "제가 부엌일을 하다가 실수로 석유불에 화상을 입었어요"라고 하였다. 그러나 의사는 신부 지참금 문제 때문이라고 생각하고 경찰에 신고했다. 경찰의 조사 결과, 남편 라제시가 결혼한 지 1년이 되지도 않았는데 지참금을 적게 가져왔다는 이유로 부인의 몸에 석유를 끼얹고 불을 지른 걸로 밝혀졌다. 라제시는 결혼 당시 처가에서 이미 적지 않은 지참금을 받았다. 그런데도 남편은 몇 개월이 지나지 않아 또다시 장인에게 2만 루피를 요구했다. 형편이 어려운 장인이 간신히 빚을 내어 라제시에게 주었지만, 남편 라제시는 이에 그치지 않고 추가적으로 지참금을 더 요구했다. 그러나 장인이 더 이상 요구에 응하지 않자 라제시는 부인의 몸에 불을 지른 것이다. 화상을 입은 젊은 부인은 1주일 만에 죽었고, 남편 라제시는 종신형을 선고받았다.

이와 같은 지참금제도는 인도에서 가장 큰 사회적 문제이다. 지참금 때문에 일어나는 살인 사건은 1998년~1999년 두 해 동안에 13,612건에 이른다고 한다. 인도에서 가장 엄중한 교도소인 뉴델리의 티하르 교도소에서 지참금을 이유로 해서 며느리를 죽인 수백 명의 시어머니가 복역하고 있다.

인도의 신부 지참금제도는 힌두교 문화의 오래된 관습이다. 신부는 신랑에게 바쳐지는 예물과 같은 존재이므로 양가兩家 간에 혼사를 말할 때 당연히 지참금 이야기가 나온다. 지참금은 대부분 결혼 당시에 신부 집에서 신랑 집으로 건네어진다. 그러나 결혼한 지 오래되었어도 신랑 측은 필요에 따라 추가로 요구할 수도 있고 신부 측에서는 힘이 닿는 한 이에 응해야 한다. 그래서 딸이 많은 집은 지참금 문제로 패가망신하는 경우가 적지 않다고 한다.

지참금의 부담이 크기 때문에 형편이 어려운 가정에서는 딸을 기피하거나 학대하는 경우를 자주 볼 수 있다. 딸에게는 아들보다 밥을 적게 주거나 병이 들어도 돌보지 않으며, 딸은 학교교육도 제대로 시키지 않는다. 심지어 여자 어린아이를 고의로 살해하는 경우도 있다. 특히 경제적으로 어려운 지역인 비하르 주와 라자스탄 주에서는 남녀 신생아 비율이 4대 3이다. '여아'일 경우에는 출산하자마자 버리거나 중간에 임신중절을 하기 때문이다.

또 지참금 문제가 생기는 원인으로 카스트제도를 들 수 있다. 카스트 관습에서 볼 때, 남자는 자기보다 위 또는 아래의 카스트 여자와 결혼할 수 있지만, 여자의 경우는 가능한 한 자신보다 상위의 카스트와 결혼할 것이 장려된다. 상위 카스트 집안의 신랑과 결혼할 경우, 신랑의 집안에서는 하위 카스트 신부와 결혼해서 집안의 위신이 깎이는 것을 감수하는 대가로 지참금을 당연히 요구한다. 최근 인도에서 자동차 문화가 도입되면서 결혼 지참금으로 승용차가 인기가 있다. 같은 자동차라도 인도 제품보다는 외제가 더 인기가 있다. 그래서 현대자동차의 '산트로'와 대우자동차의 '마티즈'가 성능이나 디자인 면에서 인도 자동차에 비해서 월등히 좋기 때문에 인도 신랑에게 인기가 좋다. 이를 두고 인도 언론에서는 '산트로 신부'라고 부른다. 웬만한 중산층 가정의 경우 제대로 된 집안에 딸을 시집보내려면 신랑에게 '산트로' 정도는 지참금으로 주어야 한다는 것이다.

그렇다고 해서 인도의 여성은 결혼을 하지 않고 독신으로 지낼수도 없다. 인도 사회에서는 전통적으로 여성이 결혼하지 않는 것을 큰 수치로 받아들이고 있고, 독신 여성을 사회적으로 천시하고 있다. 또한 실제 생활에서 보아도 남성을 중심으로 사회가 운영되기 때문에 여성이 혼자 살아가기에는 어려움이 많다.

어느 중견 여성 공무원이 아들의 취학관련 서류를 작성하기 위해서 학교에 방문했다. 이 여성은 박사학위까지 취득한 최고의 엘리트였다. 학교 측이 제시한 서류 양식에 모든 내용을 기재하고 보호자로서 서명을 하자, 학교 측에서는 어머니의 서명은 받아들일 수 없다고 하면서 아버지의 서명을 요구하였다. 자신이 공무원 신분이고 박사학위까지 있다고 밝혔지만 학교 측에서는 인정하지 않았다. 이 여성은 너무나 억울해서 이 기막힌 사실을 신문에 기고하였다.

최근에는 인도에서 카스트제도의 개념이 약해지고 있다. 신문에 실리는 결혼 광고란에 신부의 학력과 직장이 좋다면 결혼 지참금이 없어도 좋다는 내용이 간혹 등장하기도 한다. 여성의 학력과 취업률이 높아지고 사회적 지위가 점차로 높아지면서 지참금보다는 실력 있는 신붓감을 원하는 신랑이 늘어나게 된 것이다.[12]

(2) 장작불에 뛰어든 여인: 사티제도

우타르프라데시 주에 있는 조그마한 시골 마을 사트푸라에서 일어난 일이다. 사트푸라 마을은 국도에서 5킬로미터 정도 비포장도로를 따라 한참 들어가야 하는 곳으로 후미지고 평범한 농촌 마을이다. 사트푸라

---

12 남상욱, 『인도, 21세기 새로운 강자로 떠오르고 있다』, 233~237쪽.

마을에 사는 50대 중반의 차란 부인은 시집온 지 얼마 되지 않아서 남편 만샤가 만성 폐결핵으로 병석에 누웠다. 차란 부인은 35년 동안 남편을 간호했다. 남편이 오랜 병고 끝에 숨지자 전통 풍습에 따라 화장을 하게 되었다. 차란 부인은 화장을 하는 장작더미로 몸을 던졌다. 사티Satī가 일어난 것이다. '사티'는 인도에서 오래 전부터 내려온 힌두교 풍습이다. 이는 남편이 사망하면 미망인이 신부 화장과 신부 의상을 하고 남편을 화장하는 장작불에 몸을 던져 자결하는 풍습이다. 힌두교의 설화에 따르면, 쉬바의 부인 사티가 친정아버지가 사위 쉬바를 푸대접하는 데 분노해서 불에 몸을 던져 자결한 데서 유래하였다고 한다.

사트푸라 마을에서는 차란 부인의 '사티'를 포함해서 지난 50여 년 동안 4건의 '사티'가 있었고, 마을 사람들은 이 사티 기록을 대단한 자랑과 명예로 여기고 있다. 인도 정부는 차란 부인의 죽음이 '사티'로 미화되어 우매한 농민을 현혹할 것을 우려해서, 이 사건은 남편의 사망에 비관해서 일어난 단순한 자살 사건이고 '사티'와 관련이 없다고 해명하였다.

그러나 차란 부인의 '사티' 소문은 마을에서 마을로, 도시에서 도시로 퍼졌고, 차란 부인이 불타는 여신의 모습으로 병자에게 나타나서 병을 고쳐 주었다거나, 차란 부인이 자결한 화장터의 재를 몸에 바르거나 먹으면 병이 낫는다는 등의 소문이 퍼졌다. 이에 마을 사람들은 차란 부인이 자결한 장소를 성스럽다고 해서 사티 성소(Satī-Sthal)라고 부르고, 이 자리에 차란 부인을 기리는 사당을 짓기 위해 모금 운동에 들어갔다. 이제 사트푸라 마을은 인도에서 모르는 사람이 없을 만큼 유명한 곳이 되었다.

여성 단체에서도 진상 조사에 들어갔다. 조사 결과에 따르면, 차란 부인은 사티, 곧 자결을 하기 전에 치러야 하는 신부 화장 등 힌두 의식 절차를 거치지 않았기 때문에 '사티'가 될 수 없다는 것이다. 따라서 순간적 충동에 의한 자살이라는 정부의 주장이 타당하다는 결론을 내렸다. 그리고 마을 사람들이 차란 부인의 죽음을 '사티'로 몰고 가서 사당을 짓고 참배객을 유치해서 돈을 벌려는 불순한 의도가 있다고 지적했다.

사실, '사티'는 힌두교의 남존여비 관념에서 생긴 것이다. 남편이 죽으면 남편에 종속되었던 부인은 이 세상에서 할 일이 사라지게 된다. 따라서 부인에게 남은 일은 남편을 화장하는 장작불에 몸을 던지는 것밖에는 없었다. 부인이 남편을 따라 죽는 것에 주저하는 것은 사회적으로 커다란 불명예가 되기 때문에 주위의 친인척은 가문의 명예를 위해 '사티'를 할 것을 강력히 종용했다. 미망인이 끝까지 자결하는 것을 거부할 경우에는 천한 사람으로 낙인찍혀서 집안뿐만 아니라 일반 사회에서 버림을 받았다. 버림받은 미망인은 죽을 때까지 힌두교 사원에 가서 가장 천한 막일을 하거나 심지어 창녀로 일해야 하며, 이렇게 해서 번 돈은 힌두교 사원에 바쳐야 했다.

최근에 와서도 사티 풍습은 인도 사회에서 악용되는 경우가 적지 않다. 시집 식구들이 과부에게서 재산을 빼앗기 위해 '사티'를 가장해서 며느리를 죽이는 사건이 적지 않게 일어나고 있다. '사티'를 가장한 살인 사건에는 미망인에게 환각제를 먹인 후 불타는 장작더미에 던지는 방법이 흔히 사용되고 있다.

영국의 식민지 정부도 1829년에 법으로 '사티'를 금지했지만, 주민의 반발로 엄격히 실시하지는 않았다. 인도 독립 후에 네루 수상 등이 사티 박멸운동을 전개해서 '사티'는 이제 인도 사회에서 사라지고 있다. 그렇지만 '사티'가 완전히 근절되지 않은 이유는, 인도가 산업사회로 점차 변화해 가면서 과거의 전통과 풍습에 대한 추모 열기가 고조되는 반작용이 생겨나기 때문이라고 한다.[13]

(3) 브린다반 사원의 과부들

인도에는 "과부가 먹다 남긴 음식은 개도 먹지 않는다"는 속담이 있다. 과부가 다시 시집가는 것도 사회적으로 용인되지 않는다. 과부는 시집에서만 아니라 친정에서도 배척을 받는다. 이런 과부가 모인 곳이 바로 브린다반Vrindavan이라는 마을이다. 이곳은 타지마할의 도시 '아그라'에서 북쪽으로 약 50킬로미터 떨어진 야무나 강변에 있다. 이 브린다반에 수천 명의 과부가 인도 각지에서 모여 와 살고 있다. 브린다반에만 3천여 명의 과부가 살고 있고, 인근의 마투라Mathura 등지에서는 5천여 명의 과부가 살고 있다. 이 과부들의 주된 수입원은 순례객에게 동냥을 하거나 사원의 의식에서 신을 찬미하는 노래를 불러 주고 사원으로부터 2루피의 돈과 한 컵의 쌀을 받는 것이다.

앞에서 소개한 것처럼, 인도에서 남편이 죽으면 미망인은 사티의 관습에 따라 자결하는 것이 미덕이다. 그러나 사티, 곧 자결을 하지 않은 과부는 가정과 사회에서 종종 버림을 받고 힌두교 사원에 가서 남편의 명복을 빌며 비천한 생활을 해야 한다.

과부들이 브린다반의 사원에 모여들게 된 것은 남편의 죽음을 애도하고 자신의 구원을 얻기 위한 것이다. 그러나 이것은 표면적인 이유이다.

---

13 남상욱, 『인도, 21세기 새로운 강자로 떠오르고 있다』, 245~249쪽.

실제로는 남편이 죽자 집안에서 버림을 받고 브린다반으로 쫓겨 온 경우가 대부분이다. 민간단체에서 브린다반에서 살고 있는 과부들을 조사했는데, 자신의 희망에 의해 온 사람은 소수이고, 대부분의 경우는 자녀가 부모를 모시기 싫어서 과부가 된 어머니를 브린다반에 버려두었다는 것이다. 심지어 경제적 능력이 있는 자식인데도 브린다반으로 순례여행을 가자고 어머니를 속여서 데리고 와서 사원에 버려두고 도망가는 경우도 있다고 한다. 데비 할머니는 어느 한 사원에서 일을 거들며 살고 있는데, 큰 아들은 의사로서 경제 능력이 있는데도 모시지 않고 있고, 둘째 아들은 가난해서 어머니를 모실 능력이 없다. 또 70대의 사로지 할머니는 사위와 딸이 공모해서 재산을 빼돌리고 브린다반에 버려졌다.

물론, 인도 정부는 1954년에 여성의 법적 지위가 남성과 동등하다고 인정했다. 그러나 남존여비 사상이 뿌리 깊어 실제의 상황은 크게 나아지지 않았다고 여성계에서 지적한다. 2000년에 한 여성 영화감독이 캐나다와 합작으로 '워터'라는 영화를 제작하기 위해 힌두교의 성지 바라나시에서 촬영하려고 하였는데, 과격한 힌두교 신도가 몰려와서 촬영을 강제로 중단시켰다. '워터'의 내용은 집안에서 쫓겨난 브라만 출신의 젊은 과부가 최하층 계급의 남자와 사귄다는 것이었는데, 이것이 힌두교의 전통에 어긋난다는 것이 반대자들의 주장이었다. 인권단체와 여성계는 과격한 힌두교 신자들의 활동에 대해 격렬하게 항의했지만, 인도 사회의 주류에서는 이렇다 할 반응이 없었다.[14]

---

14 남상욱, 『인도, 21세기 새로운 강자로 떠오르고 있다』, 250~253쪽.

5. 현대 인도의 특징

책을 쓰는 것은 아는 내용을 정리하는 것이겠지만, 동시에 그를 통해 앎이 늘어나는 것 같다. 필자는『인도철학사』를 쓰고 나서, 인도철학의 내용이 현대 인도에 어떠한 영향을 미쳤는지 궁금하였다. 한국에서는 산업화를 이루는 데 유교의 가족주의가 상당한 역할을 하였다고 한다. 한국의 근로자가 일을 할 때, 자신의 이익을 위해서 일하는 것이 아니고 가족의 장래를 위해서 자신을 희생하는 경향이 있다는 것이다. 이는 한국 전통문화의 하나인 유교가 현대 한국에 영향을 미친 예이다. 이처럼, 현대 인도가 형성되는 데에도 과거의 인도 전통문화가 어떤 역할을 하였을 것이다. 여기서는 그 내용을 살펴보고 아울러 영어 사용의 효과에 대해서도 알아보고자 한다.

1) 인도는 세계 최대의 민주주의 국가

인도라고 하면 가난한 나라라는 인상이 강하다. 그래서 인도가 세계 최대의 민주주의 국가라고 한다면, 못 믿겠다는 표정을 짓는 사람이 의외로 많다. 한국의 경우를 보아도 경제가 어느 정도 발전해야 민주주의도 뿌리를 내릴 수 있었다. 그런데 경제가 크게 발달하지 못한 인도에서 민주주의제도가 작동하고 있다는 말에 의심의 눈초리를 던지는 것은 어찌 보면 당연한 것이다.

2014년에 실시된 인도에는 전체 543개의 선거구에서 약 8억 1천만 명의 유권자가 참여하였다. 이는 인도가 세계 최대의 민주주의 국가임을 보여주는 예이다.

그러면 이처럼 민주주의가 정착할 수 있었던 이유를 알아보자. 우선,

1870년대부터 지방자치제를 경험한 것도 하나의 원인이고, 또 독재정부에 대해 반대 입장을 분명하게 나타낼 수 있는 '사법부의 독립'도 하나의 원인이다. 여기에다 세계적 수준의 자유를 누리는 '언론'도 민주주의 정착에 한몫을 하였다. 인도의 언론은 영국의 식민지 시절부터 영국식 언론제도에 영향을 받았고, 그에 따라 인도의 언론은 권력과 경제력에 휘말리지 않고 정론을 펼쳐왔다. 『인도타임즈(The Times of India)』는 100년 전에 영국의 『타임즈(The Times)』가 인도에 세운 신문사인데, 이 신문사는 인도가 독립한 후에도 『타임즈』의 전통을 이어받아 인도에서 가장 큰 영향력을 발휘하고 있다. 세계의 개발도상국 가운데 인도만큼 언론의 종류와 발행 부수가 많은 나라도 드물다.

　또한 인도의 문화적 특징도 민주주의가 정착하는 데 거름의 역할을 하였다. 그 내용에 대해 세 가지로 나누어 접근한다. 첫째, 인도에는 중국의 황제와 같은 구심점이 없다는 문화적 특성이 있다. 중국의 춘추전국시대에 가장 진보적 인물 가운데 한 사람이 묵자墨子이다. 묵자는 겸애兼愛를 주장하고 공격 전쟁에 대해 반대하였다. 묵가墨家의 집단은 협객의 모임이었고, 춘추전국시대의 '운동권'이라고 볼 수 있다. 묵가의 최고 어른인 거자鉅子의 말 한마디면 칼날 위에도 서는 집단이었다. 이와 같은 진보적 사상에서도 위에서 명령하면 밑의 사람은 그대로 따르는 '상명하복上命下服'의 논리가 강조되는 것이 중국 문화의 한 단면이라고 필자는 생각한다. 그에 비해 인도 사회에서는 주류 종교(힌두교)라 할지라도 다른 집단과 기능적으로 밀접한 관계를 맺어 왔다. 이처럼 여러 종교와 여러 집단의 다양성을 인정하는 다원 사회였기 때문에 민주주의적 발상이 가능한 것이다. 비슈누Viṣṇu의 화신化身 사상이 인도 사회의 관용성을 잘 나타내 준다고 필자는 생각한다.[15]

여러 가지 신이 다 비슈누의 화신에 지나지 않는다면, 굳이 대립하고 싸울 필요가 없을 것이다. 이런 점에 기초해서 기원전 1세기에서 기원후 1세기에 즈음해서 인도에서는 브라만교(바라문교)에서 힌두교로 서서히 탈바꿈할 수 있었다. 인도에서 태어나서 다른 종교가 없으면 모두

---

15 인도에는 힌두교의 비슈누 화신 사상에서 관용정신을 읽을 수 있다면, 프랑스 문화에는 똘레랑스(관용)가 있다. 이는 유럽에서 기독교의 신교와 구교 사이의 종교전쟁으로 인해 생긴 문제점을 반성하기 위해 생긴 것이다. 16세기 중엽에 프랑스에서는 신교와 구교의 대립이 가장 심했는데, 16세기말 앙리 4세의 낭트칙령으로 잠시 잠잠해졌다가 다시 불씨가 살아나서 18세기에도 그 세력이 강하였다. 신교도라는 이유로 인해서 칼라스(Calas)라는 사람이 억울하게 살인 누명을 뒤집어쓰고 죽게 되자, 이에 1763년 볼테르가 『똘레랑스 조약』이라는 작은 책을 저술하였다. 18세기 프랑스 계몽주의 철학자인 몽테스키외, 루소, 볼테르는 똘레랑스의 개념을 세우고 발전시킨 사람이었다. 몽테스키외는 다른 민족에 대한 똘레랑스를 특히 강조하였고, 볼테르는 이교도(예를 들면 개신교)에 대한 똘레랑스에 주안점을 두었고, 루소는 정치적 이념에 대한 똘레랑스를 부각시켰다.(홍세화, 『쎄느강은 좌우를 나누고 한강은 남북을 가른다』, 한겨레신문사, 2000 17쇄, 236~237쪽) 덧붙여 극우세력에 대한 똘레랑스가 독일과 프랑스에서 각각 다르게 나타난다. 독일에서는 극우세력(파시스트)에게 언로言路를 열어 주지 않는데, 이는 과거 나치의 경험 때문이라고 한다. 프랑스에서는 극우세력에게 언로를 열어 준다. 그래서 프랑스 극우파 국민전선당이 선거에서 약 15%의 득표율을 얻은 적이 있다고 한다. 하지만 독일에서는 외국인에 대해서 극우파의 테러와 방화 같은 범죄 행위가 자주 일어나지만 프랑스에서는 극우세력의 폭력 행위가 아주 적은 편이다. 이는 프랑스에서는 언로가 열려 있는 데 반해서 독일에서는 언로가 막혀서 욕구불만이 폭력으로 나타난 것이라고 진단할 수 있다.(홍세화, 『쎄느강은 좌우를 나누고 한강은 남북을 가른다』, 240~241쪽) 한국에도 이러한 관용문화가 있다. 원효의 화쟁사상에서 이러한 예를 찾을 수 있는데, 이는 한국 불교문화를 이끄는 동력이다. 또한 조선조에서는 영조와 정조 시대에 탕평정책이 이러한 관용 문화의 예라고 볼 수 있다. 하지만 현재 한국은 이러한 관용의 문화가 주류에 속하지 않는다.

힌두교에 해당한다고 한다. 그러므로 이를 한국에 적용한다면, 호남의
유명한 박수가 모시는 '신'과 영남의 영험한 무당이 받드는 '신'이 다
비슈누의 화신이라고 하면서, 둘 다 '한국교'이므로 대립할 필요가
없다고 하는 것과 같다고 하겠다.

둘째, 인도 문화에는 민주주의와 관련된 또 다른 전통이 있다. 인도에
서는 통일된 제국이 그다지 오래 존속하지 못하였다. 그래서 인도에서
는 크고 작은 왕국과 지방 토호세력들이 권력을 나누어 가지는 '만다리
Mandhari' 전통을 가지고 있었다. 또한 오래 전부터 내려오는 마을
원로회의의 전통이 있다. 이를 '판차야트Pañcāyata'라고 부른다. 이것은
마을에서 나이가 많으면서도 경험이 풍부한 사람들이 모여서 마을의
크고 작은 문제를 함께 협의해서 처리하는 관습이다. 판차야트제도는
절대 권력자를 인정하지 않고 원로들의 합의에 의해서 마을을 이끌어
가는 것이다. 네루 수상은 판차야트제도를 '풀뿌리 민주주의'라고 찬양
하였고, 이 제도는 법적으로 인정받아 오늘날에는 마을의 주민자치제
도로 발전하고 있다. 2000년 3월 인도를 방문한 미국의 클린턴 대통령도
판차야트제도를 인도 민주주의의 기초라고 평가하였다.

셋째, 인도문화에서 서로 다른 영역에는 다른 윤리 체계가 존재한다
는 점도 민주주의와 관련이 있다. 다시 말해 힌두교의 윤리 개념인
'다르마'가 인도 정치에 적용되는 것이다. '다르마'의 개념에 따르면,
각자는 자신에게 주어진 의무를 다하는 것이 구원에 이르는 길이다.
군인은 아무리 좋은 기회가 있더라도 군대를 이끌고 쿠데타를 일으키지
않는다. 이런 이유로 인도 사람들은 정치가를 싫어하지만 군인은 존경
의 대상으로 삼는다고 한다. 인도는 영국식 군제軍制를 이어받았고
아울러 군인을 우대하는 전통도 영국에게서 물려받았다. 그래서 군인

에게 좋은 처우를 해주기 때문에 군인들의 사기도 높은 편이다. 그리고 인도에서는 재벌도 대통령이 되겠다고 나서지 않는다.

언젠가 막강한 권력을 가진 인디라 간디 총리가 어느 힌두 사원을 방문했는데, 동부 지방에 있는 그 유명한 힌두 사원에서는 인디라 간디 총리가 힌두교도가 아닌 페로즈 간디와 결혼한 것을 이유로 사원에 들어오는 것을 허락하지 않았다. 그 대신 사원을 내려다볼 수 있는 조망대를 설치하였다. 또한 인디라 간디의 아버지 네루는 영국의 통치 시기 말기인 1939년에 해방 이후의 경제 계획을 짜는 '경제발전위원회'를 기업가에게 위임하였다. 어쩌면 이해 당사자가 일을 추진하기 때문에 상당히 위험할 수 있는 일이긴 하지만, 경제 문제는 경제 전문가에게 맡기는 것이 최선이라고 생각하였기 때문이다.

아무튼 오늘날의 인도는 정치보다 사회를 중심으로 조직된 곳이다. 정치적 변화를 위험한 것으로 받아들이거나 방어해야 할 대상으로 생각하지 않는다. 게다가 중앙의 정치 변화가 말단의 전통적인 생활 양식에 극적인 변화를 일으키지도 않는다. 대학생도 중앙 정부의 행태에 관심을 크게 가지지 않는다. 정치적 성향의 학생이 항의 행진을 주도하지만 대개는 사회적 문제가 주요 안건이다.

다음으로 인도 정치의 현주소를 알아본다. 2014년 인도의 총선은 9기로 이루어져 실시되었다. 이는 인도역사상 가장 오랜 선거가 되었다. 이 선거는 2014년 4월 7일에서 5월 12일까지 시행되었고, 5월 16일에 결과를 공표하였다. 이렇게 긴 선거 기간이 소요되는 이유는 선거 기간 동안 자주 발생하는 폭력과 부정행위를 막기 위해서는 수십만에 달하는 경찰과 군대 병력이 필요한데, 현재의 병력으로는 전국을 한 번에 다 감당할 수 없기 때문이다. 그래서 한 지역의 투표가 끝나면 다른 지역으로 병력을 옮긴다.

그런데 이처럼 삼엄한 경비를 하는데도 유혈 선거가 계속된다. 거기에다 위장 투표, 투표함 바꿔치기, 금전 매수 등이 일어나는데, 이는 큰 문제로 인식되지도 않는다. 반대편 후보를 지지하는 마을에 무뢰배를 동원해서 위협하거나 심지어는 투표장으로 가는 길목의 다리를 끊어서 마을 주민의 투표를 방해하기도 한다.

인도에서 정치적으로 가장 후진성을 보이는 곳은 비하르 주이다. 비하르 주는 가장 가난한 곳이고, 옛 관습이 아직도 살아 있는 곳이다. 여기서는 선거철이 되면 폭력배, 마약 사범, 살인범 등이 활동을 한다. 이들은 입후보자를 돕는다는 명분으로 나쁜 짓을 하고, 경우에 따라서는 자신들이 선거에 입후보자로 직접 참여하기도 한다. 2000년 지방선거 때에도 비하르 주에서는 수백 명의 범법자가 출마하였다. 이들은 총과 칼을 든 수십 명 또는 수백 명의 폭력배를 동원하고 유세장에 나타나서 공포 분위기를 만들기도 한다. 이런 일이 가능한 이유는 비하르 주에서는 주민의 정치의식이 낮아서 범죄자라고 할지라도 돈과 폭력을 사용해서 당선될 수 있기 때문이다.[16] 한국에서도 1950년대

---

16 현재 세계에서 문화를 가장 강조하는 프랑스와 비교하는 것도 흥미로울 것이다. '피에르 베레고부'는 노동자 출신인데 독학으로 공부해서 경제 전문가가 되었고, 미테랑 대통령 밑에서 경제 장관을 지냈고 1992년에는 '수상'에도 올랐다. 그렇지만 수상이 된 지 1년 만인 지난 1993년 5월 1일에 피에르 베레고부는 권총으로 자살하였다. 그는 장관 시절에 집을 살 때 모자라는 100만 프랑(약 2억 원)을 국제 브로커이자 미테랑 대통령의 친구인 사람에게서 무이자로 빌렸다. 언론은 무이자로 빌리면서 이 국제 브로커에게 무슨 혜택을 주었는지 준엄하게 따졌고, 선거 유세장에서 시민들은 "무이자!"를 외치면서 피에르 베레고부에게 야유를 퍼부었다. 그가 속한 사회당은 선거에 참패하였고 그래서 수상의 자리를 우파에 넘겨주고 한 달 뒤에

이승만 정권 시절에 정치깡패가 득세한 적이 있었다.

캘커타(지금의 콜카타)는 복잡하고 지저분한 곳으로 널리 알려져 있다. 이는 시내 곳곳에 있는 슬럼가 때문이다. 수십 년 동안 캘커타는 공산당이 집권하고 있는데, 이 공산당의 정치적 기반이 판자촌 주민과 노동자다. 공산당은 무허가 판자촌에 수도와 전기를 공급해주거나 이 지역을 재개발할 때 주민에게 우선적으로 아파트 입주권을 주어 왔고, 그 대가로 주민은 선거 때마다 공산당에게 몰표를 준다.

또 최근에 있었던 뉴델리의 시의원 선거를 보면, 일반 동네의 투표소에는 아침 일찍 투표하러 오는 사람이 줄을 서서 기다리고 있지만, 부자 동네의 투표소에는 투표하러 오는 사람이 거의 없었다고 한다. 인도에서 카스트가 높은 사람, 곧 상류 사회의 사람은 평민과 섞여서 투표하는 것을 싫어한다고 한다.

하지만 인도의 대부분 지역에서는 풀뿌리 민주주의가 어느 정도 운영되고 있다. 대체적으로 보자면, 인도의 북부 지역보다는 남부 지역에서 민주주의가 발전하였다. 타밀나두 주와 케랄라 주에서는 주민 가운데 문맹자가 거의 없으며 여성의 사회적 지위도 높은 편이다. 외국인이 타밀나두 주의 수도 첸나이(옛 이름: 마드라스)에서 지방선거 기차를 타면, 여기가 인도가 아니라 선진국에 와 있는 착각을 일으킬 정도라고 한다. 인도의 다른 지역과 달리 첸나이에서는 승객이 기차역에서 차례를 지키고 있고, 열차 안에서도 조용히 신문이나 책을 읽는 승객을 목격할 수 있다. 이런 문화의식에 기초해서 이 지역의 민주주의

스스로 목숨을 끊었다.(홍세화, 『쎄느강은 좌우를 나누고 한강은 남북을 가른다』, 178~179쪽)

도 발전하였다.

인도에서 민주주의는 인도의 정치적 단합을 가져다주는 수단이고 동시에 사회의 여러 가지 욕구와 이해관계를 한꺼번에 드러내는 마당이기도 하다. 인도에서 선거는 국민의 대표로 뽑는 것과 정부정책에 대한 국민의 의견을 묻는 것 이상의 의미가 있다. 선거 유세 등은 잔치와 축제 분위기로 연결되고, 정치인과 관료가 유권자를 대하는 태도도 달라진다. 이때 주민들은 민원사항과 지역의 숙원사항을 푸는 기회로 활용한다. 한국에서도 이런 현상이 발견되는데, 선거 유세기간 동안만 국민이 주인이 된다고 자조적으로 말하고 있다. 그리고 천민 계층이 민주주의제도를 전폭적으로 지지하고 있는데, 민주주의제도를 통해서 천민 계층이 인간적 대접을 받을 수 있는 길이 열리기 때문이다. 선거철이 되면 천민층도 브라만(바라문)과 같은 상류층 사람처럼 한 표를 행사할 수 있고, 이를 통해서 사회적·경제적 문제를 해결하고자 한다.[17]

2) 종교의 이미지, 인도

인도의 구루(정신적 지도자)는 영혼이 메마른 서양인들에게 힌두교의 문화를 현대화하여 전파하고 있다. 여기에는 신, 사랑, 요가, 명상(禪), 채식주의 등이 있다. 여기서는 현대에 널리 알려진 3명의 인물에 대해 알아보고자 한다.

①사이바바는 인도의 모든 성인聖人 가운데서도 유명한 인물이다.

---

17 이옥순, 『인도에는 카레가 없다』(책세상, 1997 5쇄), 309~315쪽; 남상욱, 『인도, 21세기 새로운 강자로 떠오르고 있다』, 19~25쪽.

사이바바의 추종자는 그를 바가반(구세주)이라고 부르고, 브라흐만 brahman의 화신이라고 생각한다. 사이바바는 초능력으로 특히 유명한데, 그는 자신의 초능력이 자신을 설명하는 명함이 되고, 자신의 신성神性을 증명하는 증거가 된다고 주장한다. 사이바바는 1940년 그의 나이 13세 때 무아경 속에서 한바탕 웃고 울고 노래 부르는 황홀경을 체험하였다. 이 황홀경에서 깨어나서 그는 가족과 이웃에게 과자와 여러 가지 선물을 초능력으로 만들어 주었다. 그러면서 자신이 몇 년 전에 죽은 요기 시르디 사이바바의 화신이라고 주장하였다. 그의 학생시절에도 이와 같은 기적적인 행동이 자주 일어났다. 그래서 사이바바가 18세 되던 해에 그를 추종하던 사람들이 안드라프라데시에서 그를 위한 작은 수행처를 만들어 주었다. 1990년까지 그의 추종자들은 인도에서만 600만이고, 세계적으로는 64개의 나라에서 5천만 명에 이른다.

사이바바의 종파는 열렬한 신애(信愛: 바크티)를 특징으로 한다. 사이바바의 추종자는 그를 스승으로 존경하는 것이 아니라, 신의 사랑이 구현된 화신化神으로 받아들인다. 사이바바의 추종자는 사이바바가 신의 화신으로서 자신들을 항상 굽어보고 있고, 개개인에게 사랑을 베풀고 보살펴 주고 있다고 주장한다. 사이바바는 초능력으로 여러 장소에서 동시에 나타날 수 있으며, 과거와 현재와 미래의 모든 것을 볼 수 있다고 주장한다.

그리고 사이바바의 신성한 사랑은 초능력으로 구체화되는데, 이는 허공에서 물건을 생기게 하는 마술과 같은 것이다. 사이바바는 보석, 과자, 향수, 자신의 사진, 여러 신들의 신상 등을 마음대로 나타나게 한다. 사이바바는 이렇게 해서 생긴 것을 은총의 형식으로 추종자에게 준다. 이 물건들은 신격神格과 접촉한 것이고, 정화된 것이기 때문에 대단히 영광스러운 물건으로 추종자에게 받아들여진다.

사이바바는 인도의 남쪽에 있는 그의 활동 지역에서 비행기 활주로까지 갖추고 있고, 3조 7천억 원 정도의 재산을 소유하고 있다고 한다. 앞에서 설명한 대로, 사이바바는 기적을 만들어내는 것으로 유명하지만, 자신을 암살하려는 음모를 알아차리지 못하고 도난경보기의 힘을 빌려서 겨우 목숨을 구했다고 한다.

② 마하리시는 1917년에 태어났고, 본명은 마헤시 바르마이다. 마하리시는 스와미 브라마난다를 스승으로 모시고 공부하였다. 그는 스승의 요가 기술을 뒤에 '초월명상'으로 발전시켰다. 마하리시는 1957년에 인도에서 영성혁신운동을 일으켰고, 1959년에 미국에서 기반을 잡을 수 있었는데, 이는 마하리시의 가르침이 심리학적 성격을 포함하고 있기 때문이다.

마하리시는 '초월명상'을 종교로 보는 데 반대하고, 행위를 중심으로 한 의식儀式과 신비적 요소를 배제하려고 노력하였다. 마하리시의 목표는 개인의 가능성이 완전히 펼쳐지도록 하는 것이었다. 마하리시는 개개인이 각성한다면 세상을 개선할 수 있다고 가르친다. 그는 '영혼의 해탈'을 말하고자 하지 않았고, '인간 의식의 해탈'에 대해 말하고자 하였다.

마하리시는 비틀즈가 방문함으로써 더욱 유명해졌다. 마하리시는 힌두교사상을 서양으로 이식시키는 데 가장 성공한 인물 가운데 하나이다. 1994년까지 세계적으로 108개 나라에 3만 명의 훈련된 강사들이 활동하고 있고 1,200개의 초월명상 센터가 있다. 마하리시는 대학교도 2군데나 설립하였다. 스위스에 마하리시 유럽연구대학교가 있고, 미국 아이오와 주에는 마하리시 국제대학교가 있다.

③바가반 라즈니쉬는 1931년에 마디아프라데시에서 태어났다. 어린 시절 그의 이름은 라즈니쉬 찬드라 모한이며, 자아나교도인 조부모가 그를 키웠다. 1958년에 라즈니쉬는 자발푸르 대학의 철학과 교수가 되었고, 9년 동안 교수로서 학생을 가르쳤다. 그는 힌두교의 윤리와 사회적·성적 억압에 대해서 공격을 하였고, 1967년에는 대학 교수직을 그만두었다. 1970년에는 라즈니쉬가 그의 이름 앞에 '바가반'이라는 칭호를 사용해서 상당한 논란을 일으켰다. 그는 힌두교 주류세력에 대해서 적대감을 표현했기 때문에 인도에서 문제가 생겼지만, 반대로 서양인 추종자들이 마하라슈트라에 있는 그의 수행처에 몇 천 명씩 몰려들었다. 라즈니쉬는 이곳에서 7년 동안 지내면서 추종자와 매일 담화를 나누고 650여 권의 책을 출간했는데, 그의 저서는 30개 언어로 번역되었다.

1981년에 미국으로 조용히 떠나기 전에 라즈니쉬는 침묵의 서약을 하였다. 그의 추종자는 오리건에 있는 작은 마을에 목장을 사서 이상도시로서 라즈니쉬푸람을 건설했다. 중앙에 있는 강당은 2만 5천 명을 수용할 만한 규모였고, 단지 안에는 호화 호텔과 농장 부지도 있었다. 이 모든 것이 라즈니쉬 추종자에 의해서 세워졌고, 특히 처음 몇 년 동안에는 상당한 번영을 이루었다. 1984년에 이르자 라즈니쉬와 그의 단체는 문제에 부딪치게 되었다. 라즈니쉬는 침묵의 서약을 깼지만, 이전의 화려한 화법을 그대로 구사하지 못했다. 라즈니쉬푸람은 안전요원이 그 주변을 순찰하는 곳이 되어갔고, 지역 사람도 라즈니쉬 추종자를 멀리하였다. 게다가 라즈니쉬가 기독교를 비난한 것이 기독교 지도자들을 자극했다. 결국 미 연방정부는 라즈니쉬를 불법결혼을 주선한다는 혐의로 고소를 하였고, 라즈니쉬는 인도로 추방되었다.

그리고 인도에서 1990년에 생을 마감하였다.

라즈니쉬는 인도의 요가와 서양의 정신치료 기법을 혼합하였다. 그는 자아로부터 자유롭게 될 수 있는 방법을 가르쳤는데, 그것은 감정적 장애에 적극적으로 부닥쳐서 장애를 초월하는 것이었다. 이는 카타르시스의 원리를 이용하는 것인데, 추종자들에게 자신의 신경증 상태에 대면하게 하는 것이었다. 또한 라즈니쉬는 새로운 탄트라 철학을 가르쳤다. 이는 성관계를 통한 사랑이 신의 사랑과 동등하다는 것이다. 라즈니쉬는 금욕으로 인한 독신생활은 영적 깨달음을 얻는 방법으로 적합하지 않다고 주장하였다. 그는 윤리에 대해 다음과 같이 말하였다. "윤리라는 것은 보증되지 않는 수표이다. 윤리가 바로 사람을 속인다. 윤리를 종교와 혼동해서는 안 된다. 이것은 종교와 전혀 다른 것이다." 한국에서도 그의 저서가 수백만 부나 팔렸다.

인도의 자존심은 정신주의에 기반을 둔다. 그렇지만 인도가 다른 세계에 끼친 정신주의의 영향은 상당히 과장되고 일그러진 측면이 많다. 할리우드의 스타가 인도의 구루를 추종한 것도 광고의 효과가 컸다. 서양에서 구루를 따르는 추종자는 신경이 아주 예민한 여성과 정신적 방황을 겪는 사람이 대부분이고, 인도에서도 구루의 추종자는 문맹자와 미신을 믿는 사람이 많다고 한다.[18]

그리고 세계 역사를 통해 볼 때, 인도처럼 물질에 대한 초월을 강조하는 곳도 없지만, 오늘날에는 인도 사람만큼 물질에 집착하는 사람도 없다고 한다. 지금 인도 사람의 대부분은 인도 고유의 수행 전통에

---

18 리처드 워터스톤 지음, 이재숙 옮김, 『인도』(창해, 2005), 152~157쪽; 이옥순, 『인도에는 카레가 없다』, 117~122쪽.

관심이 없다. 『아름다운 파괴』의 저자 이거룡은 마드라스 대학으로 유학을 갔는데, 이에 대한 주변 학생들의 반응은 '코리아'는 아시아에서도 경제적으로 발전된 나라인데 뭐 하러 인도까지 와서 인도사상을 공부하는지 이해가 되지 않는다고 하는 것이었다. 얼마 전까지 정신의 나라인 인도에 정신문화를 공부하기 위해 오는 사람은 대부분 서양 사람이었다. 그러다가 요즘에는 정신문화를 공부하는 사람의 주류가 일본 사람과 한국 사람으로 바뀌었다고 한다.[19]

그리고 인도 사람은 종교적이면서도 사실은 대단히 현실적인데, 그 원인에 대해 3가지를 거론할 수 있다. 우선, 카스트제도에 원인이 있다는 것이다. 카스트제도는 이웃을 포용하는 마음을 억제하고 오로지 자신의 이익을 추구하는 이기적 인간을 만들어 낸다는 지적이 있다. 그래서 보통사람은 신비주의적 가르침보다 현실적 이해관계에 밝을 수밖에 없다는 것이다.

둘째, 인도 역사에서 전란이 많았고, 이민족의 지배를 많이 받았다는 데 원인이 있다. 무굴 제국과 영국의 식민지 지배를 통해서 인도 사람의 생활환경은 나빠졌다. 특히 하층계급의 경우에는 사회적·경제적 어려움을 만나더라도 자신의 힘이 아니면 달리 의지할 곳이 없었다. 그래서 열악한 생활환경을 극복하기 위해서 강인한 현실성을 요구하게 되었다는 것이다.

셋째, 인도와 파키스탄으로 분리해서 독립할 때 많은 실향민이 발생한 것도 한 가지 원인이다. 실향민은 대개 뉴델리나 뭄바이 같은 대도시에 가서 살게 되었다. 실향민은 살아남기 위해 강인한 생활력을 발휘할

---

19 이거룡, 『아름다운 파괴』(거름, 2005 3쇄), 68쪽.

수밖에 없었고, 이들은 돈과 권력을 얻기 위해서 수단과 방법을 가리지 않았다. 그래서 인도 사회, 특히 대도시에서는 약한 자는 먹히고 강한 자만이 살아남는 약육강식의 사회, 그리고 이윤만이 행위의 동기가 되는 사회, 곧 매우 현실적인 사회로 바뀌었다고 인도의 지식층은 지적한다.[20]

3) 영화의 나라, 인도: 신화의 나라 연장선

인도에는 우리 상식의 허점을 찌르는 또 다른 사실이 숨어 있다. 가난한 인도가 세계 최대의 영화 제작 국가라는 점이다. 이것도 우리의 정신을 얼떨떨하게 만든다. 못산다는 말은 문화 혜택을 누리지 못한다는 말과도 통하는 것이고, 그렇다면 당연히 영화 관람과 같은 문화적 혜택을 누리지 못할 것이라는 게 우리의 상식이다. 그렇다면 왜 우리는 잘못된 선입견을 가지고 있는가.

인도 영화는 육감적인 허리춤과 코맹맹이 노랫소리, 그 안에 담긴 소박한 사랑으로 관객을 끌어들인다. 또 인도 영화에서 끊임없이 반복되는 '복선'도 관객을 유인하는 요인이 된다. 또한 인도 영화는 신분이 다른 '잘생긴 남자'와 '아름다운 여자'와 '악한'이 주요 캐릭터이다.

---

20 남상욱,『인도, 21세기 새로운 강자로 떠오르고 있다』, 170~172쪽. 그리고 정승석, 『본 대로 느낀 대로 인도기행』(민족사, 2000), 243쪽: 남을 배려할 줄 모르는 이 인도 사회의 구조는 뿌리가 깊다. 자기중심적인 그들의 종교와 철학이 배타적인 사회 구조를 형성해 왔고, 오늘날에는 눈앞의 이익을 좇아, 그런대로 추구할 만한 정신문화마저 먹칠하고 있다. 이 같은 인도의 모습은 진즉부터 자기중심에서 벗어나라고 가르쳤던 불교가 바로 그 주장 때문에 사라져야 했던 인도를 다시 생각하게 한다.

'잘생긴 영웅'은 사랑에 몰입하고, '아름다운 여자'와 '악한'은 함정을 만들어서 주인공을 곤경에 처하게 한다. 그렇지만 주인공은 슬기롭게 악한을 무찌른다. 권선징악(勸善懲惡: 선을 권하고 악은 징계하는 것)과 해피엔딩이 인도 영화의 속성이지만, 인도인은 영화에서 그 이상을 원하는 것으로 보이지 않는다. 인도인은 삶의 무거움을 벗어 버릴 수 있으면 충분하다고 보고 있다. 인도인은 가난에 찌든 현실을 미화하고 싶어 하고, 가능하다면 현실에서 벗어나고 싶어 한다. 물론 인도에도 예술 영화가 등장하고 있고, 이 예술 영화에는 뮤지컬도 없고 또 영화가 해피엔딩으로 끝나지도 않는다. 그러나 이런 예술 영화가 외국에서 좋은 평가를 받는 데 비해서 인도의 국내 관객에게는 그렇게 성공적인 반응을 이끌어내지 못하고 있다.

인도는 영화의 나라다. 하루에 1,500만 명이 영화를 보는 나라다. 이는 세계 최대다. 영화 제작 편수에서도 세계 최대다. 2000년에는 855편이고, 2001년에는 1,013편이며, 2002년에는 1,150편이었다. 제작되었지만 영화관에 막을 올리지 못한 영화까지 합치면 연간 2,000편 정도가 제작된다고 한다. 영화 산업의 메카인 할리우드에서 200편 남짓 제작되는 것에 비교하면 확실히 많은 편수가 인도에서 제작된다고 하겠다.

이 중에서 힌디 영화, 곧 볼리우드Bollywood 영화는 200편 정도가 된다. 볼리우드 영화는 봄베이(지금의 뭄바이)에서 제작된 힌디 영화이다. 볼리우드 영화가 인도 영화의 대명사가 된 것은 제작 편수가 많고 힌디어가 거의 공용어가 되었기 때문이다. 봄베이에서 인도 영화가 처음 시작되었다. 한편, 웨스트벵골의 수도 캘커타(지금의 콜카타)도 영화에 대한 자존심이 강한 곳이라고 알려졌다. 인도 영화가 이곳에서 시작되었다고 믿고 있기 때문이다. 1911년 영국이 수도를 델리로 옮기기 전까지는 식민지 인도의 수도는 캘커타였다. 그래서 벵골 영화는 영국의 영향을 받아서 발전한 것이다. 이처럼 봄베이(뭄바이)와 캘커타(콜카타)가 인도 영화의 원조라고 서로 주장하고 있는 형국이다.

또한 첸나이(마드라스)에서도 인도의 원주민인 드라비다족의 자존심을 걸고 타밀 영화를 발전시켰다. 첸나이 코담바캄Kodambakkam이 타밀 영화의 요람인데, 여기에는 AVM, 비자이 등 대형 스튜디오가 자리 잡고 있다. 타밀 영화를 콜리우드Kollywood라고 부르는데, 이는 '볼리우드'와 비슷한 맥락이다. 이곳에서 제작된 영화는 규모에서도 볼리우드에 뒤지지 않는다. 대표적인 영화는 한국에서도 상영된 적이 있는 것인데, 라비크마르 감독의 '춤추는 무투Muthu'이다. 그리고 텔루구 영화도 발전하고 있다. 하이데라바드를 중심으로 한 안드라프라데시에서는 텔루구어를 사용하는데, 이곳에서 영화 산업이 발전하는 것은 이 지역의 IT산업에 외국자본이 들어오고 있는 것과 관련이 있다.

그렇지만 인도 영화 산업은 최근 내리막길을 걷고 있다고 한다. 상영 편수에 비해서 수익이 많이 떨어지고 있기 때문이다. 이처럼 영화 산업이 발전하지 못한 데는 몇 가지 원인이 있다. 첫째, 인도 영화 산업이 아무리 발전한다고 해도 12억의 인구를 아우를 수 있는 시장이 존재하지 않는다는 점이다. 왜냐하면 인도의 국민이 각각 다른 언어를 사용하고 있기 때문이다.

둘째, 대형 스크린의 문제이다. 인도 영화관은 대부분 대형 스크린에 1,000석 정도의 좌석을 갖추고 있다. 이런 곳이 전국에 1만 2천여 개나 된다고 한다. 이런 영화관의 한계는 두 가지인데, 하나는 좌석을 모두 채우기 어렵다는 것이고, 다른 하나는 영화를 한 번 상영하는

데 시간이 3시간이나 걸려서 수익성이 떨어진다는 것이다. 이런 한계를 뚫기 위해서 제시된 것이 멀티플렉스 영화관이다. 그러나 이런 영화관은 2003년 8월 현재 전국적으로 65개의 스크린에 지나지 않는다.

셋째, 다양한 TV채널이 등장하였다는 점이다. 100개 이상의 채널을 가진 TV는 다양한 영화와 드라마를 통해서 영화 관객을 감소하게 하였는데, 이처럼 채널을 많이 가진 TV방송이 1990년대 중반에 개방된 것이다.

넷째, 낙후된 영화 제작 시스템과 소규모 자본이다. 저예산 영화 한 편을 만드는 데 1,500만 루피~4,000만 루피면 충분했다. 이러한 전략은 TV시장이 개방되기 전에 가능했고, 할리우드 영화가 들어오기 전까지는 통했다. 하지만 국민의 눈높이가 높아짐에 따라 진부한 스토리, 조잡한 세트로 만들어진 영화는 점점 외면을 당하게 되었다.

다섯째, 인도의 마피아도 인도 영화 산업을 가로막고 있다. 인도의 마피아는 섹스, 마약, 영화를 바탕으로 해서 세력을 키워 왔다. 이들은 대부분 이슬람교도로 알려졌고, 뭄바이(봄베이)와 델리와 첸나이(마드라스)를 중심으로 활동하고 있다.

그러나 인도 영화 산업의 미래는 결코 어둡지 않다. 인도 영화 산업의 저력은 세계 최대 편수를 제작하면서 쌓은 노하우에 있다. 제작 기법과 시나리오는 인도 안에서는 큰 의미가 없을지 몰라도, 인도 밖에서 보면 대단한 것이 많다. 인도 영화의 살길은 해외시장의 개척에 있다. 볼리우드 영화는 2002년에는 세계시장에서 13억 달러를 벌었다. 할리우드 영화의 510억 달러와 비교하면 13억 달러는 형편없는 수준이지만, 볼리우드 영화는 전 세계의 영화관에서 36억의 관객을 동원하였다. 이는 할리우드 영화가 26억 명을 영화관에 오게 한 것을 넘어선 것이다.

인도 정부가 영화 산업의 중요성을 알고서 영화사가 은행에서 합법적으로 융자받을 수 있는 길을 열어주었다. 또한 인도 정부는 세법 개정을 통해서 영화 제작을 돕고 있다. 이는 통신이나 정보기술 산업과 마찬가지로, 영화 산업이 국제경쟁력을 갖추고 있다고 평가한 것이다. 왜냐하면 영화 산업에는 고도로 숙련된 전문 인력이 있고, 더구나 인도의 전문 인력 임금은 낮기 때문이다. 여기에다 영화 관계자도 영화 산업에 적극적으로 나서고 있다. 그러므로 인도 영화 산업의 앞날은 희망에 부풀어 있다.[21]

4) IT산업의 강국, 인도

텔레비전에서 인도 IT산업 관련 분야를 배우기 위해 유학을 간 한국 학생을 소개한 프로그램을 본 적이 있다. 한국 유학생의 불만은 가르치는 내용은 그런 대로 받아들일 수 있지만, 공부에 사용하는 도구인 컴퓨터는 낙후되었다는 것이다. 이 점은 인도의 현실을 잘 보여주는 예이다. 기술은 있지만 시설의 측면에서는 낙후되어 있는 것이 인도의 현실이다.

인도의 IT산업 분야에서 최근에 급성장을 이룰 수 있는 것은 소프트웨어 산업의 특수성과 인도 고유의 사회적·역사적 조건이 잘 조화를 이루었기 때문이다. 인도에서는 지식과 정신성에 대해 높은 평가를 해 왔다.[22] 인도 철학에서는 고대 인도의 성전聖典을 체계적으로 분류하

---

21 홍대길, 『꿈틀대는 11억 인도의 경제』, 133~148쪽.
22 프랑스의 철학교육 전통도 아울러 생각해볼 수 있다. 대학입학 자격시험(바칼로레아)에 철학 과목을 포함시키는 세계 유일의 나라라는 자부심을 프랑스 사람은 가지고 있다고 한다. 프랑스에서 고등학교 3학년에겐 프랑스어 시간이 철학시간으로 대체

고 활용하였다. 이러한 과정에서 '지식의 공학'이라고 할 수 있는 논리적 사고방법이 발달하였다. 이런 점이 현대의 컴퓨터에도 활용될 수 있다. 21세기는 종교, 철학, 수학, 컴퓨터가 하나로 연결되어 있는 시대라고 할 수 있고, 이 점에서 인도의 사회적·역사적 조건은 인도가 새로운 지식의 시대로 나가는 데 도움을 주고 있다.

전통적으로 인도에서는 지적·정신적인 활동은 존중하였지만, 육체 노동은 경시하였다. 그 때문에 기술계 대학의 졸업자도 공장에서 일하려고 하지 않았다. 그렇지만 소프트웨어 산업은 순수한 두뇌노동이어서 우수한 인재가 저항 없이 참여할 수 있다. 거기에다 인도에서는 수학과 과학이 지적 교양으로 오랫동안 중시되어 왔으므로, 많은 학생이 수학과 과학을 좋아하는 것도 인도 IT산업의 발전에 좋은 여건이 되었다. 인도의 다른 분야와 비교해볼 때, IT산업에서는 임금도 훨씬 높고, 해외에서 일할 기회도 많다. 또한 엘리트층 인도인이 영어에 능숙한 것도 강점이다.[23]

───────────

된다. 바칼로레아의 프랑스어 시험은 고등학교 2학년말에 치러진다. 바칼로레아에서 철학의 배점은 프랑스어와 같거나 차이가 없고, 문과 학생의 경우 옵션으로 철학을 선택하면 전 과목 가운데 가장 높은 배점을 차지하게 된다. 또한 문과 계열의 최고 수재가 입학하는 노르말 쉬페리외르(고등사범) 출신이 학교를 졸업하면, 우선 고등학교 철학교사로 임용된다는 점도 프랑스 사회에서 철학의 비중을 알려주는 상징이 된다. 널리 알려진 인물인 시몬느 드 보부아르, 사르트르, 피에르 부르디외 같은 이들도 노르말리앵(고등사범 출신)인데 모두 고등학교 철학교사를 지냈다. 이러한 점은 프랑스의 카페가 술을 마시는 곳이라기보다는 사람이 만나서 이야기를 하고 토론을 벌이는 곳이라는 것과 일맥상통한다. 프랑스에서는 카페 문화가 발달하였다. 특히 프랑스의 소읍이나 시골의 카페는 그 지역사회의 토론장 역할을 겸하고 있다고 할 수 있다.(홍세화, 『쎄느강은 좌우를 나누고 한강은 남북을 가른다』, 99~101쪽)

그러면 인도가 세계 IT산업의 중심지로 등장하는 이유에 대해 알아보자. 첫째, 인도 IT산업의 가장 큰 자산은 숙련된 기술 인력이 많다는 점이다. 2000년 현재, 인도에는 30만 명의 컴퓨터 관련 기술자가 활동하고 있다고 한다. 둘째, 인도의 저렴한 인건비가 IT산업의 경쟁력을 올려 주고 있다. IT산업 관련 대졸 기술자의 월급이 1만 5천~2만 루피(45만~60만 원) 정도인데, 이는 미국의 5분의 1에도 미치지 못하는 수준이다. 기술은 최고 수준인데 임금은 최후진국 수준이어서 다른 나라가 인도를 당해 낼 도리가 없다.

셋째, 인도인의 영어 구사 능력이다. 인터넷과 컴퓨터 용어 등에서 사실상 영어를 국제 공용어로 하고 있기 때문에 영어에 친숙한 인도 기술자가 어느 정도 우위를 점할 수 있다. 넷째, IT산업은 산업사회의 인프라를 꼭 필요로 하지는 않는다는 점이다. 인도가 경쟁력을 가지고 있는 소프트웨어 개발은 소량, 다품종, 기술집약적 첨단기술의 특징을 가지고 있다. 그래서 일반 산업과 달리, IT산업에서는 도로, 항만, 전력공급과 같은 인프라 기반이 반드시 필요한 것이 아니다. 다섯째, 정부가 간섭을 최소화하면서 IT산업을 육성하기 위해서 여러 가지 지원책을 제시하고 있다는 점이다. 인도 경제가 발전하는 데 가장 큰 장애는 정부의 간섭과 통제라고 지적하는 학자가 많다. 인도 IT산업이 처음 출발한 방갈로르가 성공한 이유는 여러 가지겠지만, 그중 하나는 고원지대여서 기후가 서늘하다는 점이고, 다른 하나는 정부의 간섭과 통제가 아주 적었다는 점이다. 이제 방갈로르는 소득과 생활수준에서 인도 최고의 수준이고, 인도의 다른 지역은 전통과 인습이

---

23 이은구, 『IT혁명과 인도의 새로운 탄생』(세창미디어, 2003), 65~67쪽.

남아 있지만, 그에 비해 방갈로르는 자유로운 문화가 살아 숨쉬는 곳이다. 그래서 방갈로르는 인도 안에서도 이방의 지역으로 꼽히고 있다.

여섯째, 미국 실리콘밸리와 긴밀한 연대를 맺고 있다는 점이다. 인도의 IT산업이 발전한 이유의 하나는 미국의 실리콘밸리가 인도에게 하청을 많이 주었기 때문이다. 그리고 인도의 개발능력이 발전하고, 미국에서 활동하는 인도 기술자가 인도 기업과 유대를 강화해 감에 따라, 인도의 IT산업은 미국의 실리콘밸리처럼 최첨단을 달릴 수 있게 되었다.

한편, 인도는 소프트웨어 개발의 세계적 중심지이면서 최근에는 IT-서비스산업의 원동력으로도 주목받고 있다. IT-서비스산업의 규모도 앞으로 3조 달러가 될 것으로 전망되는데, 이 IT-서비스산업은 대부분 평범하고 기초적인 사무업무에 해당하기 때문에 영어 구사가 가능한 인력과 컴퓨터에 밝은 인력을 많이 보유하고 있는 나라, 곧 인도나 필리핀이 유리할 것이라는 전망이 나오고 있다.

IT-서비스산업은 이미 인도에서 활발하게 움직이고 있다. 미국과 영국 등 선진국에서 회계, 재무, 마케팅, 클레임(무역이나 상거래에서 계약을 위반할 때 손해배상을 청구하거나 이의를 제기하는 일) 분야의 업무를 인도로 아웃소싱(Outsourcing: 기업에서 경쟁력이 없는 부문을 외부의 전문 업체에게 위임하는 것)하는 일이 많다. 그리고 IT-서비스산업의 하나로서 일상적 행정업무를 외부 용역에 맡기는 백오피스Back Office 사업도 있다. 백오피스 사업은 통신 혁명, 특히 인터넷을 통한 E-Commerce가 출현함에 따라 새롭게 생겨난 사업이다. 왜냐하면 인터넷을 통해서 선진국과 인도의 지리적 거리가 문제가 되지 않았기 때문이다. 특히, 인도는 앞으로 세계 제1의 백오피스 시장을 제공할 것으로 전문가들은 보고 있다. 이와 같은 새로운 업무를 '원거리 서비스 산업(remote-service industry)'이라 부르기도 한다.

이미 미국과 영국 등 선진국에서는 보험회사와 금융기관이 인도에 백오피스를 설립하여 고객의 클레임을 처리하고, 일반 행정업무를 처리하고 있다. 이를 통해서 경비 절감에 큰 효과를 보고 있다. 미국 병원에서는 법 규정에 따라 의사의 처방전을 기록해서 보존해야 하는데 (Medical Transcription업무: 의학필사업무), 그 동안 의사가 이 업무를 직접 담당하였다. 그러자면 미국의 병원에 소속된 의사는 자연히 적지 않은 불편을 겪고 비용을 지불해야 했는데, 이제 의사가 인터넷전화를 통해서 처방전의 내용을 인도의 백오피스에 불러 주면, 인도의 인력이 깨끗하게 타자로 정리해서 인터넷으로 미국에 돌려준다. 현재 미국에서 MT업무의 시장은 연 200억 달러 규모인데, 이 중 30퍼센트는 인도를 포함한 외국 인력을 이용하고 있다. 외국 인력을 사용하는 추세는 계속 늘어날 것이라고 전문가들은 예상하고 있다.[24]

사족을 달자면, 이러한 변화는 선진국의 엔지니어와 프로그래머에게 더 많은 능력을 요구할 것이다. 그것은 일상적인 컴퓨터 업무를 수행하기보다는 관계를 구축하는 업무를 수행하고, 일상적인 문제를 해결하기보다는 새로운 기회를 탐색하는 업무(창의력)를 하며, 단일 요소를 분석하는 업무보다는 큰 그림을 합성하는 업무를 할 줄 알아야 한다는 것이다. 다른 말로 하자면, 하이테크 능력(기술력)을 바탕으로 한 '하이컨셉' 능력과 '하이터치' 능력이 요구된다고 할 수 있다. 여기서

---

24 남상욱, 『인도, 21세기 새로운 강자로 떠오르고 있다』, 70~74쪽.

'하이컨셉'은 예술적·감성적 아름다움을 창조하는 능력을 말하는 것이다. 이는 트렌드와 기회를 감지하는 능력, 훌륭한 스토리를 만들어내는 능력, 관계가 없어 보이는 아이디어를 결합해 뛰어난 발명품으로 만들어내는 능력이다. 그리고 '하이터치'는 공감을 이끌어내는 능력이다. 이는 인간관계의 미묘한 감정을 이해하는 능력, 자신의 개성에서 다른 사람을 즐겁게 해주는 요소를 도출해내는 능력(유머), 평범한 일상에서 목표와 의미를 이끌어내는 능력이다.[25]

5) 인도에서 영어의 저력

인도인의 영어 발음은 형편없다고 한다. 한국인 발음보다 더 못하다고 한다. 그래도 수백만의 사람이 동시에 발음이 엉망이면, 그것은 하나의 현상으로 굳어져서 외국에서도 인도인의 영어 발음을 인정할 수밖에 없다. 이 점은 미국인의 발음을 따라하지 못해서 안달하는 한국인에게 많은 시사점을 준다.

미국과 영국을 제외하고 인도는 영어를 쓰는 인구가 가장 많은 나라다. 그렇지만 인구 비례로 따지자면, 영어를 읽고 쓸 수 있는 인구는 4~10퍼센트에 지나지 않는다. 그렇다고 해도 간단한 영어회화를 할 수 있는 사람은 70퍼센트는 될 것으로 추정된다.

영어는 영국 식민지 시절에는 공용어였고, 독립된 후 1950년 헌법이 제정되고 나서 15년 동안 영어를 부副공용어로 한시적으로 사용하도록 정하였다. 현재 영어는 중앙 정부의 부공용어이고, 일부 주와 연방직할

---

25 다니엘 핑크 지음, 김명철 옮김, 『새로운 미래가 온다』(한국경제신문, 2007 수정1판), 64쪽, 79~80쪽.

지에서 영어는 공용어 또는 부공용어로 사용되고 있다.[26] 신문의 경우에 영어 신문은 전체 등록 신문 1만 9,144개 가운데 18.7퍼센트를 차지하고 있고, 힌디어 신문은 27.8퍼센트를 차지하고 있어서, 영어 신문의 비율이 힌디어 신문에 뒤지고 있다. 그런데도 영어가 중요한 이유는 영어가 대부분의 공문서에 이용될 뿐만 아니라, 지식층과 상류층이 영어를 많이 사용하기 때문이다. 영어는 법률, 금융, 교육, 비즈니스에 많이 사용되고, 공문서 작성에 많이 사용된다. 말의 측면에서는 힌디어 가 가장 많이 사용되지만, 문서로는 영어가 가장 많이 쓰인다. 영어는 정부 문서의 93퍼센트를 차지하고 있고, 비즈니스 문서의 거의 100퍼센 트를 차지한다. 또한 사적인 편지에도 62퍼센트가 영어로 작성되고 있고, 정부 회의 가운데 37퍼센트가 영어로 진행되고 있으며, 취업 인터뷰도 거의 영어로 이루어진다. 교육 현장에서 45퍼센트가 제1언 어, 곧 해당 주州의 공식어를 사용하지만, 두 번째로 영어를 사용하는 것이 25퍼센트에 이른다.

또한 영어는 수많은 인도 언어 사이에서 의사소통을 가능하게 하는 수단이 된다. 인도인 사이에도 출신지가 다르면 영어로 대화하는 경우 가 많다. 영어는 국제 언어이다. 인도가 국제 사회에서 영향력을 행사하 는 것과 인도 IT가 일자리를 늘려 가는 것도 영어 때문이라고 한다.[27]

---

26 최종찬, 「인도의 언어와 사회」, 『인도의 오늘』(한국외국어대출판부, 2002), 332쪽, 364쪽.

27 홍대길, 『꿈틀대는 11억 인도의 경제』, 226~227쪽.
한편, 영어에 대한 프랑스인의 생각을 알아보는 것도 흥미로울 것이다. 프랑스에서 프랑스 사람에게 영어로 물었을 때 프랑스어로 대답하는 이유는, 프랑스 사람이 영어를 특별히 싫어하는 것이 아니고, 프랑스어에 대한 자존심이 강해서도 아니라고 현재 인도에서 가장 많이 통용되는 언어는 힌디어인데 이는 인구의 40퍼센트 정도인 4억 명 정도가 사용하고 있고, 다음으로 중요한 벵골어(벵갈리), 마라타어(마라티), 타밀어도 사용 인구를 모두 합하면 3억 명에 이른다. 따라서 인도의 토착 언어로는 서로 소통이 어렵기 때문에 인도 전역에서 공통적으로 통용되는 언어는 영어라고 할 수 있다.

1950년에 헌법을 제정할 때 인도 정부는 인도의 공용어로 힌디어를 지정하고, 영어는 1965년까지만 부공용어로 사용하고 그 이후로는 부공용어에서 영어를 배제하기로 하였다. 하지만 1965년이 임박하자, 인도 남부의 타밀나두 지역에서 영어 배제정책을 강력하게 반대하였

―――――――

한다. 이제까지 프랑스 사람은 프랑스어에 대한 자존심이 강해서 영어를 알아들었지만 프랑스어로 대답한다고 알려져 왔다. 하지만 이는 잘못 알려진 것이다. 질문은 영어로 알아들었지만 대답은 영어로 못하는 경우도 있고, 영어를 알아듣지 못했지만 눈치로 알아채고 답하는 경우도 있다. 물론 프랑스어로 답하는 것에는 "프랑스에서는 프랑스어를 한다"라는 생각에 기초한 측면도 있다. 그래도 영어를 잘하는 프랑스 사람은 영어를 구사할 기회가 생기면 영어를 잘한다는 것을 자랑하고 싶어서도 영어로 말한다.

하지만 영어를 잘하는 프랑스 지식인, 문화인, 정치인은 영어가 지나치게 득세하는 것에 대해 경각심이 강하다. 영어를 잘하는 사람일수록 이러한 경각심의 경향이 강하다고 할 수 있다. 세계화에 대해서는 그것이 '영어의 세계화', '미국 문화의 세계화'를 가져올 것을 걱정한다. 예컨대 다자간 투자협약(MAI) 논의 또는 영화 쿼터제 논의 등에서도 '문화적 예외'를 내세우면서 프랑스어와 프랑스 문화를 보호하려고 노력하고 있다. 또한 유럽연합에서 단일통화 '유로'로 미국의 '달러'에 대항하듯이, 미국 문화에 대항하는 유럽 문화의 설정을 주장하고 있다. 프랑스에서 영어에 대해 대항적 태도를 취하는 것은 제3세계에서 프랑스어의 힘을 보호하기 위한 계산도 깔려 있는 것이다. 왜냐하면 국제 사회에서 언어는 중요한 지배의 무기이기 때문이다. 문화적 지배를 통해서 정치, 경제, 사회의 모든 측면에서 지배의 영향력을 키울 수 있다.(홍세화, 『쎄느강은 좌우를 나누고 한강은 남북을 가른다』, 213~221쪽)

다. 왜냐하면 만약 영어가 부공용어에서 배제되고 힌디어만이 국가 공용어로 사용된다면, 타밀어는 제한될 것이라고 생각하였기 때문이다. 타밀어는 타밀나두 주의 역사적 언어이고, 그 지역의 대다수 주민이 사용하는 언어다. 실제로 힌디어를 모르는 타밀나두 사람이 대학에 진학하거나 정부기관, 회사 등에 들어갔을 때 차별 대우를 받는 경우가 종종 있었다고 한다. 결국 인도 정부는 타밀나두 주민의 요구를 받아들여서 1965년 이후에도 계속 영어를 부공용어로 사용하기로 하였다. 한때 라지브 간디 수상 정부도 힌디어 공용정책을 다시 추진하였지만, 타밀나두 주민의 반대에 부딪쳐서 실행에 옮기지 못했다. 결과적으로 보자면, 영어의 사용은 인도에게 큰 행운을 가져다주었다.[28]

덧붙여 말하자면, 최근 한국에서 영어 공용어 논쟁이 일어났다. 영어가 필요하다고 인식하기 때문에 생긴 논쟁일 것이다. 한국 사람이 영어를 잘하기 위해서는 우선 한국의 영어교육을 개혁할 필요가 있다. 아울러 영어를 모국어나 공용어의 관점에서 바라보기보다는 외국어로 접근하는 것이 더 현실적이다. 현재 한국인에게 영어는 모국어가 아니므로 영어교육과 관련해서 역할모델을 삼을 나라는 미국이나 영국이 되어서는 안 된다. 그동안 한국의 영어교육은 미국이나 영국의 영어 습득을 모방하려는 경향이 강하였다. 왜냐하면 영어 전문가의 대부분이 미국이나 영국에서 훈련을 받았기 때문이다. 또한 영어를 한국어와 함께 사용한다는 공용어의 관점에서 접근한다는 것도 현재로선 무리이다. 인도, 싱가포르, 필리핀은 영국이나 미국의 식민지가 된 경험이

28 남상욱, 『인도, 21세기 새로운 강자로 떠오르고 있다』, 58~59쪽; 최종찬, 「인도의 언어와 사회」, 『인도의 오늘』, 333~334쪽.

있었기 때문에 영어를 공용어로 지정할 수 있었으므로 한국의 경우와는 다르다. 따라서 인도의 경우가 한국에서 영어교육의 역할모델이 될 수 없다.

한국에서 영어는 외국어일 수밖에 없으므로, 네덜란드, 덴마크, 스웨덴 등의 북유럽 국가가 영어교육의 역할모델이 되어야 할 것이다. 왜냐하면 네덜란드 등에서는 영어를 공용어로 사용하지 않으면서도 국민 대부분이 기본적 영어 구사 능력을 가지고 있기 때문이다. 네덜란드 등에서는 영어가 외국어의 위치에 있으면서도 수준 높은 영어교육을 실시해서 대부분의 사람이 외국인과 영어로 의사소통을 할 수 있다. 따라서 한국에서 영어교육을 개혁한다고 할 때, 그 모델은 네덜란드 등이 되어야 할 것이다.[29]

---

29 한학성, 『영어공용어화, 과연 가능한가』(책세상, 2004 3쇄), 65~68쪽.

2장 인도의 역사

인도 역사를 크게 4시기로 구분하는 견해가 있다. 힌두 시대, 이슬람 시대, 영국 식민지 시대, 오늘의 독립국가 시대이다. 인더스문명이라고 불리는 선사 시대는 제쳐놓고, 아리아인이 침입한 다음에 이들의 신앙을 중심으로 해서 형성된 것이 '힌두 시대'이다. 그 다음에 이슬람교도가 침입하기 시작하여 인도를 지배한 무굴(무갈) 왕국이 쇠퇴하기까지를 '이슬람 시대'라고 한다. 무굴 왕국의 뒤를 이어서 새로운 식민지 제국을 건설한 영국이 1947년에 물러나기까지를 '영국의 식민지 시대'라고 부르고, 오늘의 인도가 네 번째 시기인 '독립국가 시대'이다.

인도의 한 소설가가 4가지 시대에 대해 재미있는 비유를 들어서 소설을 쓴 적이 있다. 이 소설가는 인도 민중을 참새 부부에 비유한다. 각 시대를 연대순으로 힌두 시대를 '금으로 만든 새장'으로 비유하고, 이슬람 시대를 '은으로 만든 새장', 영국의 식민지 시대를 '알루미늄으로

만든 새장', 오늘날의 독립국가 시대를 '삼색기三色旗로 만든 새장'으로 비유하였다.[1]

필자는 '힌두 시대'를 4시기로 구분할 수 있다고 본다. 1시기는 아리아 인이 인도에 정착한 시기인 '베다 시대'이고, 2시기는 '도시 국가'와 '영역 국가'가 서로 경합을 벌이던 시대이며, 3시기는 '마우리아 왕조'에 의해서 통일을 이룬 때이고, 4시기는 '굽타 왕조'에 의해서 고전적 힌두 문화가 어느 정도 완성된 시대이다.

한편, 인도의 역사는 중국의 역사와 비교할 때, 여러 가지 점에서 특이한 대목이 있다. 중국은 한나라 이후 위진남북조 시대에 여러 나라로 분열되었지만, 수나라를 거쳐서 당나라로 통일된 이후로는 영토가 고정되었다. 그에 비해, 인도에서는 영국의 식민지 시대에 와서야 영토가 고정된다. 인도의 정체성을 유지하게 해준 것은 힌두교 문화의 '다양성 가운데 통일성'이라고 할 수 있다. 그러면 인도 역사의 전개 과정에 대해 살펴보자.

1. 인더스문명

2000년 6월 우타르프라데시 주의 어느 가난한 마을에서 한 농부가 누런 흙으로 덮인 자신의 땅을 개간하기 위해서 마을 사람 누구라도 흙을 퍼 갈 수 있도록 허락했다. 어느 날 마을의 아낙 몇 사람이 질그릇을 굽기 위해 흙을 퍼 담고 있다가 황금 목걸이와 팔찌 등의 갖가지 보물이 담겨져 있는 항아리를 발견하였다. 그러자 이 아낙네들은 보물을 차지

---

1 서경수, 『인도 그 사회와 문화』(현대불교신서 23, 동국대 역경원, 1992 재판), 90-91쪽.

하기 위해 서로 싸우기 시작하였고, 이내 들판에서 일하던 농부들이 싸움 구경을 하기 위해 모여들었다. 그런데 보물이 땅에서 나왔다는 사실을 알자 수백 명의 농부는 모두 땅을 파헤치기 시작하였고 이날 하루 동안에 200킬로그램이 넘는 보물이 농부들의 장롱 속으로 사라졌을 것이라고 인도 정부에서는 추산하고 있다. 뒤늦게 소식을 접한 경찰이 현장에 출동하여 그곳을 폐쇄하고 고고학자들이 발굴을 시작하였다. 하지만 대부분의 보물은 농부들이 캐어가 버렸고 남은 보물은 20킬로그램 정도밖에 되지 않았다. 남은 보물을 정밀하게 조사한 결과 지금으로부터 수천 년 전에 만들어졌고, 이는 아마도 고대 인도문명 시절의 보물이 아닌가라고 추정되었다.[2] 이 고대 인도문명이 바로 인더스Indus문명이다.

인더스문명은 아리아Ārya인이 인도에 침입하기 전에 있었던 인도 고대문명의 하나이다. 인더스문명은 인더스 강 근처의 모헨조다로Mohenjo-dāro와 하라파Harappā 등에서 발견되었다. 인더스문명은 기원전 3000년 이전에 존재하였고, 아리아인이 침공할 즈음에 사라졌다. 인더스문명은 거의 천 년 동안 큰 변화가 없었던 것으로 보이며, 도시는 무력에 약했다고 한다.

인더스문명의 사람들은 일정하면서도 정연한 도시계획을 세워서 웅장한 도시를 건설하였다. 인더스문명의 도시는 높이 치솟은 성채와 평지의 주택가로 이루어졌다. 성채는 종교의식과 정치의 중심이었고, 평지에는 큰 목욕탕과 곡물창고가 있었으며, 주택가에는 도심지로 이어지는 도로가 정연하게 뚫려 있었고, 급수시설과 하수구도 설치되

---

2 남상욱, 『인도, 21세기 새로운 강자로 떠오르고 있다』(일빛, 2000), 273쪽.

어 있었다. 이는 오늘날 인도의 급수시설과 비교해 보아도 놀라운
일이다.

인더스문명은 고도로 발달된 동기銅器문명 시대였고 후세의 인도의
민간신앙과 밀접한 관련이 있다. 그러나 사원·전당·제단·제구祭具
등은 발견되지 않았기 때문에, 아리아인과 신앙을 달리하였다고 추측
할 수 있다.

하라파에서는 테라코타(구은 흙, 조각 작품의 소재)로 된 많은 여신상
이 발굴되었다. 이는 지모신상地母神像으로, 농작물의 풍성한 수확을
기원한 것으로 생각된다. 인더스문명의 사람들은 모계제 사회를 형성
하고 주로 농경에 종사하였다. 오늘날의 인도, 특히 농촌에서 다양한
여신숭배를 하고 있는데, 이러한 여신숭배의 전통은 인더스문명에서
발굴된 여신상과 관련이 있다고 추정된다.

모헨조다로에서는 3개의 인장印章에 새겨져 있는 신상神像이 발굴되
었다. 이 신상을 처음 발굴한 존 마샬J. Marshall은 여기서 힌두교
쉬바Śiva의 원형인 수주(獸主, Pāśupati, Mahādeva)의 모습을 발견하였
다. 그는 "인더스문명의 사람들의 종교는 지금까지 살아 숨쉬고 있는
힌두교와 거의 다르지 않을 만큼 힌두교의 특성을 가지고 있으며,
또한 적어도 동물숭배와 여신과 관련된 힌두교 '쉬바파'와 밀접한 관련
성을 갖고 있다. 그리고 이 두 가지 점은 대중의 예배 형태에서 강한
영향력을 발휘하고 있다"라고 하였다. 또한 이 '신상'에서 그 다리의
모습이 요가수행자의 자세를 하고 있기 때문에 선정과 요가의 기원이
되었을 것이라고 추정된다. 그리고 성기숭배의 흔적도 발견되는데,
이것도 쉬바의 원형으로 생각된다.

인더스문명에서는 나무와 동물숭배가 성행하였는데, 동물은 특히

황소가 숭배 대상이 되었다. 이는 현재 힌두교에서 소를 숭배하는 것의 원형이라고 할 수 있다. 그리고 인도에서 현재 경배의 대상인 '보리수나무'가 인더스문명의 '인장'에서 발견된다. 인더스문명에서 유행하던 사신(蛇神, Nāga)숭배와 수목樹木숭배는 현재에도 민간신앙으로 남아 있다. '나가'라고 하는 '사신', 곧 뱀의 신은 인도 내륙 지방의 코브라를 신격화한 것으로 비슈누의 화신인 크리슈나와 관련된 신화에 많이 등장한다. 용신龍神에 대한 숭배는 뱀의 신을 숭배하는 것에서 변형된 것으로 보이는데, 이는 동북아시아까지 전래되었다. 스리랑카에서는 사원이나 불탑의 입구에 한 쌍의 용왕을 모셔 둔다.

앞에서 대규모 목욕탕을 발굴하였다고 하였는데, 이는 단순히 목욕하는 곳이 아니고 국가의 종교시설로 보인다. 뒤에 힌두교 사원에서 연못이 죄와 부정을 깨끗이 씻어 주는 곳으로 종교적 의미를 부여받았는데, 이것과 어느 정도 연관성이 있다고 추론할 수 있다. 그리고 인더스문명에서 발굴된 유물 가운데 '숄'(어깨걸이)을 왼쪽 어깨에 걸치고 오른쪽 어깨를 드러낸 흉상이 있다. 이는 동남아시아의 불교에서 승려가 오른쪽 소매를 벗어서 오른쪽 어깨를 드러내는 편단우견偏袒右肩의 관습과 관련성이 있는 것이다.[3]

2. 베다Veda 시대

1) 베다 시대

기원전 15세기경에 아리아인이 인도의 펀자브 지방에 침입하였고,

---

3 이은구, 『힌두교의 이해』(세창출판사, 2000 2쇄), 40~46쪽.

기원전 10세기경에 정착하였다. 아리아인이 인도에 침입하고 이주한 것은 한 집단에 의해 단시일에 이루어진 것이 아니라 몇 세기에 걸쳐서 이루어졌다. 아리아인은 그들의 인구가 증가함에 따라 새로운 목초지를 찾아 동쪽으로 이동해 왔다. 아리아인은 인도의 원주민을 제압하였는데, 이때 원주민은 아리아인의 노예가 되거나 남쪽으로 밀려났다. 아리아인이 인도를 침입한 뒤의 생활에 대해서 아리아인의 종교 찬가인 『베다』를 통해서 알 수 있기 때문에 이 시대를 '베다 시대'라고 한다.

아리아인은 현세 지향적이고 낙천적인 기질을 가진 민족이었다. 이들이 추구하는 것은 삶에서 누릴 수 있는 최대의 행복이었고, 그 행복을 죽은 뒤에도 계속 이어가는 것이었다. 이러한 행복을 가져다 줄 수 있는 힘을 신神들이 가지고 있다고 믿고 있었으므로, 신에게 희생제의(犧牲祭儀: 신에게 제물을 바치는 제의)를 행할 만큼 아리아인은 대단히 종교적인 민족이었다. 아리아인들은 각기 가정에서 제화祭火를 만들어 스스로 공물을 바치고, 한편으로는 대규모 제사를 올리고 있었다.[4] 아리아인들은 현실생활에서 행복을 얻기 위해서 신에게 종교 찬가를 바치고, 찬사를 하여 기쁘게 하였다. 초기 형태의 희생제의는 매우 간단하고 단순한 것이었다. 특정 사원이나 상像이 없이도 부족의 우두머리가 선택한 야외의 장소에서 제의를 베풀었고, 찬가讚歌인

---

4 이 희생제의는 야즈나(yajña)라고 하는데, 이는 공물을 바치고 불을 피우는 의식이다. 공물이 연기와 함께 하늘에 올라가서 신에게 전달된다고 믿었다. 또한 이 의식을 호마(Homa)라고 하는데, 중국에서는 호마護摩라고 음역하였다. 베다의 의례 가운데 불의 의례, 곧 '호마'가 기본적인 것이 되었고, 이 베다의 호마의식이 불교에서도 수용되었다. '호마'는 타는 것이라는 뜻으로, 불교 사원의 호마의식은 탐욕과 성냄과 어리석음의 3가지 번뇌를 태운다는 의미다.(이은구, 『힌두교의 이해』, 234쪽)

만트라Mantra를 낭송하여 신들을 불러들이고, 희생 제물로 그들을 기쁘게 해서 원하는 바를 얻을 수 있다고 생각했다.

이들이 만들어 낸 종교 찬가가 바로 『리그베다』인데, '리그'는 찬가의 뜻이고, '베다'는 지식이라는 뜻이다. 이것은 1,017개의 찬가와 11개의 보유 찬가로 구성되어 있다. 『리그베다』는 기독교 문화권에서 보자면 『구약성서』에 해당하고, 중국 문화권에서는 『시경』이나 『서경』에 해당한다.

아리아인은 많은 부족과 정치집단으로 분열되었고, 자기들끼리 영토와 세력을 확장하기 위해서 투쟁하였다. 베다 시대의 통치 형태는 대체로 군주제였으며, 왕위는 세습적으로 계승되거나 부족에 의해 선출되었다. 왕은 국가의 우두머리이지만 전제적 지배자는 아니었다. 왕은 관례에 따라 부족회의(Samiti)나 원로회의(Sabha)와 협의를 했는데, 이 기구는 왕권에 대해서 견제하는 기능을 하였다. 어떤 아리아인의 종족은 이러한 부족회의나 원로회의에 의해서만 통치되고 왕을 갖지 않는 경우도 있었다.

아리아인의 생활은 점차 농경생활로 바뀌어 가고 있었지만, 유목생활의 단계를 완전히 벗어난 것은 아니었다. 가축으로 소, 말, 돼지, 닭, 양 등을 길렀다. 『리그베다』에서 농업에 대해서는 몇 번만 언급하고 있지만, 소의 중요성은 여러 차례 강조하고 있다. 아리아인에게 소는 가장 중요한 재산이었으며, 전쟁은 소와 가축을 얻기 위한 것이었다. 소는 우유와 노동력을 제공해주고, 인도 특유의 연료를 제공하는 존재이기 때문에 사람이 보호해야 할 가장 소중한 동물로 생각되기 시작하였다. 이것이 후대에는 '신성한 소'(聖牛)의 관념으로 이어졌다.[5]

그리고 대부분의 학자는 앞에 소개한 인더스문명이 아리아인의 문명보다 발전된 것이라고 평가한다. 인더스문명의 사람은 농업과 함께 상업을 하면서 도시생활을 했던 것에 비해서, 아리아인은 유목생활을 하다가 점차 농경생활을 하였고, 촌락생활을 하였다. 인더스문명의 사람은 서남아시아까지 무역을 한 것이 유물을 통해서 증명되었지만, 아리아인은 원거리 무역을 했다는 유물이 발견되지 않고 있다. 그러나 아리아인은 인더스문명의 사람이 몰랐던 철을 다룰 수 있었으며 철제 무기를 가지고 있었다.

2) 후기 베다 시대

펀자브 지방에 정착하였던 아리아인은 기원전 10세기경에 동쪽으로 이주하여 야무나 강과 갠지스 강의 중간에 있는 비옥한 평원을 점거하였다. 이들은 사제계급인 브라만(바라문)을 중심으로 농촌사회를 확립하고 고립적이고 폐쇄적인 경제생활을 하였다. 그리하여 브라만교(바라문교)의 문화를 완성하였다. 이때 4성제도가 형성되었는데, 이는 브라만brāhmaṇa·왕족(kṣatriya)·평민(vaiśya)·노예(śudra)의 4계급이다.

---

5 D.N. 자 지음, 이광수 옮김, 『인도민족주의의 역사 만들기: 성스러운 암소신화』(푸른역사, 2004): 암소가 과거부터 현재에 이르기까지 항상 성스러운 동물이었는데 이슬람교도가 인도에 들어오면서부터 암소를 도살해서 먹는 관습이 인도에 널리 퍼졌다고 힌두교 근본주의자들은 주장한다. 이 주장에 대해 암소의 거룩함은 신화이고 암소고기는 초기 인도인들이 먹었음을 구체적 자료를 제시하면서 이 책에서는 입증한다. 그리고 홍대길, 『꿈틀대는 11억 인도의 경제』(신구문화사, 2004), 76쪽: 소똥이 인도 경제에서 한몫을 하고 있다고 한다. 소똥을 연료로 사용하면, 냄새가 안 나고 연기가 적고 화력도 세고 오랫동안 탄다. 인도에서 연료로 사용되는 소똥은 3,500만 톤의 석탄, 6800만 톤의 나무와 맞먹는다고 한다. 또한 소똥의 1/3인 3억 4,000만 톤은 흙으로 돌아가 유기비료가 된다.

이때 형성된 4계급이 조금의 변화는 있었지만, 그 이후 인도 사회를 지배하게 된다. 한편, 브라만은 인간의 신神으로서 존중되었다. 그리고 후기 베다 시대에는 물질생활에 커다란 발전이 있었다.

이 시기에는 상당히 큰 세력의 국가가 출현하였다. 왕권이 커짐에 따라 부족회의와 원로회의는 그 힘이 약해졌다. 베다 시대의 왕은 세습이나 선출에 의해서 정당성을 인정받았지만, 후기 베다 시대에는 귀족들 사이에서 권력다툼을 벌이고, 그 뒤에 브라만에 의해 왕으로 즉위하는 성스러운 의식을 벌인 다음에 왕은 정당성을 인정받았다. 이 의식을 통해서 왕은 모든 도전에 대처할 수 있는 힘을 가지고 있고, 또한 누구의 도전도 용납하지 않는 신성한 존재라는 것을 분명히 드러내었다.[6]

3. 도시국가·영역국가 시기

초기 불교경전에서는 당시 북인도에 16개의 나라가 있다고 전하고 있다. 이는 당시에 많은 나라가 있었음을 보여주는 예이다. 이 나라들은 군주제의 나라와 부족적 색채를 가진 공화제의 나라로 구분된다. 공화제 나라에는 샤키야족(Śākya, 釋迦族), 말라Malla족, 콜랴족 등의 국가가 포함되고, 석가모니 불타佛陀를 외부에서 보호해준 브리지Vṛji족도 8개의 부족이 연합해서 공화국을 형성하였다. 그에 비해서 마가다Magadha, 코살라Kosala, 카쉬Kāśī 등은 군주제 나라였다. 이 나라들은 어느 정도 정비된 행정력과 군사조직을 가지고 있었다.

---

6 조길태, 『인도사』(민음사, 1997 3쇄), 39~48쪽.

공화국 가운데 어떤 나라는 기원전 4세기까지 남아 있기도 하였지만, 군주제 나라가 공화제 나라를 합병하고 또 군주제 나라의 경우에도 더 힘이 센 군주제 나라가 힘이 약한 군주제 나라를 합병하였다. 석가모니 불타가 살아 있을 당시에 자신의 나라인 샤카족의 나라가 코살라국의 침입을 받아 멸망되는 것을 목격하였다. 이 코살라국은 이어 마가다국에 병합되었다. 그리하여 기원전 321년에 마가다국이 마우리아 왕조를 세웠다.

당시 인도에서 힘이 있는 나라로는 마가다국, 코살라국, 아반티 Avanti국, 밤사Vaṃsa국을 들 수 있고, 동인도에만 국한해서 보자면 마가다국, 코살라국, 카쉬국 등의 군주제 나라와 브리지 공화국이 영향력이 있었다. 이 중에서도 가장 힘이 있는 나라는 빔비사라 Bimbisāra 왕이 통치한 마가다국이었다. 빔비사라 왕은 석가모니 불타와 비슷한 연령이라고 하는데, 왕은 석가모니 불타에게 귀의하였다. 불교경전에서는 이 두 사람의 교류에 대해서 여러 가지 이야기를 전하고 있다.

빔비사라 왕은 만년에 왕자 아자타샤트루Ajātaśatru에 의해 갇히고 결국 죽게 된다. 하지만 아자타샤트루는 유능한 사람이었기 때문에 마가다국의 숙적이었던 브리지연합과 코살라국을 병합하였고, 카쉬국도 정복하였다(카쉬국의 정복은 코살라국이라는 주장도 있음). 아자타샤트루의 뒤를 이은 우다인(Udāyin 또는 Udayabhadda) 왕은 수도를 라자그리하(Rājagṛha, 왕사성)에서 갠지스 강의 오른쪽에 있는 파탈리푸트라(Pāṭaliputra, 현재의 퍼트나시市, 화씨성華氏城)로 옮겼다. 파탈리푸트라는 뱃길과 육로의 요충지였기 때문에 오랫동안 동인도의 정치와 문화의 중심지로 발전하였다.

하지만 이 왕조도 몇 대 뒤에 당시의 대신이었던 쉬슈나가Śiśunāga에 의해서 사라지게 되었다. 아자타사트루 이후의 왕들이 모두 아버지를 죽이고서 왕위에 올랐기 때문에 국민은 불만을 품고 있었다. 그래서 쉬슈나가는 국민들의 신망을 쉽게 얻을 수 있었다. 쉬슈나가는 아반티 지방의 왕조를 쓰러뜨리고 마침내 마가다국의 영향력을 서인도에까지 미치게 하였다. 그리고 쉬슈나가의 아들이 불교경전의 제2차 결집을 도왔다는 기록이 있다. 그러나 이 왕조도 50년을 넘기지 못하고 난다 왕조로 바뀌고 말았다.

난다Nanda 왕조의 시조는 우그라세나Ugrasena 왕(별명이라는 주장도 있음)이다. 이 사람은 신분이 낮은 계층의 출신이었다. 전해 오는 말로는 왕의 이발사라는 주장도 있고, 이발사와 창부娼婦 사이에 태어난 자식이라는 이야기도 있다. 하지만 우그라세나 왕은 강대한 왕국을 세웠다. 난다 왕국의 경제력과 군사력은 매우 강했다고 한다. 우그라세나 왕은 인도 동해안 지역의 칼링가(현재의 오리사)와 서해안의 슈라세나Śūrasena 지방까지 점령하였다. 그리하여 마가다국은 마침내 인도아대륙의 동서를 관통하는 대제국이 될 수 있었다.

이 난다 왕조도 같은 마가다 출신 찬드라굽타에 의해 사라지게 되었다. 찬드라굽타는 알렉산더 대왕이 인도를 침입하고 물러난 사이에 그 틈을 타서 북서 인도에서 자신의 지배권을 세웠다. 찬드라굽타에 의해 마우리아 왕조가 세워진다. 그리고 마우리아 왕조는 인도 대부분의 지역에 영향력을 행사하기에 이르렀다.[7]

한편, 이 시기에는 베다 시대의 카스트제도가 붕괴되어 가고 있었는

---

7 中村元 外 著, 김지견 역, 『불타의 세계』(김영사, 1999 3판), 266~267쪽.

데, 그 원인을 3가지로 정리해볼 수 있다. 첫째, 아리아인과 원주민의 혼혈이 성행하였다. 새롭게 형성된 혼혈족은 아리아인의 전통적 풍습과 의례를 충실히 준수하려고 하지 않았다. 그들은 베다 문화를 무시하고 아리아 계의 몰락한 속어(Prakrit)를 사용하였다.

둘째, 물자가 풍부해져 상공업이 발전하고, 이에 따라 소도시 국가가 형성되었다. 당시의 강대국으로는 앞에서 말한 코살라, 마가다, 아반티, 밤사의 네 나라를 들 수 있다. 이 나라들에서는 왕족의 권한이 강화된 반면, 브라만은 종전과 같은 지위를 가지지 못했다. 그리고 상공업의 발달로 상공업자들이 많은 조합을 형성하여 도시 안에서 경제적 실권을 장악하고 있었다. 또한 조합의 우두머리를 장자長者라고 했는데, 이들은 상업자본가의 대표로서 사회적으로 중요한 위치를 차지하고 있었다. 이러한 자산가들은 왕족계급보다는 아래였지만 일반 서민보다는 우위에 있었다. 이처럼, 국왕과 자산가가 사회에서 큰 힘을 갖게 되자 사성계급제도는 점점 무너지게 되었다.

셋째, 베다의 종교를 단순히 미신으로 취급하는 경향이 생겨났고, 이러한 시대에 새로운 사상가들이 등장하였다. 이들을 '노력하는 사람'(沙門, śramaṇa, samaṇa)이라고 불렀는데, 이들 사문이 왕성하게 활동할 수 있었던 토대는 당시에 사상 발표의 자유가 허용되었기 때문이다. 이들은 전통적인 사성계급을 무시하였고, 베다 성전의 권위를 부정하였으며, 브라만교에 대해 비판적이었다. 또한 브라만의 언어인 산스크리트어를 사용하지 않고 일반민중의 언어인 프라크리티어를 사용하였다. 그리고 어느 계급이라고 할지라도 노력하는 사람, 곧 사문이 될 수 있었다. 따라서 브라만이 '전통적 사상가'라고 한다면 사문은 '혁신적 사상가'요 '이단의 사상가'라고 할 수 있다.

이러한 사문들의 새로운 사상을 받아들인 것은 주로 새롭게 생겨난 도시의 사람들이었다. 도시 사람들은 브라만의 가르침에 따르기보다는 새로운 사문의 주장에 공감하는 편이었다. 특히 국왕이나 자산가와 같이 새로운 실력자들은 사문을 존경하고 지원했다. 그래서 사문이 많이 배출되더라도 이들에 대한 경제적 지원은 문제가 없었다.

이 시기는 중국의 춘추전국시대와 견줄 수 있다. 춘추전국시대에 제자백가의 사상이 왕성하게 쏟아져 나왔듯이, 그와 비슷하게 인도에서도 여러 가지 사상이 등장하여 인도의 사상을 풍요롭게 하였던 것이다. 이러한 다양한 사상에 대해서 불교 쪽에서는 62견見으로 정리하고, 자이나교 쪽에서는 363견을 나열하고 있다. 이러한 분류방식은 기계적인 조합도 포함되어 있기 때문에 당시 사상계의 바른 모습을 제대로 반영하고 있다고 할 수 없지만, 이를 통해서 당시에 많은 사상이 있었음을 짐작할 수는 있다. 불교 쪽에서 62견으로 구분한 것을 살펴보면, 과거에 관한 견해가 18종류이고, 미래에 관한 견해가 44종류라고 한다. 자이나교의 363견도 구분하면, 업과 윤회를 긍정하는 행위론이 108종류이고, 업과 윤회를 부정하는 무행위론이 84종류이며, 회의론인 불가지론이 67종류이고, 일종의 도덕론인 지율론持律論이 32종류라고 한다.[8]

---

8 후지다 고다쓰 외 지음, 이지수 옮김, 『원시불교와 부파불교』(대원정사, 1992 2쇄), 14~20쪽.

4. 마우리아 왕조와 그 이후의 변화

1) 마우리아 왕조의 성립과 쇠퇴

마케도니아의 알렉산더 대왕은 기원전 327년에 서인도에 침입하여 여러 곳을 식민지로 삼고 도시를 건설하였다. 그렇지만 장병들이 더 이상 행군하는 것을 거부했기 때문에, 알렉산더 대왕은 군사를 돌이킬 수밖에 없었다. 그 당시 갠지스 강의 평원에는 난다 왕조가 지배하고 있던 마가다국이 최대의 세력을 떨치고 있었다. 기원전 317년경에 마가다 출신의 찬드라굽타Candragupta가 난다 왕조를 무너뜨리고, 주위의 여러 제국을 자기 밑에 복종시키면서 마우리아Maurya 왕조를 세웠다. 찬드라굽타는 난다 왕조의 사생아였을 것으로 추정된다. 그는 젊었을 때 왕가를 전복하려고 하였지만 실패하였다. 그는 서쪽으로 가서 알렉산더에게 도움을 청하지만, 알렉산더에게서 원조를 얻지는 못하였다. 그는 마가다 왕국의 주변부터 교란시키기 시작해서 알렉산더가 군대를 철수한 지 몇 년이 지나지 않아서 난다 왕조의 왕위를 빼앗았다. 그때 그는 20대 청년이었다.

　나아가 찬드라굽타는 인도에 남아 있던 그리스인들의 군사적 세력을 눌렀으며, 시리아 왕 세레우코스 니카토르Seleukos Nīkatōr가 침입해 오자 그와 평화조약을 맺어 영토가 매우 넓은 대제국을 건설할 수 있었다. 찬드라굽타는 세레우코스에게 코끼리 500마리를 건네주고 카불계곡에 이르는 옛 그리스 영토를 전부 차지했다. 찬드라굽타와 세레우코스 사이에는 혼인동맹이 성립된 것으로 추정된다. 한편, 마우리아 왕조가 성공할 수 있었던 요인은 우선 찬드라굽타의 재상 카우틸리아Kautilya의 현명한 정책이 주효하였기 때문이고, 당시 인도의 곡창지대였던 마가다국에 재화가 풍부하였고 특수한 전차 등을 사용하는 등 군사기술이 뛰어났기 때문이다.

찬드라굽타의 손자 아쇼카Aśoka 왕은 중국의 진시황과 동시대 사람인데, 이때 마우리아 왕조는 절정을 맞이하였다. 아쇼카 왕은 인도 동남 해안에 있는 칼링가Kaliṅga국마저도 정복했다. 마우리아 왕조는 아쇼카 왕 이후 세력이 쇠퇴했지만, 기원전 180년까지는 존속하였다. 이 왕조는 여러 국가와 외교적 교섭이 있었는데, 특히 이집트·시리아·그리스 등의 나라와도 상당히 밀접한 외교관계를 가졌다.

마우리아 왕조는 인도 역사상 가장 강력한 국가권력을 행사하였다. 예를 들면, 찬드라굽타는 인도 전역에 많은 공공도로(公路)를 깔았고, 도로 군데군데에 역(驛亭)을 설치하였으며, 약 2킬로미터마다 기둥을 세워서 표시를 하였다. 그 뒤를 이은 아쇼카 왕은 약 14킬로미터마다 우물을 파고, 여행자를 위한 휴게소를 설치했으며, 도로의 주요 교차점에는 국가의 창고를 세웠다. 거기서 물자를 받아서 저장해 두었다가 비상시에 제공하게 하였고, 농산물을 많이 생산하기 위해서 운하를 파고 저수지를 만들기도 하였다.

이와 같이 마우리아 왕조는 인도 역사상 최초의 통일국가를 건설했다는 평가를 받고 있지만, 그 왕조의 관료체계는 정치의 상층부에만 적용되었기 때문에 철저한 중앙집권제를 이루지 못했고 경제의 통제력도 강력하지 못했다. 그 근거로 왕조에서도 화폐를 발행하고 있었지만 각 지방에서도 다른 화폐가 유통되고 있었던 사실을 들 수 있다. 더구나 불교교단에 거대한 토지를 내려준 것도 경제적 기반을 약하게 만든 원인이었다. 그리고 언어의 측면에서도 통일국가라면 당연히 공용어가 있어야 하겠는데, 이런 것이 없었다.[9]

2) 아쇼카 왕

그러면 논의의 초점을 아쇼카Aśoka 왕에 맞추어 보자. 아쇼카 왕은 그의 부왕 빈두사라Bindusāra 밑에서 인도 서북에 있는 변경 도시인 탁샤쉴라Takṣaśilā의 태수太守로서 정치를 익히기 시작하였다. 그는 젊은 시절에 탁샤쉴라의 반란을 제압하였다고 한다. 카링카 제국의 정벌은 아쇼카 왕이 즉위한 지 8년쯤 되던 해의 일이었다. 이때 전쟁의 참혹함을 깊이 느낀 아쇼카 왕은 불교로 기울었다고 한다. 그 이전의 왕의 순행巡行은 단지 수렵 등의 오락이 중심이 되었지만, 칼링가 제국의 정벌 이후로는 법(法, Dharma)의 순행으로 바뀌었다. 군사적 승리 대신에 법法의 승리를 구하였다. 궁궐 안의 생활도 고쳐서 연회에 사용되는 것 가운데 하나인 동물의 살생을 금지시켰다. 또한 정무政務를 논할 때는 시간과 장소를 가리지 말라고 하였다. 한편, 지방장관에게도 '법法의 훈계'를 위해서 순회하도록 명령을 내렸다. 그리고 법대관法大官이란 제도를 만들어서 법의 증진을 도모하였고, 법에 전념하는 사람에게는 편의를 제공하였다. 여러 곳에 사람과 가축을 위한 병원을 건설하였고, 약초를 재배하게 하였으며, 도로변에 휴게소를 만들고 가로수를 심고 우물을 팠다. 아쇼카 왕은 왕이 된 후 26년 동안에 25회나 죄수를 석방하였고, "백성은 모두 나의 자식이다"라고 선언하기도 하였다.

아쇼카 왕은 불탑을 수리하거나 석가모니 불타의 유적을 참배하고 불타를 기념하는 석주石柱를 세우기도 하였으며, 승단僧團이 화합하지

---

9 정병조, 『인도사』(대한교과서주식회사, 1995 3판), 55~65쪽; 후지다 고다쓰 외 지음, 이지수 옮김, 『원시불교와 부파불교』, 144~146쪽.

않는 점에 대해 엄격하게 징계하기도 하였다. 그리고 석가모니 불타의 가르침을 7종류로 정리하면서 비구와 비구니가 자주 듣고서 그 가르침에 대해 생각하라고 하였다. 아울러 해외에도 불교를 전파하였다.

아쇼카 왕의 사적史蹟이 널리 알려진 것은 마우리아 왕조의 제국 영토 안에 세웠던 각문조칙刻文詔勅 때문이다. '각문'에는 마애고문磨崖誥文과 석주고문石柱誥文 등이 있는데, '마애고문'은 암벽을 깎아 내고 그 표면에 새긴 것이고, '석주고문'은 거대한 사암砂巖을 둥근 기둥으로 깎아 세우고 표면에 새긴 것이다. 그 밖에 석굴의 벽에 새긴 명문銘文도 발견되었다. 이러한 것이 모두 30개 정도가 된다. 이러한 '각문'의 거대함이나 훌륭한 연마 기술, 석주의 꼭대기에 새겨진 우수한 조각 등은 그 당시 마우리아 왕조의 국력이나 미술의 공예 수준을 잘 보여주는 것이다. '마애고문'은 마우리아 왕조의 광대한 영토 안의 여러 군데에 퍼져 있고, 그 문장은 그 지방 방언의 특징을 나타내고 있다. 그래서 '마애고문'은 마우리아 왕조 시대의 언어 연구에도 중요한 자료가 된다.

또한 아쇼카 왕의 정치에서 중시할 점은 이러한 조칙들이 문자를 해독할 수 있는 사람이라면 누구라도 읽을 수 있도록 통상로通商路에 세워졌다는 것이다. 이는『아르타 샤스트라』[10]의 비밀주의를 벗어남을 의미하는 것이다.『아르타 샤스트라』는 마우리아 왕조의 정치에 큰 영향을 끼친 저술이다. 나아가 아쇼카 왕이 5년마다 행하였던 법法의 순행이나 무익한 의식儀式과 공희供犧를 없앤 것도『아르타 샤스트

---

10 찬드라굽타의 재상인 카우틸리야에 의해 저술된 것으로 추정된다. 이 책은 인도 정치술 안내서인데, 왕의 감찰 부대로서 기능하는 전령·정보원·간첩 등의 조직망을 운영할 필요성을 강조하였다.

라』에서 벗어남을 뜻하는 것이다.

아쇼카 왕이 사용하는 법(다르마)이란 말은 불교 술어이긴 하지만, 보편적 도리, 법칙, 정의, 선善 등의 의미로도 사용되는 말이다. 아쇼카 왕의 조직 내용 가운데 '법'이 불타의 교설이나 불교의 가르침을 의미한 경우도 있지만, 아주 드물다. 많은 경우에 '법'은 일반적 도덕을 뜻하고 있다. '각문'에서 나타난 넓은 의미의 '법'은 광포狂暴, 잔인, 분노, 질투를 하지 않는 것이며, 여러 가지의 선행, 자애慈愛, 보시布施, 진실, 청정을 실천하려고 노력하는 것이다. 나아가 넓은 의미의 '법'은 부모와 스승에 대해서 유순柔順한 것이고, 노인을 공경하는 것이며, 수도자, 가난한 사람, 불쌍한 사람, 노예를 정당하게 대우해주는 것이고, 생명 있는 것에 대해서 자제自制하는 것이며, 적은 일에 만족할 줄 아는 것(少欲知足) 등을 의미한다.

이와 같은 넓은 의미의 '법'은 재가대중을 교화시키는 기능을 하고 있다고 볼 수 있다. 따라서 출가승단을 위한 가르침과는 여러 가지로 대비되는 개념이라고 할 수 있다. 추상적인 사고나 논리에 치우치지 않고 특수한 술어에 매달리지 않으며, 쉬운 언어로 보편적인 실천윤리를 말하는 점은 석가모니 불타가 재가자를 위한 가르침을 펼 때 주로 나타나는 특징이기도 하다.

아쇼카 왕은 마우리아 왕국의 변경이나 멀리 시리아, 이집트, 그리스까지 불교의 전도사절을 보냈다. 이는 확실한 연도를 결정짓기 어려운 인도 고대사에서 연대를 결정하는 기준이 된다. 변경에 전도사가 파견된 곳은 다음과 같다. 북쪽으로는 간다라, 카슈미르, 힌두쿠시 지방의 그리스인 나라인 박트리아, 네팔 등지이고, 남쪽으로는 데칸, 세일론, 미얀마이며, 서인도로는 마라타 지방과 아파란타, 곧 카티아와르 반도다. 세일론에 파견한 전도사는 아쇼카 왕의 왕자 마힌다(Mahinda, Mahendra)인데, 마힌다의 전도가 큰 성공을 거두었다는 전설은 그대로 받아들이기에는 곤란한 부분이 있다. 하지만 현재 동남아시아에서 불교가 뿌리를 내리게 된 기초는 아쇼카 왕의 전도사절에 있었다고 평가할 수 있다.

한편, 서인도 아파란타에는 당시 그리스인이 많이 거주하고 있었다. 그리스인의 지사知事가 있었고, 그래서 파견된 그리스인 전도사 다르마 락쉬타Dharma Rakṣitā는 귀족 남녀 수천 명을 불교로 귀의하게 하였다고 한다. 그 밖의 여러 곳에서 불교를 전한 전도사는 각각의 지역에서 포교의 거점을 마련하였고, 이것이 뒷날 각 지방에서 부파불교가 융성하는 기초가 되었다.[11]

3) 슝가 왕조와 칸바 왕조

기원전 180년경에 푸샤미트라Puṣyamitra 장군이 마우리아 왕조를 멸망시키고, 슝가Śuṅga 왕조를 세웠다. 이 왕조에서는 마우리아 왕조와는 달리 불교를 억압하고 브라만교의 제사를 부흥시켰다. 슝가 왕조의 통치제도는 중앙집권적인 것이 아니었고 여러 곳의 소왕국을 지배한 형태였다. 슝가 왕조 뒤에 성립한 칸바 왕조(Kāṇva, B.C. 75~B.C.30년경)도 브라만교를 숭상한 왕조였다. 하지만 이 두 왕조의 지배 범위는 갠지스 강 유역을 넘지 못하였다. 이 두 왕조는 정치적으로 보자면, 마우리아 왕조의 뒤를 이은 반동적인 측면이 강해서 안정적이지 못하였

---

11 후지타 고다쓰 외 지음, 이지수 옮김, 『원시불교와 부파불교』, 146~149쪽. 아쇼카 왕의 비문에 대해서는 츠카모토 게이쇼(塚本啓祥) 지음, 호진·정수 옮김, 『아쇼카 왕 비문』(불교시대사, 2008)을 참조하기 바람.

다고 평가할 수 있지만, 문화적으로는 오히려 훌륭했다고 한다. 오늘날 인도에 남아 있는 불교 유적 가운데 최고의 것인 '산치Sañchī'나 '바르후트Bhārhut'의 우수한 건축과 조각이 슝가 왕조 시대에 만들어진 것이고, 유명한 문법가 '파탄잘리'도 '푸샤미트라'와 동시대 인물이며, 이 무렵에 서인도에서는 바가바타派의 크리슈나 신앙이 널리 퍼진 단서를 볼 수 있다.[12]

4) 그리스인·샤카족·파르티아족의 침입

당시 서북 인도에는 그리스 왕이 연달아 침입하여 몇 개의 왕조를 세웠다. 이들의 국가조직에는 그리스적인 색채가 상당히 있었다. 그래서 화폐에는 그리스어와 인도의 속어가 함께 사용되었고, 왕들은 그리스적 교양을 가지고 있었으며 그리스 신을 신봉하고 있었다. 그 가운데 불교를 받아들인 왕도 있었는데, 그 대표적 인물로 메난드로스 (Menandros, B.C. 160년경) 왕을 들 수 있다. 이 왕은 아프가니스탄에서 중부 인도까지 지배하고 있었는데, 표면적으로는 그리스 신을 받들고 있었지만 속으로는 불교를 받아들인 인물이다. 그는 나가세나Nāgasena 장로에게 가르침을 청하였고, 이 두 사람의 대화가 『밀린다팡하 (Milindapañha, 那先比丘經)』로 전해지고 있다.[13] 한편, 그리스인 중에

---

12 후지다 고다쓰 외 지음, 이지수 옮김, 『원시불교와 부파불교』, 150~151쪽.

13 윤호진, 『무아 윤회문제의 연구』(민족사, 1996 3쇄), 166쪽에서는 나가세나 장로는 허구의 인물이고, 메난드로스는 역사적으로 실존한 인물이지만 『밀린다팡하』에서는 이름만 빌린 인물이며, 서로 토론을 벌인 내용은 부파불교의 교리 문제 가운데 어려운 부분이었다고 한다. 그래서 『밀린다팡하』라는 교리 문답서에 더욱 비중을 주고 효과를 올리고자 메난드로스의 이름을 빌렸을 것이라고 추정한다. 그 밖에

높은 관직의 사람이 힌두교의 비슈누에 귀의하는 경우도 있었는데, 이 사람이 바수데바Vāsudeva신에게 바친 석주가 현재 남아 있다.

그리스인 다음에는 샤카(Śaka, 塞種)족이 침입했다. 이 샤카 왕조에서 첫 번째 왕은 마우에스(Mauēs, B.C. 120년경)였는데, 그는 스스로 "모든 왕王 중에서 왕"이라고 불렀다. 샤카족 다음에는 파르티아Parthia족이 쳐들어왔는데, 이 왕조의 아제스Azēs 왕은 기원전 17~15년경에 서북 인도를 통치하고 있었다(샤카족은 파르티아족에게 동화되었고, 인도의 문학과 역사에서 샤카족과 파르티아족을 동일시하기 때문에 구분하기 어렵다). 샤카족과 파르티아족의 왕들은 표면적으로는 그리스 신을 받들고 그리스어를 사용하였지만, 인도의 속어도 아울러 사용했다. 그리고 인도적 관점에 따라서 "법(dharma)을 지키는 국왕"이라고 불렀던 왕이 많았다. 더구나 파르티아 왕조의 구두브하라Guduvhara 왕은 스스로 "신에게 맹세하는 자"라고 하였는데, 그가 성聖 토마스의 감화를 받아서 기독교를 받아들였다는 전설도 있다.[14] 기원후 5세기경에는

『밀린다팡하』에 관한 내용은 이 책의 4장, 5장, 6장을 참조하기 바람.

[14] 이 내용과 관련해서 신약외전인 『토마스 복음서(도마 복음)』를 참고할 필요가 있다. 『토마스 복음서』는 1945년 이집트에서 발견되었는데, 상형문자와 희랍문자를 겸용한 콥트어로 씌어졌다. 이 복음서에 대해서는 프랑스 학자 필립 드 슈아레의 『토마스에 의한 복음서』에 의해 자세히 연구되었다. 『토마스 복음서』에 따르면, 예수가 세상을 떠난 후에 성 토마스는 인도에서 복음을 전하기로 하였는데, 성 토마스는 이 일을 오랫동안 주저하였다. 그때 예수 그리스도가 성 토마스 앞에 나타나서 '핫판'이라는 상인에게 인도에 복음을 전하는 일을 위임하겠다고 전한다. 이 상인은 인도의 그트나파르 왕의 청으로 시리아에 유능한 건축가를 데리러 갔다. 성 토마스는 핫판과 함께 배로 인도에 왔다. 왕은 성 토마스에게 궁전을 세우라고 말하고 막대한 자금을 주었다. 그런데 왕이 전쟁에 나간 사이에 성 토마스는 이 큰 금액을 전부 가난한 사람을 구제하기 위해서 써버렸다. 왕이 전쟁에서 돌아오자

남인도의 코친에 기독교 네스토리우스파의 교회가 있었다고 한다.

한편, 이 당시 동남 인도에서는 아쇼카 왕에 의해 무자비하게 정복당한 칼링가국도 재기하고 있었다. 칼링가국의 카라벨라(Khāravela, B.C. 2세기) 왕은 세력을 넓혀서 인접 4개국을 정복하고 전륜성왕轉輪聖王이라고 불리었다. 카라벨라 왕은 모든 종교를 인정하여 모든 종교의 신전을 수리하였는데, 그 가운데 특히 자이나교를 보호했다. 그 외에 인도 전역에 여러 개의 작은 나라가 있었다.

5) 쿠샤나 제국과 안드라 제국

쿠샤나Kuṣāṇa족은 중앙아시아 유목민인 월씨족月氏族의 일파이다. 기원후 25년경에 쿠샤나족의 족장인 쿠주라 카드피세스Kujūla Kadphisēs가 월씨족의 다른 4부족을 통합하여 지배하였고, 기원후 60년경에는 서북 인도를 공략하였다. 그의 아들 웨마 카드피세스Wema Kadphisēs는 쿠샤나 제국의 영토를 넓혔으며, 그 후 카니슈카(Kaniṣka, 재위 129~152년) 왕이 인도에 침입해서 북부 인도 전역을 통치하고, 그 세력을 중앙아시아·이란에까지 확장해서 아쇼카 왕 이후 대제국을 건설한 위대한 왕이 되었다. 이 왕조는 기원후 3세기 중엽까지 세력이 유지되었다.

성 토마스는 "돈은 왕을 위하여 천국에 궁전을 짓는 데 썼다"고 변명하였지만, 왕은 화가 나서 토마스와 상인을 감옥에 가두었다. 한편, 왕의 동생이 죽어 천국에 가서 성 토마스가 세운 궁전을 보았다. 그리고 왕의 동생은 부활하여 천국의 궁전에 대해서 상세하게 왕에게 보고하였다. 왕은 이 말을 듣고 너무나 감격해서 죽은 후에 갈 궁전에 만족하였고, 왕은 동생과 함께 기독교 신자가 되었다.(민희식, 『법화경과 신약성서』, 불일출판사, 1986, 11~13쪽)

이 제국은 영토가 넓었고 중국·로마와도 정치적·경제적·문화적 교섭이 있었다. 그리고 제국의 영토 안에 남아 있었던 그리스 문화의 영향을 받고 있었으므로 동서의 문화를 포용하고 융합하는 성격이었고, 여러 가지 계통의 문화적 요소가 함께 존재하고 있었다. 그러므로 이들의 생활양식은 쿠샤나족인 것에다 중앙아시아적인 것과 그리스적인 것이 섞이게 되었고, 더 나아가서 인도의 고대 문화에도 동화되어 갔다.

이런 점은 종교에서도 마찬가지이다. 예를 들면, 카니슈카 왕 시대의 화폐에는 그리스·조로아스터교·힌두교의 신들이 새겨져 있고, 불타의 상像을 새긴 것도 약간 있었다. 이와 같이 쿠샤나 제국의 왕들은 여러 종교를 인정하고 있었고, 왕 스스로 신의 칭호를 사용하기도 하였다.

이 시대에는 외국과의 교섭도 활발하였다. 그래서 새로운 학술이 일어났는데, 이때 그리스·로마의 영향을 받아서 새로운 천문학이 인도에서 생겨났고, 의학도 발달하여 외과·내과로 분리되었으며, 그 결과 기원후 2세기경에는 차라카Caraka라는 유명한 명의가 활동하기도 하였다. 또한 논리학도 당시 지식인 사이에서는 상식화되어 가는 추세였고, 예술 방면에서 그리스 조각의 영향을 받은 간다라Gandhāra의 불교미술도 이때 생겨난 것이다.

간다라미술은 서북 인도의 간다라 지방을 중심으로 1세기에 발생해서 흉노족의 침입에 의해서 5세기 중엽에 사라졌다. 간다라미술은 2시기로 구분된다. 우선 3세기 중엽까지 '석조'를 중심으로 하는 때이고, 그 다음은 390~460년경까지인데, 이 시기에는 '소조'(점토로 만든 것)를 중심으로 하는 때이다. 이 간다라미술은 서방의 로마미술을 포함하는 그리스 계열 미술의 영향을 받아 생긴 혼합 미술이다. 그런데 이 가운데 그리스 미술의 영향을 주장하는 학자는 '그리스풍의 불교미술'이라고 주장하고, 로마 미술의 영향을 강조하는 학자는 '로마풍 불교미술'이라고 말한다. 아무튼 간다라미술은 인도의 전통미술과는 전혀 다른 것이고, 서방미술의 기법에 익숙한 외래 미술가의 손에 의해 만들어진 것이다.

간다라미술의 역사적 의의는 불상佛像을 처음 제작하였다는 데 있다. 종래의 불교미술에서는 석가모니 불타를 인간적 모습으로 묘사하지 않았다. 다만 석가모니 불타를 나타내기 위해서 방형의 빈 좌대座臺나 보리수, 발자국 등을 조각하였다. 설법하는 '불타'는 법륜法輪으로 표현하였고, 열반하는 '불타'는 탑으로 나타내었다. '불타'의 제자도 표현하지 않았는데, 이는 열반의 세계에 들어간 성자는 인간적 모습으로 표현할 수 없고 또 그래서는 안 된다고 생각하였기 때문이다. 따라서 장인이 능력이 있다고 해도 이러한 분위기 속에서 불상을 만들 수는 없었다.

가장 초기의 작품으로 평가되는 것은 1세기 말의 기원보시도祇園布施圖인데, 여기서는 부처님과 다른 인물들이 모두 동일한 크기로 표현되었다. 후에는 불타만이 크게 표현되었다. 1세기에서 2세기 초에 제작된 시크리 불전도佛傳圖도 이러한 단계를 잘 보여주고 있다. 라호르 박물관에 있는 2구의 불타 입상도 동일한 시대의 작품인데, 이는 단독의 예배상으로는 가장 초기의 것이라고 평가된다. 간다라 불상의 서방적 요소는 곱실거리는 머리카락, 그리스·로마인과 비슷한 얼굴, 히마티온(그리스에서 입던 큰 망토)풍의 옷, 아폴로·소포클레스(그리스 3대 비극작가의 한 사람)형의 조상彫像 등이다.

이처럼 불교라는 동방의 문화와 그리스 계열의 미술이라는 서방의 문화가 만나서 이루어진 것이 간다라미술이다. 이와 같이 불상이 처음 만들어진 것이 큰 반향을 일으켜서 부처님을 인간으로 표현하지 않은 전통을 고수하던 마투라에서도 불상을 제작하기에 이르렀다.

불상을 만드는 것은 불교의 사상적 요청이 아니라, 만들어진 불상이 불교도에게 환영을 받아서 그것이 대승불교의 경전에 영향을 주었던 것이다. 그래서 대승불교 경전에서는 불상을 만드는 것을 권하고 있기도 하다.[15]

한편, 남인도의 안드라Andhra 제국은 인도적인 제국으로서 브라만교(힌두교)를 국교로 삼아 브라만을 보호하였다. 이 안드라 제국은 사타바하나Sātavāhana 왕국과 같은 것으로 본다. 이 왕조는 기원전 1세기에 고다바리 강 상류 지역의 프라티슈타나Pratiṣṭhāna에 수도를 정했다. 이 왕조의 전성기는 가우타미푸트라 샤타카르니Gautamīputra śātakarṇi 왕 때이다. 그는 스스로를 브라만이라고 하면서 『베다』에 나와 있는 '말 희생제'를 지냈다. 기록에 따르면 이 제사를 위해서 1만 1천 마리의 소와 1천 마리의 말을 사용했다고 한다. 샤타카르니 왕은 영토 확장에도 힘을 기울였다. 안드라 왕조 시대에 데칸 지역은 매우 번성하였다. 서부 해안의 여러 항구에서 페르시아 만과 소아시아까지 무역을 하였고, 이 왕조의 수도 '프라티슈타나'는 거대한 시장이었다. '불교'도 안드라 왕조 시대에 발전하였고, 이 왕조의 주민은 수마트라, 자바까지 진출하였다.[16] 3세기에 접어들어 이 사타바하나(안드라)

---

15 스즈타니 마사오·스구로 신죠오 지음, 정호영 옮김, 『대승의 세계』(대원정사, 1991), 33~36쪽.

왕조는 쇠퇴해서 북부 데칸 지역은 바카타카 왕조가 지배하였고, 안드라 지방은 익슈바쿠Ikṣuvāku 왕조가 지배하였다.

쿠샤나 왕조와 안드라 왕조는 그 당시 인도의 양대 세력이었다고 할 수 있다. 이 두 왕조는 여러 개의 소번후국小藩侯國으로 구성되었고, 소번후국들은 여러 신분의 사람으로 이루어졌으며, 사회적 지위와 신분이 세습되었다.

5. 굽타 왕조

쿠샤나 왕조와 안드라 왕조는 기원후 3세기에 접어들자 그 세력이 점차로 쇠퇴하였다. 그러자 여러 작은 국가들이 출현했는데, 이때 옛 마가다 지방에서 찬드라굽타Candragupta 1세가 320년에 즉위하여 굽타Gupta 왕조를 세웠다. 그 다음에 사무드라굽타Samudragupta는 330년경에 즉위해서 여러 곳을 정복해서 굽타 왕조는 마우리아 왕조 이후 다시 통일국가의 면모를 갖추었다. 인도의 고전 문화는 이 시대에 발전하였고, 천문학·수학도 이 시대를 전후하여 발전했다. 그러다가 5세기경에 흉노족Hūṇa이 침입해 와서 굽타 왕조는 쇠퇴하였고, 6세기에 이르러서 인도는 여러 나라로 분열되었다.

굽타 왕조에는 여러 소번후小藩侯가 있었고, 그 각각의 소번후국 안에는 행정을 맡은 관리가 있었으며, 신분의 차이는 고정화되었다. 또한 직업은 대체로 세습되었고, 백성은 토지에 묶여 있었으며, 화폐는

---

16 이은구, 『인도문화의 이해』, 71~72쪽; 조길태, 『인도사』(민음사, 1997 3쇄), 125~126쪽.

통일되어 있었다.

이처럼 사회가 고정화되어 감에 따라, 이것을 뒷받침해주는 이론 체계인 브라만교(힌두교)가 득세하여 브라만교는 국교로 채택되었다. 브라만 법전은 표준이 되었고, 학술·문예 방면에서도 브라만 교학이 두드러졌고, 산스크리트어가 공용어로 사용되었다.

굽타 제국은 도시를 중심으로 해서 몇 개의 촌락을 합해서 군(viṣaya)으로 삼았고, 이 '군' 위에 '현'을 두었다. 군과 현에는 각각 장관을 임명하였으며, 군의 장관(viṣayapati) 밑에는 징세관 등의 몇 사람이 보좌하였다. 촌락은 토착 세력의 촌장(村長, grāmika)과 촌로(村老, mahattara)에 의해 운영되었다. 여기서 '군'은 국가와 촌민을 연결시키는 접점이 되었다. 촌장이 촌락의 대표이지만, 촌로는 촌의 유력자로서 한 촌락에 몇 명의 촌로가 있었다. 이 촌로들은 좋은 가문 출신으로 베다와 다르마에 정통한 사람이라는 평가를 받았다. 한편, 촌락사회의 중심적 존재는 토지소유농민(kuṭumbin)이다. 이들이 국가의 조세와 부역을 부담하였다. 토지소유농민 외에도 촌락에는 소작인과 노예와 천민이 있었으며, 이들의 신분은 명확히 구분되었다.

굽타 왕조 시대에는 쿠샤나 시대에 성행한 서방과 교역하는 무역 활동은 쇠퇴하였다. 그렇지만 국내의 상업 활동은 활발하였다. 도시에는 금융업자(śreṣṭhin), 도시 사이를 오가는 무역상인(sārthavāha), 수공업자의 3가지 조합이 있었으며, 이 조합의 대표자는 도시 행정기관의 일원으로 참여하였다. 이 조합의 대표자는 촌락의 촌장과 촌로처럼 도시의 사회질서를 유지하였다. 이처럼 조합과 국가의 결합은 도시 상업을 번영하게 하였다. 그렇지만 굽타 왕조가 쇠퇴하자 도시들도 점차 영향력이 줄어드는 추세였다. 대신에 신흥 도시가 등장하였다.

카나우지(하르샤 왕조의 수도, 힌두교가 지배하고 있는 4개의 성스러운 도시의 하나)와 같은 새로운 정치의 중심지와 힌두교의 성지로서 사원을 중심으로 발달한 종교 도시가 새롭게 힘을 발휘하였다. 그리고 원거리의 도시 무역은 점차 힘을 잃었고, 상업은 작은 지역에 한정되었으며, 각 지역은 자급자족의 분위기를 드러내기 시작하였다.

브라만을 정점으로 하는 사성계급의 사회질서도 굽타 왕조 시대에 확립되었다. 유명한 『마누 법전』은 사성계급을 기본으로 해서 생활규범, 종교적 의무, 왕의 직무, 법률, 속죄의 방법 등을 제시한 것이다. 여기에다 굽타 왕조 시대에는 『나라다 법전』, 『브리하스파티 법전』, 『카티야야나 법전』의 3가지 법전이 추가된다. 이는 『마누 법전』의 부족한 내용을 채우기 위해서 새롭게 편찬된 것이다. 이 3가지 법전은 법률을 중심으로 해서, 특히 소송법 규정을 상세히 가다듬은 것이고, 그래서 실제로 재판의 준칙이 되었다. 앞에서 촌로가 알아야 할 다르마는 이 3가지 법전을 말하는 것이다. 나아가 농촌뿐만 아니라 도시에서도 이러한 법전이 생활 속에 활용되었다. 그리고 힌두교 신앙이 도시와 농촌 곳곳에 뿌리내렸다. 이처럼 브라만을 중심으로 하는 힌두교 사회가 뿌리내렸기 때문에 어떠한 정치적 변화에도 그 생명을 유지할 수 있었다.[17]

6. 굽타 왕조 이후의 변화

굽타 왕조가 붕괴된 뒤에, 하르샤(Harṣa, 戒日) 왕이 북부 인도 일대를

---

17 스즈타니 마사오·스구로 신죠오 지음, 정호영 옮김, 『대승의 세계』, 67~69쪽.

통일하고 곡녀성(曲女城, Kānyakubja, Kanauj)에 도읍을 세웠다. 하르샤 왕은 희곡을 남겼는데, 하르샤 왕이 죽자 인도는 다시 분열 상태가 되었다. 하르샤 왕이 죽은 뒤에 13세기 이슬람 세력에 의해 정치가 안정되기까지 북부 인도에서 세력을 가졌던 것은 다음의 3왕조이다. 그것은 프라티하라 왕조, 라슈트라쿠타 왕조, 팔라 왕조이다.

① 프라티하라Pratīhāra 왕조(750~1000년경)는 서인도에서 갠지스 강 상류 지방을 차지하였다. 이 왕조의 수도는 카나우지(곡녀성)이다. 프라티하라 왕조는 라즈푸트Rājpūt에 의해서 세워졌다. 라즈푸트족은 오늘날 서인도 라자스탄 주(옛 이름은 라즈푸타나) 일대에 사는 무사의 종족을 말하는데, 당시에는 북인도에서 데칸고원에 이르기까지 널리 살고 있었다. 라즈푸트족의 기원은 2가지로 생각된다. 하나는 5~6세기에 중앙아시아 여러 지방에서 인도로 흘러 들어온 유목 민족이 인도 여성과 결혼하면서 인도화 되었는데, 그 유목 민족의 수장과 귀족은 크샤트리아로 인정되고 그 밖의 사람에게는 가장 낮은 카스트가 부여되었다. 다른 하나는 인도 토착의 족장과 귀족이 카스트제도에서 예외적으로 승격해서 라즈푸트라고 스스로 부른 경우이다.

② 데칸고원에는 초기 찰루키야Cālukya 왕조(6세기 중엽~8세기 중엽)가 일어났는데, 뒤에 라슈트라쿠타Rāṣtrakūṭa 왕조(750년~975년경)에 의해 멸망하였다. 데칸 남부에는 호이살라Hoysala 왕조(1022~1300년경)가 세력을 가졌다.

③ 8세기 초에서 11세기 중엽까지 비하르와 벵골 지방에서는 팔라Pāla 왕조가 730년에서 1175년경까지 존속하였다. 그리고 세나Sena 왕조에 의해서 팔라 왕조가 멸망하였으며, 이 세나 왕조는 벵골 지방을 12세기 말까지 통치하였다. 팔라와 세나 왕조가 다스릴 때는 관개설비

가 충실하였고, 민생의 복지를 향상시키기 위해 노력하였으며, 금속가공기술도 발전하였다. 또 탄트라Tantra교와 함께 진언밀교眞言密敎도 성행하였다. 팔라 왕조가 다스리던 지역에서 티베트에 밀교사상을 주로 전파하였다. 팔라 왕조의 실질적 창시자인 고팔라(Gopāla, 750~770)는 마가다에 오단타푸리Odantapurī 사원을 세웠다. 현재 이 사원이 위치하였던 장소는 밝혀지지 않았지만 옛날부터 그 화려함이 전해지고 있으며, 이 사원을 모방해서 티베트의 삼예Bsam-yas에 불교 사원이 세워졌다고 한다. 고팔라의 후계자 다르마팔라(Dharmapāla, 770~810) 도 마가다의 갠지스 강 유역에 비크라마쉴라Vikramaśilā 사원을 세웠다. 인도불교사에서 볼 때, 이 사원은 그 넓이와 거주하고 있는 승려의 숫자에서 최대의 규모라고 한다. 그 외의 다른 지역에서도 많은 왕조가 교체되었는데, 10세기에서 11세기, 곧 이슬람교도가 침입해 올 때까지 많은 군소 국가가 있었다.

한편, 남부 인도에서는 기원전 200년에서 기원후 300년 사이에 촐라 Cola, 판디야Pāṇḍya 등의 나라가 서로 경쟁하는 관계였고, 그 뒤를 이어서 팔라바Pallava 왕조(6세기~9세기 초)가 성립하였다. 팔라바 왕조의 수도는 '칸치푸람'이었다. 그리고 팔라바 왕조는 890년경에 다시 세력을 확보한 촐라 왕조(846~1279년경)에 의해 멸망되었다. 이 왕조들의 보호 아래 남부 인도에서는 거대한 힌두교 사원이 건축되어 현재까지 남아 있다.

뒤를 이어서 남부 인도에서 비자야나가라(Vijayanagara, 1336~1646) 왕조가 힌두교 문화를 옹호하였다. 남부 인도에서는 무사도가 발달하였고, 그래서 책임을 지고 자결한 무사들을 위해서 영웅창덕비 (vīra-kal)를 세웠다. 또한 마라타 지방의 지도자 쉬바지(Śivāji, 1630~

1680)는 농민군을 조직해서 무굴 왕조의 군인들을 물리치기도 하였다.

이 시기에는 상업자본이 몰락하였고, 그에 비해 농촌에 기반을 둔 정치적·문화적 세력이 득세하였다. 상업자본이 쇠퇴한 이유는 475년에 서로마 제국이 몰락하여 서방과 무역하는 것이 저조하였기 때문이다. 그래서 인도 화폐와 로마 화폐의 등가等價 관계가 무너지고, 인도에서도 화폐의 통일이 어려워져서 화폐경제가 쇠퇴하였다.

이러한 영향은 종교와 철학에서도 나타난다. 상업자본의 지원을 받던 불교와 자이나교가 힘을 잃고, 보수적인 힌두교가 주류가 되었다. 이 시기에 불교와 자이나교는 억압을 받아 재산을 몰수당하기도 하였다. 그래서 불교에서는 이러한 국면을 타개하기 위해서 민간신앙을 받아들인 밀교가 나타났고, 자이나교에서도 힌두교의 영향을 피해갈 수 없었다.

7. 이슬람 세력의 침입과 무굴 왕조

1) 이슬람 세력의 침입

이슬람교도는 8세기부터 서북 인도를 침입하기 시작했는데, 터키 계통의 가즈니Ghaznī 왕조의 마흐무드Mahmūd는 11세기 초에 본격적으로 인도에 침입하여 약탈을 자행하였다. 이때 마흐무드는 인도에 근거지를 마련하려고 한 것이 아니었고 재화를 획득하는 데만 관심을 두었다. 마흐무드는 약 15회에 걸쳐서 인도를 원정하였다. 6회 원정 때(1008~1009)에 페샤와르 평원에서 힌두연합군과 싸웠는데, 이때 양쪽에서 1만 2천 명의 전사자가 나왔다. 힌두연합군은 결국 패배하고 말았다. 마흐무드의 원정 가운데 널리 알려진 것이 '카나우지'와 '솜나트' 원정이다. 솜나트는 카티야와르 반도에 있다. 마흐무드의 원정군은 솜나트의 힌두교 사원에 모셔진 쉬바의 거대한 링가 상像을 산산조각으로 부수고 나서 그 일부분을 가즈니로 가져가서 그곳의 이슬람 사원 입구에 깔아 놓고, 매일 기도하러 오는 이슬람교도의 발에 밟히게 하였다.

이 당시 이슬람을 대표하는 대학자 알베루니Albērūnī는 마흐무드의 군대와 함께 다녔다. 1030년에 그는 자신의 체험에 입각해서 인도의 역사와 풍속과 습관 등에 대해 저술하였다. 알베루니에 따르면, 솜나트에 있는 힌두교 사원은 마흐무드 군대가 공격한 다른 사원보다 크고 호화스러웠다. 매일 1천 명의 브라만이 제사를 드리고 3백 명의 산발사散髮師가 사원을 방문하는 순례자들에게 산발의 서비스를 하였고, 350명의 무녀巫女들이 높이가 3미터가 되는 링가를 에워싸고 춤을 추었다. 그리고 브라만은 근처의 여러 마을에서 기부의 형식으로 받아들이는 토지세로 생활하였고, 750킬로미터 떨어진 성스러운 갠지스 강에서 운반한 물로 매일 몸을 깨끗이 씻도록 되어 있었다. 사원은 엄청난 양의 보화를 간직하고 있었으며, 그 재산도 매우 많았다고 한다.

12세기 초에는 가즈니 왕조의 뒤를 이어 고르Ghor 왕조가 들어섰는데, 이 고르 왕조는 북인도 일대를 정복하였다. 이때 불교 사원은 철저하게 파괴되었다. 고르 왕조의 무하마드 구리Muhammad Ghuri는 인도 공격을 준비하였다. 그는 먼저 펀자브 지방을 점령하였고, 1191년에 타라인Tarain에서 라즈푸트족의 위대한 영웅 프리트비라즈 차우한 Pṛthvīrāj Chauhan이 이끄는 힌두연합군과 싸웠지만 패배하였다. '타라인'은 라호르에서 델리에 이르는 간선도로에서 요지에 있는 곳이다. 그러나 다음 해인 1192년에 힌두연합군을 무찌르고 프리트비라즈를

죽였다. 힌두군은 숫자에서는 터키군보다 우세하였지만 질과 전술의
측면에서 뒤떨어졌다. 터키군은 기동성을 갖춘 기마궁병대를 동원했
는데, 힌두군은 용감하기는 했지만 전통에 얽매였다. 힌두군은 서투른
코끼리를 이용하고 철퇴를 휘두르는 보병대로 대항하였다. 이는 기원
전 4세기 마우리아 왕조의 찬드라굽타가 사용한 전술과 똑같은 것이었
다. 이슬람 쪽의 기록에 따르면 "10만의 힌두교도가 곧 지옥의 불길
속으로 떠났다"라고 한다.

이 싸움은 인도의 역사와 이슬람의 역사에서 중요한 사건이었다.
이 싸움으로 인해서 라즈푸트족은 북인도 국경을 방위하는 역할을
더 이상 하지 못하였다. 이제는 터키군을 막을 수 있는 세력은 없었다.
무하마드는 죽을 때(1206년)까지 북인도의 대부분을 점령하였다.

1206년에는 고르 왕조의 부장 쿠트붓딘 아이바크Kutbud dīn Aibak가
인도의 델리에서 독립해서 노예 왕조(1206~1290)를 세웠다. 쿠트붓딘
은 노예 신분이었는데 그의 능력으로 인도를 지배하게 된 것이다.
바그다드의 모슬렘 지배자는 페르시아의 영향력과 아랍인의 반란을
경계하기 위해서 터키족의 노예를 호위병으로 삼았는데, 이 터키족이
점차 지배 세력으로 성장하였다. 쿠트붓딘은 전형적인 중앙아시아
전사로서 포악하고 무자비한 군주였지만, 강력한 세력을 구축한 뒤에
는 결혼동맹으로 자신의 지위를 유지하였다. 아이바크에 의해서 세워
진 왕조는 노예 출신의 군주들에 의해서 계승되었고, 왕조의 고위직도
대부분 왕의 노예 출신이 임명되었다. 그래서 인도의 역사에서 이
왕조를 '노예 왕조'라고 부른다. 그리고 이 노예 왕조의 왕을 '술탄'이라
고 부른다.

노예 왕조 이후 무굴 왕조에 이르기까지 무려 다섯 왕조가 출현하였

다. 그리고 1221년에는 징기스칸(Chingis Khan, 成吉思汗)의 군대가 인더스 강까지 공격하였고, 1398년에는 티무르Tīmūr가 델리에 침입하여 5일 동안 제멋대로 약탈을 하였다.[18]

2) 무굴 제국

1526년에 티무르의 5대 후손인 바부르(Babūr, 재위 1526~1531)는 델리에 들어가서 무굴(Mughal, 蒙古) 제국을 세웠다. 1526년 4월 21일에 옛날의 전쟁터 타라인에서 멀지 않은 파니파트에서 바부르의 군대는 이브라함 군대와 싸워서 결정적 승리를 거두었다. 이때 바부르 측의 군대는 1만 2천 명이고, 상대방의 군대는 10만이었다고 한다. 바부르가 승리할 수 있었던 것은 당시로서는 신병기라고 할 수 있는 '화포'의 위력 때문이었다. 인도 역사에서 유명한 이 파니파트 싸움으로 인해서 무굴 왕조가 성립하게 된 것이다.

악바르(Akbar, 재위 1556~1605) 왕은 전 인도를 거의 통일하였다. 그는 관료제를 잘 정비하고, 논밭을 측량하여 농촌에서 세금을 현금으로 받았다. 그는 스스로 황제라고 불렀으며, 여러 가지 종교에 대해서 관대하였다.

악바르는 이슬람교의 무굴 왕조 지배자이면서도 힌두교도에게 관직을 개방하고, 이슬람교도 이외의 사람에게 인두세(jizya)를 물리는 것을 폐지하였다. 이러한 결정에는 그의 정치고문인 아불 파즐Abul Fazl의 힘이 컸다. 악바르는 뛰어난 신하를 등용할 줄 아는 군주였고, 날카로운 감각을 지녔으며, 용기와 결단력이 있는 인물이었다. 그

---

18 이은구, 『인도문화의 이해』(세창출판사, 1999 3쇄), 91~103쪽.

예로 구자라트에서 반란이 일어났다는 소식을 접하고는 3천 명을 이끌고 9일 동안 960킬로미터를 행군해서 이틀 후에는 반란군을 제압하였다. 그리고 악바르의 군사적·정치적 수완은 힌두교도인 라즈푸트족의 수장을 지배하는 데 성공했던 일에서 찾을 수 있다. 악바르는 타협과 화해를 통해서 라즈푸트족과 동맹을 맺을 수 있었고, 그래서 인도아대륙의 대부분을 지배할 수 있게 되었다.

악바르는 아쇼카 왕과 비견될 만한 업적을 남기었다. 그는 토지사용, 세금제도, 지방행정, 종교 등의 분야에서 타협을 이루어내었고, 이는 무굴 제국을 단단하고 풍요롭게 하였다. 또한 악바르는 농민을 위해서 공평하고 효과적인 토지개혁을 시도했다. 그는 관리에게 지질을 분류하게 하고 최선의 토지 이용법을 정하도록 하였다. 악바르는 이 정보에 바탕을 두고 합리적인 수확량을 측정해서 세금을 매겼다.

또 악바르는 미술이나 문학도 육성하였다. 힌두교와 이슬람교의 화가를 양성하기 위해 궁정에 작업장을 마련해주고 매주 일정한 전람회를 열었다. 전람회에 입상한 화가는 명예도 얻고 상금도 받았다. 악바르는 시작詩作도 장려하였다. 시인의 대다수가 이슬람교도였는데, 이 시인들은 아름다운 페르시아어로 시를 작성하였다. 이들 시인 가운데 힌두교의 계관시인(kavi-rai)도 포함되어 있었다.

나아가 악바르는 종교에 매료되어 있었다. 그는 금요일 오후에는 정기적으로 이슬람교, 힌두교, 자이나교, 조로아스터교, 기독교 등의 종교 학자를 소집해서 종교토론회를 열었다. 이 종교토론회를 통해서 악바르는 '인본주의적 자유사상가'가 되었다. 또 악바르는 신에게 직접 영감을 받았다고 주장하면서 딘 일라히Din-i-Ilāhī라는 소박한 '일신교'를 펴기도 하였는데, 이 종교는 악바르가 죽자 사라지고 말았다.

악바르의 뒤를 자한기르(Jahāngīr, 재위 1605~1627)가 이었는데, 그는 페르시아 문화의 우아함을 사랑하였다. 그 뒤를 샤 자한(Shāh Jahān, 재위 1628~1658)이 이었는데, 그는 죽은 부인을 위해서 타지마할을 건설하였다. 샤 자한의 뒤를 아우랑제브(Aurangzēb, 재위 1658~1707)가 이었다. 아우랑제브는 무굴 제국의 영토를 최대로 넓혔다. 그는 냉혹한 무장武將이었고, 이슬람교 수니파의 경건한 신도였다. 그래서 그는 '악바르'와는 달리 이슬람교만을 믿도록 하는 통치전략을 구사했고, 라즈푸트족을 멀리하였다. 그는 인도의 남부를 지배하기 위해서 많은 전쟁비용을 지불하였다. 궁전의 풍습에서 힌두교적인 요소는 없애고, 1669년에는 이단자의 사원과 학교를 모두 파괴하라고 하였으며, 힌두교 사원을 새로 짓는 것을 금지하였다. 또 그는 1679년에 힌두교도에게 인두세를 부가하는 것과 그 밖의 차별적 과세를 부활시켰다. 이처럼 힌두교도를 모욕하고 멸시한 점과 많은 전쟁비용을 지불한 점으로 인해서 무굴 제국은 몰락의 길을 걸었다.[19]

이 시기에는 이슬람교가 들어와서 많은 사람이 신도가 되었고, 따라서 인도의 일반 풍속이 크게 변화하였다. 그리고 페르시아어의 영향을 받아 우르두Urdū어가 공용어로서 성립하였고, 상업자본이 다시 등장하게 되어 민중의 목소리가 커졌으며, 악바르 왕 때부터 화폐경제가 한층 발전하였다. 이처럼 민중문화가 발전함에 따라 종래의 학계와는 상관없이 민중 사이에서 새로운 사상가가 나타나게 되었는데, 이들에게서 근대적 사상의 싹을 발견할 수 있다.

19 이은구, 『인도문화의 이해』, 107~121쪽.

8. 영국의 식민지 지배와 인도의 독립

영국의 동인도회사는 1600년에 설립되었는데, 18세기 후반부터 적극적으로 인도 경영에 참여하여 조금씩 세력을 확장하였다. 결국 영국은 점차 프랑스 세력과 시크교 신도를 꺾고 1856년에 인도를 장악할 수 있었다.

1757년 영국은 플라시Plassey에서 벵골과 전쟁을 벌여서 승리하였다. 이를 '플라시 전쟁'이라고 한다. 이로 인해 벵골 지방은 동인도회사의 식민지가 되었다. 영국에 들어간 벵골의 경제력은 뒤에 인도 침략에 쓰일 군대와 행정조직을 구성하는 밑거름이 되었다. 그래서 플라시 전쟁은 영국이 인도를 식민통치하는 데 단초가 되었다.

영국은 벵골에서 징세권과 군통수권은 직접 통제하고, 경찰권과 사법권은 대리 책임자를 통해 간접적으로 통제하였다. 초대총독 워렌 헤이스팅스(Warren Hastings, 1774~1785 재임)는 경제력 확장에 주안점을 두었다. 제2대 총독 콘윌리스(Lord Cornwallis, 1786~1793 재임) 시절에 영국은 남부 인도의 실질적 지배자가 되었다. 그 당시 인도는 여러 세력으로 나누어져 있었지만, 그래도 영국을 물리칠 수 있는 충분한 군사력을 가지고 있었다. 그러나 개개 세력의 지도자들이 대국적인 시야가 부족해서 적대 세력인 영국을 도우면서 인도는 스스로 몰락의 길을 걸었다.

제4대 총독 웰슬리(Wellesley, 1798~1805 재임) 시절에는 본격적인 영토 확장정책을 실시하였다. 그는 '삼면외교정책'을 구사하였다. 이는 각 세력의 정치적 상황에 맞추어서 외교관계를 수립한다는 것이었다. 그것은 우선 독립 토후와는 동맹 혹은 보호조약을 체결하고, 둘째는 조약을 체결한 토후국에 속해 있는 소군주의 영토는 영국이 차지하며, 셋째는 적대적 토후 세력은 무력으로 제거한다는 것이다. 웰슬리 총독은 이러한 '삼면외교정책'으로 인도의 모든 세력을 거의 병합하였다.

헤이스팅스(Hastings, 1814~1823 재임) 총독은 사타라Satara라는 허수아비 나라를 세워서 인도를 완전히 병합할 길을 열었고, 달하우지(Dalhousie, 1848~1856 재임) 총독은 시크 왕국을 무력으로 정복하고, 실권원칙(失權原則, Doctrine of Lapse)이라는 외교정책을 사용해서 각 세력의 군주가 후계자가 없이 죽거나 정치를 잘못한다고 판단되면 해당 토후국을 병합하였다. 그리하여 1856년에 인도는 영국에 완전히 병합되었다.

1857년에 영국인에 대한 민족적 반감이 폭발하여 '세포이(sepoy, 용병) 반란'이 일어났다. 오늘날 인도인은 이 사건을 최초의 독립전쟁이라고 평가하고 있다. 이 세포이 반란으로 인해서 영국은 일시 곤경에 빠지기도 했지만, 2년 만에 진압에 성공한 후 무굴 제국의 황제가 이 반란에 가담한 것을 구실 삼아 그를 미얀마로 추방하였다. 그리하여 1858년에 무굴 제국은 막을 내렸다. 1877년에는 빅토리아 여왕이 인도의 황제 자리를 겸하였고, 이때부터 인도는 영국의 완전한 직할 식민지가 되었다.

영국은 인도의 공업을 파괴하고 무거운 세금을 매겼으며, 그에 반대하는 세력에는 탄압을 일삼았기 때문에, 점차로 영국을 반대하는 운동이 일어나게 되었다. 영국 식민통치는 인도 민중의 '빈곤'과 '기아'로 이어졌다. 19세기 후반에 이르러서 대부분의 인도인은 아사餓死 직전에 이르렀다. 1860년에서 1861년 사이에 우타르프라데시에서 2만 명이 사망하였고, 1865년에서 1866년 사이에는 오리사, 벵골, 비하르, 마드라스 지역에서 200만 명이 사망하였다. 1868년에서 1870년 동안에는 서부 우타르프라데시, 뭄바이(봄베이), 펀자브에서 140만 명이 사망하였고, 그 외의 지역에서도 인구의 1/3에서 1/4이 사망하였으며, 1876년에서 1878년 동안에는 마드라스, 마이소르, 하이데라바드, 마하라슈트라, 서부 우타르프라데시, 펀자브 등에서는 전체 인구의 1/3이 사망하였다.

한편, 1885년에는 인도국민회의(Indian Nation Congress)가 설립되었고, 바네르제아Banerjea가 초대 국민회의 의장이 되었다. 1905년에 러일전쟁이 끝나자 인도의 민족독립운동은 활발하게 전개되었다. 틸라크(Tilak, 1856~1920)는 국민회의 급진파의 지도자로, 영국에 반대하는 독립운동에 앞장섰기 때문에 몇 번이나 감옥에 투옥되었다. 그는 고전학자이기도 한데, 그의 저술은 대단한 영향력이 있었고 현대 인도인에게 행동 존중의 사상을 불러일으켰다.

1920년대에 들어서면서 틸라크가 사망하고, 뒤를 이어서 간디(M.K. Gāndhī, 1869~1948)가 등장하였다. 간디는 아래로부터 등장한 민족지도자였다. 간디는 민족단합을 전제로 해서 완전자치를 위해 투쟁하였다. 간디는 인도국민회의에 가담해서 체질을 바꾸었다. 그것은 인도국민회의를 국민적 조직체와 민주적 운영체로 바꾼 것이다. 투쟁의 방법으로 결의안을 채택하는 온건파의 방법을 사용하지 않고, 또한 폭력파와 급진파의 테러도 거부하였다. 간디는 폭력을 쓰는 상대방에게 진리에 기초를 둔 비폭력의 힘으로 저항하고, 그리하여 상대방으로 하여금 양심의 가책과 사랑을 일으켜서 승리를 얻어 내고자 하였다. 이것을 사티야그라하(진리파지)라고 한다.

1919년에 라울라트Rowlatt 법안이 통과되었는데, 이는 인도인을 영장이나 재판 없이 체포하거나 구금할 수 있고, 언론·사상·집회의 자유를 탄압할 수 있다는 내용의 법안이다. 이에 간디는 파업(hartal)으로 강력하게 저항하였다. 그러자 영국군은 암리트사르Amritsar에서 대학살을 하였고, 인도 민중도 폭력을 동반한 강력한 저항을 시도하였다. 이러한 상황에서 간디는 단식을 통해서 인도 민중의 폭력 자제를 촉구하고 동시에 영국의 통치를 거부하는 시민불복종운동을 전개하였다. 그러나 이 운동은 실패로 돌아갔다.

간디의 시민불복종운동이 실패하자 간디에 대한 비판이 일어나고, 인도국민회의 지도자들은 분열하였으며, 러시아혁명의 영향으로 사회주의가 영향력을 발휘하면서 무장투쟁이 등장하였다. 이에 영국에서는 1927년에 인도의 자치를 검토하고자 사이먼 위원회(Simon Commision)를 인도에 파견하였지만, 인도국민회의는 이것을 거부하였고, 이를 계기로 해서 인도의 민족운동은 단합할 수 있었다. 1929년에 인도국민회의에서는 완전자치(Purna Swaraj)를 주장하였고, 간디는 제2차 시민불복종운동을 일으켰다. 그러나 간디는 1933년 이후 그의 지도력에 대한 민족지도자들의 불만이 커지면서 인도국민회의의 일선에서 물러났다. 이후에 간디는 건설적 계획(Constructive Programme)을 통해서 농촌 경제를 개혁하고, 이를 통해 인도의 완전한 자치와 인도 민중의 물질적·사회적 복지를 달성하고자 하였다.

한편, 1919년에는 인도 무슬림이 주도해서 킬라파트Khilafat 운동을 일으켰고, 힌두교도도 이 운동에 참여하였다. 킬라파트 운동은 영국과 연합군이 투르크 제국을 점령하여 분할 통치하는 것을 반대하고 투르크 제국의 술탄을 보호하기 위해 일어난 것이다. 이 운동으로 힌두와 무슬림이 단합할 수 있었다. 이후 도시를 중심으로 무슬림은 정치세력화하였고, 종교공동체주의가 구체화되었다. 그런데 간디가 주도한 시민 불복종운동에 진나(M.A. Jinnah)가 반발하면서 종교공동체주의가 더욱 심화되었다. 진나는 1940년에 두 국가 이론을 기초로 해서 무슬림만을 위한 파키스탄을 세울 것을 주장하였다. 제2차 세계대전을 통해서 인도의 독립운동이 성숙하였으며, 2차 대전이 끝나고 1947년에는 인도와 파키스탄으로 분리하여 독립하였다. 인도에서는 네루가 수상이 되었고, 동과 서로 분리된 파키스탄에서는 진나가 수상이 되었다.[20]

영국의 인도 식민지 지배는 이슬람의 지배와는 달리 힌두교의 사회와 문화에 커다란 영향을 주었다. 영국의 지배는 시간적으로 이슬람의 지배보다 짧았지만, 인도 사회와 문화에 커다란 변화를 일으켰다.

우선, 정치적으로 영국의 통치는 이슬람의 지배를 받아 왔던 힌두교 사람들에게 어느 정도 해방감을 주었다. 이슬람의 경우와는 다르게 영국인의 영향은 대체로 세속적인 것이었기 때문에, 이슬람의 영향보다 받아들이기 수월했다. 예를 들면, 영국인에 의해 도입된 근대식 교육은 소수의 인도 지성인들에게 적극적으로 받아들여졌고, 오히려 이슬람교 쪽에서 처음에는 더 강한 반발을 하였다.

영국인이 세운 법질서와 근대적 교육은 종래의 전통적 사회질서 및 관습과 충돌하는 점이 많았고, 이는 인도인에게 새로운 사회적 원리와 가치관을 제시하는 역할을 하였다. 브라만계급의 사회적 특권, 슈드라(노예)계급과 천민에 대한 차별, 과부의 재혼 금지, 여자 어린아이의 조혼제도, 남편이 죽으면 부인도 함께 화장하는 사티sati제도 등의 불합리한 점들은 영국인에 의해서 문제제기되었고, 이 점은 소수

---

20 백좌흠·이광수·김경학, 『내가 알고 싶은 인도』(한길사, 1997), 131~155쪽.

의 인도 지성인에게도 자각되었다. 그리하여 이런 불합리한 점을 개선
하려는 운동이 일어나게 된 것이다.

3장 인도의 종교

1. 인도 종교의 현황

1991년 인구조사에 따르면, 인구대비 종교 분포비율은 힌두교 82퍼센트, 이슬람교 12.12퍼센트, 기독교 2.34퍼센트, 시크교 1.94퍼센트, 불교 0.76퍼센트, 자이나교 0.40퍼센트라고 한다. 1950년 공포된 인도 헌법에서는 신앙의 자유를 인정하고 있고, 특히 종교 세속주의 원칙은 인도 헌법의 주요 이념이고 국가 이념 가운데 하나이다.

이와 같은 종교의 다양성으로 인해서 인도가 정체되지 않는 장점도 있지만, 정치적 분열의 원인이 되는 단점도 존재한다. 인도에서 때때로 강력한 정치적 세력이 일어나서 어느 정도 정치적 통일을 이루기도 하였지만, 그런 시기는 길지 않았다. 강력한 세력이 없을 때는 여러 정치세력이 뭉치고 흩어지기를 반복하였다. 이러한 다양성 속에서도 인도는 역사적으로 통일성을 유지할 수 있었는데, 바로 '다양성 속에서 통일성'이 인도의 특징이라고 할 수 있다.

인도의 통일성은 잡다한 인종이 독특한 형태의 문화를 발전시켰다는 점에서 찾을 수 있다. 이 통일성의 핵심요소는 힌두교이다. 힌두교의 이념을 인도의 여러 곳에 전파하는 데는 무력이 아닌 평화적인 침투 방법을 사용하였다. 브라만(바라문)계급은 인도인에게 존경을 받고, 산스크리트는 신성한 언어이며, 쉬바Siva 등은 인도의 모든 지역에서 숭배되고 있다. 이러한 힌두교의 통일성이 지리적인 요소와 정치적 분열을 넘어서고, 피부색, 언어, 신분, 종파, 풍습 등의 다양성을 극복하여 인도를 하나로 통합하는 데 결정적인 역할을 하였다.

이처럼 힌두교의 순기능도 있지만, 심각한 종교적 대립은 인도의 내부적 통일을 가로막는 요인이다. 아리아인은 인도 사회에서 독특한 종교와 사회제도를 세웠다. 브라만교(바라문교)에서 힌두교로 이어지는 흐름이 인도의 정통 종교이고, 인도 사람 가운데 상당수가 힌두교를 받아들이고 있다. 힌두교는 많은 신을 내세우는 복잡한 신앙과 의식의 종교이며, 그 특징은 카스트제도에서 잘 나타난다.

최근에는 인도에서 힌두교 근본주의가 세력을 확장하고 있다. 힌두교 근본주의자는 인도가 고유의 문화 전통 위에 건설되어야 한다고 주장한다. 이들은 무엇보다도 네루가 추구했던 서구화는 인도의 전통과 전혀 관련이 없는 것이기 때문에 혼란을 일으킬 뿐이라고 주장한다. 또한 이들은 국민회의당의 정책, 곧 소수 종파를 보호하고 힌두교의 색채가 엷은 점에 대해서도 비판적이다. 왜냐하면 국민회의당의 정책은 힌두교의 자부심을 무너뜨리고 힌두교 사회를 분열시킨다고 보기 때문이다.[1] 그래서 힌두교 근본주의의 대표적 이론가 골왈카르(M.S.

Golwalkar) 등은 역사의 자의적 해석을 통해서 힌두교 신도의 자긍심을 불러일으키고자 하였다. 이들의 인도 역사 이해는 일반적 인도 역사 이해와 몇 가지 점에서 차이가 있다. 첫째, 아리아인은 인도에서 기원하였고 아리아인은 하라파 문명을 창조하였으며, 그 이후 서아시아와 유럽으로 확산되었다는 것이다. 둘째, 인도 이슬람교도는 외국인이며 이슬람교도의 문화는 인도 문화와 아무 관련이 없다는 것이다. 셋째, 가즈니의 마흐무드 등과 같은 이슬람교 침입자는 단순히 약탈자가 아니라 힌두교 신도를 이슬람교도로 강제로 개종시킨 종교 광신자이다. 넷째, 힌두교 지도자는 인내와 비폭력의 상징이었다. 다섯째, 무굴 제국의 아우랑제브는 힌두교 사원의 파괴자이고 힌두교를 반대한 광신자였다. 여섯째, 중세 인도는 이슬람교도의 통치로 인해서 암흑시대가 되었다. 일곱째, 인도의 민족주의 운동은 종파적·종교적 응집성을 바탕으로 한 것이다.[2]

---

1 이광수, 「인도의 다문화주의: 근대주의와 식민주의를 넘어서」, 『인도사에서 종교와 역사 만들기』(산지니, 2006), 183~206쪽: 근대 이전의 인도에서는 다문화적이고 복합적인 정체성을 유지하여 왔다. 그러나 영국의 인도의 식민지 지배와 근대주의는 인도의 다문화주의를 왜곡시켰다. 그것이 힌두교 종교공동체주의이다. 그러므로 인도에서 다문화주의를 복원하는 길은 종교공동체주의를 극복하는 것에 있다.

2 고홍근·김우조·박금표·최종찬, 『인도의 종파주의』(한국외대 출판부, 2006), 38~39쪽. 그리고 이광수, 「아리아인 인도기원설과 힌두민족주의」, 『인도사에서 종교와 역사 만들기』, 233~253쪽: 아리아인이 기원전 1500년경 전에 중앙아시아에서 인도로 이주해 왔다는 것이 일반적인 견해인데, 이에 대해 일부 학자는 이러한 견해는 제국주의자가 인도의 역사를 왜곡한 것이고, 또는 이러한 견해는 식민주의 역사를 서술한 것이라고 하면서 아리아인은 인도에서 유럽으로 이주해 갔다는 주장을 펼치고 있다. 그래서 아리아인의 문명은 인더스문명이 처음 생겨난 시기인 B.C. 2750년~B.C. 2500년을 넘어서서 그 이전의 시기에 발생하여야 하고, 또한 인더스문

자이나교와 불교는 브라만(바라문)계급의 횡포에 대해 반대하면서 일어난 종교이다. 따라서 개혁적 성격이 강하다고 하겠다. 자이나교와 불교는 현세의 도덕적 행위를 통해서 내세와 오늘의 처지를 개선하겠다는 정적靜的인 종교이다. 불교의 신도는 많지 않고, 자이나교와 외래종교인 조로아스터교의 신도는 서해안을 중심으로 적은 숫자가 활동하고 있다.

그에 비해 이슬람교와 기독교는 동적動的인 종교이다. 이슬람교도(모슬렘)는 지배자로서 인도에 6백 년 이상 거주하였다. 이에 대해 힌두교에서는 철저한 비타협적인 태도를 지켜 가면서 자신의 종교적 특징을 유지하였다. 그래서 힌두교에서 이슬람교로 개종하는 사람을 최소한으로 막을 수 있었지만, 인도 사람 중에서 이슬람교도로 개종한 경우도 적지 않다. 그에 따라 힌두교도와 이슬람교도의 대립은 날카로워졌고, 영국의 지배를 벗어나면서 인도와 파키스탄으로 분리되었던 것이다.

이슬람교 근본주의는 사회의 여러 분야에서 이슬람교의 가치를 우선시 하려는 것이다. 그렇지만 인도에서 이슬람교 근본주의는 다수인 힌두교 신도의 지배에 대한 공포에서 시작한다. 힌두교 근본주의자가 인도를 힌두교의 세상으로 만들 것을 주장한다면, 이슬람교 근본주의자는 이슬람교의 종파적 정체성을 상실할 것을 우려한다. 그래서 이슬람교 근본주의자는 분리주의를 추구한다.[3]

명의 주인공도 아리아인이 되어야 한다고 주장한다. 이 주장은 힌두교 근본주의에 근거해서 인도 역사를 왜곡한 사례라고 할 수 있다.

3 고홍근·김우조·박금표·최종찬, 『인도의 종파주의』, 38~39쪽.

힌두교와 이슬람교가 충돌한 대표적 예가 '아요디야Ayodhya 사건'이
다. 1992년 12월 6일 과격 힌두교 신도가 우타르프라데시 주의 아요디야
의 '바브리 마스지드'라고 불리는 이슬람 사원을 파괴하기 위해 모여들
었다. 이들의 숫자는 30만 명에 이르렀고, 드디어 바브리 이슬람 사원을
파괴하였다. 이들은 사원을 파괴한 뒤에 바로 그 자리에 힌두교 사원을
세우려고 하였다. 1만 5천여 명의 과격 힌두교 신도는 2만 명의 보안군에
둘러싸여서 보안군의 해산 명령도 무시한 채 힌두교 사원을 건설하고자
하였다. 파괴된 바브리 이슬람 사원은 1528년 이슬람 황제인 '바브르'가
인도 북부를 점령하면서 힌두교 사원을 없애고 그 자리에 건설되었다는
이유로 그동안 힌두교 신도들에게 공격 대상이 되었다.

또 한편으로, 아요디야에서는 힌두교 신도가 이슬람교도의 집과
상점을 습격해서 여러 명의 이슬람교도가 사망하였다. 이에 따라 12월
7일에는 이슬람교도가 폭동을 일으켜서 수백 명이 사망하였다. 또한
파키스탄과 방글라데시 등을 비롯한 전 세계 이슬람 국가에서도 이
사태에 항의해서 힌두교 사원과 힌두교도의 상점을 습격하였다. 당시
인도 연방정부는 12월 6일부터 5일 동안 계속된 힌두교 신도와 이슬람교
도의 충돌로 1천2백10명이 죽고, 4천6백 명이 부상하였다고 발표하였
다. 그리고 12월 15일에 긴급각료회의를 열어서 힌두교 근본주의를
주장하는 인도국민당이 이끌던 3개의 주 정부를 해산하고 이 주 정부를
연방정부가 직접 통치하기로 하였다.

그러자 당시 제1야당이었던 인도국민당은 즉각 반발하였고, 12월
26일에는 힌두교 지도자들도 파괴된 이슬람 사원을 힌두교 신도에게
개방할 것을 요구하는 시민불복종운동을 전개하였다. 이에 맞서 이슬
람교 쪽은 이슬람교의 신자만이 이 파괴된 사원에서 예배할 권리가

있다고 주장하고, 인도 연방정부가 힌두교 쪽의 요구를 들어주면 대대적인 항의운동을 일으킬 것을 선언하였다.

이처럼 상황이 힌두교와 이슬람교의 충돌로 다시 전개되자 12월 27일에 연방정부는 각료회의를 열고 파괴된 이슬람 사원의 부지를 매입해서 그 자리에 힌두교 사원과 이슬람교 사원을 각각 세우기로 결정하였다. 그러나 힌두교와 이슬람교 쪽에서는 연방정부의 중재안을 수용하려고 하지 않았다.[4]

기독교는 5세기에 남인도에 전파되었다는 기록은 있지만, 16세기 초에 포르투갈의 선교단에 의해서 인도에 본격적으로 전파되었다. 영국의 세력이 인도에 들어온 뒤에도 영국 정부가 경제적 이익을 우선시하고 종교정책을 신중하게 펼쳤기 때문에 힌두교와 기독교는 큰 마찰을 일으키지 않았다. 기독교는 아삼의 국경 지방과 인도의 서남해안 지방에서 상당한 세력을 가지고 있으며, 인도에서 힌두교와 이슬람교에 이어 세 번째의 신도 숫자를 나타내고 있다.

그러나 최근에는 기독교가 힌두교 근본주의 단체에 의해 공격당하고 있다. 예를 들면, 1999년 1월에 오리사 주에서 호주 개신교 선교사인 스테인스와 그의 어린 두 아들이 과격 힌두교 신자에 의해서 불에 타 죽은 사건이 발생하였다. 스테인스와 두 아들은 차 안에서 잠을 자고 있었다. 벽지 마을이라서 잘 만한 여관이 없었기 때문이었다. 깊은 밤에 칼과 몽둥이로 무장한 수십 명의 사람이 자동차를 에워쌌고, 이어서 자동차를 짚단으로 뒤덮고는 불을 질렀다.

---

4 이은구, 「힌두-무슬림의 종교적 갈등: 야요댜 사태를 중심으로」, 『인도의 오늘』(한국 외대 출판부, 2002), 241~246쪽.

이처럼 기독교의 선교활동이 힌두교 근본주의 단체인 국가자원봉사단(RSS)에 의해 공격당하는 것은, 하층 카스트와 부족민이 기독교로 개종하고, 개종한 이들이 평등사상으로 무장해서 상층 카스트와 충돌하기 때문이다. 특히 서로 다른 카스트 사이에 결혼을 금지하는 힌두교의 율법을 어기는 사례가 늘어나고 있는 것도 이유의 하나이다.

이에 국가자원봉사단은 힌두교 신도들에게 기독교 신자들은 인도에 충성을 바치지 않는다고 선전하고, 또한 외국인 선교사가 천민을 협박하거나 금품으로 매수해서 이들을 기독교로 개종시키고 있다고 비난하고 있다. 그리고 기독교의 선교 활동을 저지하지 않을 경우에는 장차 세력을 크게 늘려서 힌두교 신도를 누르고 주인 행세를 할지도 모른다고 선전을 한다. 나아가 국가자원봉사단에서는 기독교의 선교를 저지하는 활동만이 아니라 기독교로 개종한 힌두교 신도를 다시 힌두교로 개종시키는 '귀향운동(ghar wapasi)'을 벌이고 있다.

그런데 이처럼 과격 힌두교 단체에서 기독교를 공격하는 데는 기독교 쪽의 책임도 아주 없는 것은 아니다. 일부 기독교 인사는 선교 과정에서 힌두교는 사탄을 믿는 종교이고 기독교만이 인간을 구원할 수 있는 진정한 종교라고 강조한다. 또한 기독교에서는 인도의 전통문화를 부정적으로 보고 비판하고 있다. 이런 점이 인도 사회를 자극한 측면이 있는 것이다.[5]

시크교는 힌두교와 이슬람교의 절충적 종교이다. 시크교에 속한 신도는 적은 숫자이지만 매우 단결력이 강한 투쟁적인 집단이고, 게다가 정치적 분리주의마저 내세우고 있기 때문에 인도의 내부 통일을

---

5 남상욱, 『인도, 21세기 새로운 강자로 떠오르고 있다』(일빛, 2000), 311~320쪽.

가로막고 있는 종교이다. 인도가 독립한 뒤에 시크교도는 펀자브 주를 인도에서 분리해서 칼리스탄국(Khalistan)으로 독립시켜 줄 것을 요구하고 점점 과격해졌다. 이들은 외국에서 거주하는 시크교도의 자금 지원을 받아서 한때 상당한 세력을 이루었다.

1984년에는 시크교의 성지인 황금사원(Har Mandir)에서 과격 시크교도가 독립을 요구하며 농성을 벌이다가 인도의 군인들이 사원에 침입해서 수백 명이 사살당한 사건이 있었다. 이 사건으로 인해서 인디라 간디 수상이 자택을 산책하던 중에 시크교도 경호원에 의해 암살되었다. 이 소식을 접한 사람들은 인도 전역에서 시크교도에게 폭력을 행사했고, 특히 뉴델리에서는 수천 명의 시크교도가 힌두교도에 의해 살해되었다. 오늘날 시크교 사회에서는 일단 독립 요구를 자제하고 있다. 또한 힌두교와 이슬람교의 종교 갈등에도 휘말리지 않고 중립을 지키려고 하고 있다.[6]

2. 종교란 무엇인가

언젠가 불교관련 수업을 했을 때, 어떤 학생이 기말시험을 치르고 나가면서 필자에게 "불교는 종교가 아니고 철학입니다"라고 말하였다. 나는 그 학생을 다시 불러서 "어떤 것을 종교라고 생각하느냐?"고 물었고, 그 학생은 "신을 믿는 것이 종교입니다"라고 답하였다. 필자는 "그건 너무 협소한 종교 이해이다"라고 말하자, 그 학생은 "제가 철학과 4학년인데 모르는 게 있겠습니까?"라고 하면서 강의실에서 나갔다.

---

6 위의 책, 342쪽.

이 일로 인해서 나는 불교관련 강의를 할 때, 종교의 정의에 대해 첫머리에 말하게 되었다.

학자들이 종교를 정의할 때, 특정 종교와 무관하지만 종교의 세계에서 그 의미가 분명하게 드러나는 개념 혹은 범주를 이용하여 종교를 정의하기도 한다. 그 대표적 개념들이 '초월', '성聖', '궁극窮極' 등이다. 여기서는 이런 개념들을 통해 '종교란 무엇인가?'에 대해 살펴보고, 덧붙여 화이트헤드의 종교관도 알아보고자 한다.

사회학자들이나 인류학자들은 종교를 정의할 때 '초월'이라는 개념을 많이 사용한다. 그것은 '자연적이고 경험적인 범주'와 그것을 넘어서는 '초자연적이고 초경험적인 범주'를 구분하는 것이다. 사회학자인 롤랑 로버트슨Roland Robertson은 종교를 다음과 같이 정의하고 있다. "경험적인 존재의 경험의 영역을 넘어서는 초월적 존재를 구별하는 것이다. 그리고 경험적인 것이 경험적이지 않은 것에 종속된다고 믿는 신앙과 그러한 신앙을 표현하는 상징이다."

그래서 그는 종교 행위를 '경험적인 것'과 '초월적인 것'을 구별하여 인식하는 것에서 비롯된 행위라고 정의하고 있다. 초월에 대한 인식이 신앙과 그에 따르는 행위를 낳게 되는 것이다. 실제로 종교의 세계에서는 인간의 경험으로는 도저히 이해할 수 없는 일들이 일어나고, 그것을 현실로 받아들이는 경우가 많다. 기적, 병 고침, 환상 등의 경험은 종교 세계에서 매우 가치 있는 것으로 받아들여진다. 우리 일상생활에서 경험적 과학으로 설명할 수 없는 일을 종교에서는 자연스럽게 수용하고 있다는 점을 흔히 볼 수 있다. '초월'이라는 개념은 종교의 영역과 그 외의 영역을 구분해주는 데 유용한 것이다.

성聖스럽다는 말도 대표적으로 종교 정의에 속하는 말이다. 성스러움은 속俗됨과 대비되는 개념이다. 종교와 관련 있는 어떤 사물, 관행, 행위는 성스럽다고 여겨지고, 그것들에 금기, 규범이 적용된다. 예를 들어 종교적 문헌을 성전聖典이라고 하고, 종교적 건물을 성전聖殿이라고 하고, 종교적 의식은 거룩한 의식(聖禮)라고 하고, 종교적으로 훌륭한 분을 성자聖者 또는 성인聖人이라고 한다. 많은 종교학자들이 성스러움을 종교의 본질, 종교를 이해할 수 있는 가장 중요한 범주로 보고 있다. 원시인들이 숭배하고 있는 대상을 문명국의 사람이 무시하는 경향이 있지만, 원시인에게는 그 대상이 바로 성스럽다는 감정을 일으키는 요소이다.

루돌프 옷토(Rudolf Otto, 1869~1937)는 "어떤 것을 성스러운 것으로 인식하고 인정하는 일은 무엇보다는 종교적인 영역에서만 일어나는 하나의 고유한 가치평가의 행위"라고 하였고, 성스러움과 속됨의 구별이 종교적 체험을 통해서 얻어지며 그것이 종교의 핵심이라고 보았다. 사실 모든 종교를 관통하는 것 중에 하나는 성스럽다는 감정이다. 예를 들어 힌두교 사원에 맨 발로 들어가야 하는데 그걸 무시하고 양말을 신고 들어가려는 사람이 있다면, 그것은 힌두교의 신자가 가지고 있는 성스럽다는 감정에 어긋나는 일을 하는 것이다. 이처럼 종교는 성스럽다는 감정에 기초하고 있다.

20세기를 대표하는 신학자이자 철학자인 폴 틸리히(Paul Tillich, 1886~1965)는 '통상적이고 편협한 개념을 지닌 종교'라는 말과 '보편적이고 광범위한 개념을 지닌 종교'라는 말을 구분했다. 통상적이고 편협한 개념은 교회에 다니는 것이나 종교운동에 참여하는 것과 같은 사전적 의미이고, 보편적이고 광범위한 개념은 특정 종교와 관련 없이 삶과 존재의 의미를 표현하는 말이다. 틸리히는 종교를 "궁극적 관심에 붙잡힌 상태"라고 하였다. 일반적으로 종교적 신앙을 가지고 있는 사람은 신앙을 그 어떤 것보다도 궁극적인 것으로 여긴다. 신앙을 지키기 위해서 목숨을 기꺼이 희생하기도 한다. 그리고 종교적 신앙과 종교적 관행이 궁극적인 것을 지향하고 있다.[7]

다음으로 화이트헤드(A. N. Whitehead, 1861~1947)의 종교관을 살펴보자. 종교는 인간의 내면세계를 정화하여 내면의 삶을 충만하게 하는 것이고, 그 결과 외적인 삶에 최고의 질을 부여하여 삶에 궁극적 의미를 갖게 하는 것이다. 언젠가 사찰수련대회에 참가한 사람의 이야기를 들은 적이 있다. 그는 새벽에 예불을 하다가 정신이 모아지는 삼매에 잠깐 들어가는 경험을 하였고, 이 경험은 그의 삶을 충만하게 해주었으며, 그래서 그 사람은 그것을 최고의 가치로 삼게 되었다는 것이었다.

또한 종교는 '고독성'을 통해서 일반 원리를 보는 것이라고 화이트헤드는 말한다. '고독성'은 자기 자신의 '직접적 환경(immediate surroundings)'에 대한 집착을 버리는 것이다. 여기서 말하는 '직접적 환경'이란 나는 누구의 아들이고, 어느 직장을 다니고, 어느 대학을 다녔다는 식으로 자신이 의지하고 있는 일차적 요소이다. 이런 것을 벗어버리고, 있는 그대로 자신을 느끼게 되는 것이 바로 '고독성'이다.

이처럼 인간은 자신을 직접적 환경에서 분리시킬 때 다른 환경을 볼 수 있고, 그 결과 세계의 '일반적 원리'를 생각할 수 있다. '일반적 원리'는 사랑과 자비를 의미하는데, 자신이 무엇인가에 집착하고 있으면 그것으로 인해서 다른 사람에게 사랑과 자비를 나누어줄 수 없게 된다. 집착에서 벗어나야만 비로소 있는 그대로 세계가 나타난다.

---

7 류성민, 『종교와 인간』(한신대학교 출판부, 1997), 46~49쪽.

화이트헤드에 따르면, 종교를 향한 인간의 최초의식은 '고독성'이다. 이 '고독성'을 통해 '세계의식'이 형성된다. '세계의식'은 집착에서 벗어나서 있는 그대로 세계를 바라볼 때 형성되는 것이다. 그래서 '세계의식'은 '고독성'이라는 자기의식에서 출발하지만, 사회의식에 비해서 자아의식에서 벗어난 것이고, 주관의식에서 벗어난 것이기도 하다. 세계의식은 개인적으로 알고 있는 관계를 넘어서서 넓게 관심을 확대시키는 것이다.

한국에서 최근 인구증가정책을 모색하고 있다고 하는데, 국가적인 차원에서 보자면 일할 인구가 줄어들고 있기 때문에 필요한 일이라고 평가할 수 있을지 모르겠지만, 세계적인 차원에서 보자면 이 지구는 인구가 이미 넘쳐흐르고 있다고 평가할 수 있다. 세계의식이란 바로 이런 안목을 의미하는 것이다.

따라서 인간은 '고독성'으로 인해서 편협한 원리에서 벗어나 일반 원리를 볼 수 있고, 일반 원리를 보아서 세계의식과 세계의식에 내재된 보편적 올바름을 추구하고 거기에 머물 수 있다. 그리고 화이트헤드는 전통적 신神 개념을 비판하고, 신 개념을 새롭게 제시한다. 그것이 양극적(di-pola) 신이다. 다시 말해 신은 시원적始原的인 것이면서 결과적인 것이다.[8]

---

8 안옥선, 「화이트헤드의 종교와 신 개념에 대한 고찰」, 『천태사상과 동양문화』(불지사, 1997), 395~416쪽.

3. 세계 종교의 이해

인도의 종교를 보다 잘 이해하기 위해서 인도 외 다른 지역의 종교에 대해 알아보고자 한다. 다른 지역의 종교와 비교해 봄으로써 인도 종교의 특징이 잘 드러나기 때문이다. 토테미즘과 애니미즘은 원시종교에 속하는 것이고, 유대교, 기독교, 이슬람교는 일신교의 전통 속에 있는 것이며, 유교와 도교는 중국의 현세간주의 문화에 기초한 것이다. 그에 비해 인도의 종교는 윤회와 해탈을 공통분모로 하고 있다.

1) 토테미즘과 애니미즘

작은 문화권에서 자주 발견되는 종교에는 토테미즘과 애니미즘이 있다. '토템'은 북아메리카 인디언의 부족에서 생겨난 것이지만, 초자연적인 힘을 갖는다고 받아들여지는 동물이나 식물을 지칭하는 것으로 사용되고 있다. 사회 내 개개의 친족집단이나 씨족들은 자신의 특수한 토템을 가지고 있고, 이러한 토템은 여러 가지 의식儀式과 밀접한 관련이 있다.

　애니미즘은 정령이나 유령에 관한 믿음이다. 이 정령들은 이 세상에 살고 있으며 인간의 행동에 영향을 주는 존재이다. 어떤 문화에서는 정령이 질병이나 미친병을 일으키는 존재로 받아들여지고 있다. 중세의 유럽에서 사악한 정령에게 사로잡혔다고 생각되는 사람은 마법사나 마귀라고 규정되고 처형되었다.

2) 유대교, 기독교, 이슬람교

유대교와 기독교와 이슬람교는 일신론의 전통 속에 있는 종교이다.

유대교는 기원전 1000년경부터 시작되었다. 초기 헤브루 사람들은 고대 이집트를 드나들며 살던 유목민이었고, 헤브루 사람의 예언자(prophet) 혹은 종교 지도자들은 그 지역에 이미 존재하던 종교로부터 이념을 받아들였지만, 이들의 종교가 유일하고 전능한 신에 대한 헌신을 강조한다는 점에서 이전의 다른 종교와 구분하였다. 주변의 민족들이 받아들인 종교는 대부분 다신교였다. 헤브루 사람들은 신이 엄격한 도덕률을 강조하고 있다고 받아들였으며, 자신들이 믿는 종교만이 참된 종교라고 주장하였다. 2차 세계대전 직후에 이스라엘이 세워질 때까지 유대교를 공식적인 종교로 인정한 국가는 없었다.

기독교는 유대교의 문화를 토대로 시작된 것이다. 예수는 정통적인 유대인이었고, 기독교는 유대교의 한 분파로 출발하였다. 예수의 제자들은 예수를 유대인이 기다리는 메시아로 보았는데, 메시아라는 말은 헤브루어로 '신에게 바쳐진 사람'이고, 그리스어로는 '크리스트christ'이다. 예수는 "원수를 사랑하고 박해하는 자를 위해서 기도하라"고 가르쳤다. 그리스어를 하는 로마 시민 바울이 아시아와 그리스에서 기독교를 전파하였다. 바울은 기독교가 사랑의 종교라고 주장하였다. 처음에 기독교인들은 야만적으로 처형되었지만, 콘스탄틴 대제가 기독교를 로마의 공식종교로 받아들였다. 기독교는 그 이후 2000년 동안 서구의 지배적인 종교가 되었다. 기독교의 주요 분파는 로마 가톨릭, 프로테스탄트, 동방정교이다.

이슬람교는 7세기의 예언자 마호메트의 가르침에 근거하는 종교이다. 이슬람교의 기원은 기독교와 중복된다. 이슬람교의 유일신 알라는 모든 인간과 자연의 생활을 지배하는 것으로 받아들여진다. 알라신은 마호메트 이전의 모세와 예수를 포함하는 초기 예언자들을 통하여 말을 해 온 존재이다. 그리고 마호메트의 가르침은 알라의 의지를 가장 직접적으로 표현한 것이다.

이슬람교를 믿는 사람인 모슬렘이 수행해야 할 5가지 의무가 있다. 첫째, '알라 이외에 신은 없고 마호메트는 알라의 제자'라는 이슬람교의 교리를 낭송하는 것이다. 둘째, 매일 다섯 번씩 공식적인 기도를 드리는 것이다. 기도하기 전에 제의적祭儀的인 목욕을 한다. 신자들은 아무리 멀리 있다 하더라도 사우디아라비아에 있는 성지 메카를 향해서 기도를 올린다. 셋째, 낮 동안 음식과 음료를 금지하는 '금식禁食의 달'인 '라마단'을 준수하는 것이다. 넷째, 가난한 사람에게 돈을 기증하는 것이다. 이는 이슬람법에 제시되어 있는 것이고, 국가가 세금을 걷는 원천으로 자주 사용되어 왔다. 다섯째, 모든 신자들은 평생에 한 번은 메카를 순례해야 한다는 것이다. 이슬람교는 북동아프리카, 중동과 파키스탄에서 세력을 떨치고 있다.

3) 유교와 도교

유교와 도교는 중국의 현세간주의, 곧 추상적 가치를 추구하는 것이 아니라 생활의 실질을 추구함을 제각각 표현한 것이라고 할 수 있다. 유교는 중국에서 전통적인 지배집단의 문화에 기초한 것이다. 공자(孔子, B.C. 551~B.C. 479)는 중동 지역의 종교 지도자들처럼 종교 예언자가 아니고 교사였다. 공자는 그때까지 내려오던 전통을 집대성해서 완전히 새로운 모습을 만들어내었다. 이런 점에서 공자가 유교의 창시자라고 하는 것이다. 공자 사상의 핵심은 인仁과 의義에 있다고 할 수 있다. 송나라와 명나라 시대에 접어들면서 유교의 가르침은 더욱 다듬어져서 주자학과 양명학으로 구체화된다.

　도교는 노자老子와 장자莊子의 사상을 근간으로 해서 그것을 민간신
앙과 결합시킨 것이다. 노자와 장자는 자연自然을 강조하고, 자연의
이치대로 살 것을 가르쳤다. 그에 비해 유교는 인간의 도리를 강조하였
다. 이 점에서 유교와 도교가 구분된다. 유교와 도교는 중국 사상을
이끌어 가는 2대 동력이라고 할 수 있다.

4. 인도 종교의 이해

앞에서 종교의 정의와 세계 종교의 양상에 대해 간단하게 살펴보았다.
여기서는 범위를 좁혀서 윤회와 해탈을 공통분모로 하는 인도 종교,
곧 힌두교, 자이나교, 불교, 시크교에 대해 좀 더 자세히 살펴보고자
한다. 단순하게 말한다면, 힌두교, 자이나교, 불교, 시크교의 차이점은
윤회에서 해탈하는 방법이 다르다는 데 있다고 할 수 있다.

1) 힌두교

필자에게 힌두교의 첫 이미지는 '소'를 숭배하는 종교였다. 초등학교
때 선생님이 인도에서는 소를 숭배한다고 말씀하셨는데, 그 속뜻은
아주 한심하다는 것이었다. 대학에서 불교를 공부하면서도 또 다른
각도에서 힌두교는 한심한 종교였다. 결국 대학원에 진학하고 인도철
학에 대해 어느 정도 접하게 되면서 비로소 힌두교에 대해 균형 잡힌
시각을 가지게 되었다. 힌두교에 단점이 있는 것은 분명 사실이지만,
동시에 다른 종교에 없는 장점도 상당히 있다. 힌두교의 단점 가운데
가장 큰 것은 카스트제도를 옹호하는 이론을 제공하였다는 점이고(이
내용은 5장에서 설명하고자 한다), 힌두교의 장점이라면 해탈을 추구하

는 다양한 이론체계를 제시하였다는 점이다. 여기서는 힌두교에 대해
4단락으로 나누어서 접근한다.

(1) 힌두교의 정의·성격·전파

힌두교의 어원은 산스크리트어 'Sindu'에 있으며 원래는 '하천', 특히
'인더스 강'을 의미하는 말이었는데 나중에는 인더스 강 유역의 Sindu
지방을 뜻하게 되었고, 그 복수형은 '신두 지방의 주민'을 의미하게
되었다. 이러한 Sindu라는 말은 페르시아어를 거쳐서 유럽어로 Hindu
가 되었고, 이 말은 인도인 전체를 지칭하는 단어가 되었다. 중국에서는
인도를 현독賢毒·신독身毒·천축天竺 등으로 번역해서 사용하다가, 현
장玄奬이 인도印度로 고쳐 부른 것이 오늘날까지 통용되고 있다.

　힌두이즘은 인도인을 나타내는 hindu에 ism을 붙여서 만들어진
말이고, 넓게는 '인도인의 가르침' '인도인의 종교'를 의미한다. '인도인
의 종교'라는 말은 그 범위를 4개의 경우로 나누어 생각해볼 수 있다.
첫째, 인도에서 발생하고 전개된 모든 인도인의 가르침이다. 이것이
가장 넓은 의미의 힌두교이다. 둘째, 첫 번째 내용에서 불교를 제외한
것이고, 셋째, 두 번째 내용에서 이번에는 자이나교를 제외한 것이고,
넷째, 세 번째 내용에서 옛 브라만교를 제외한 것이다. 이것이 가장
좁은 의미의 힌두교이다. 이 글에서는 네 번째 관점에서 힌두교에
접근하고자 한다.

　그렇지만 여기서 주의할 점이 있다. 네 번째 정의에 따라 힌두교와
브라만교를 구분하는 경우에도, 베다의 종교인 브라만교와 대립해서
힌두교가 생겨났다는 의미가 아니다. 힌두교는 베다의 종교를 기반으
로 해서 발전한 것이다. 다시 말해서 제사를 중심으로 하는 브라만교를

바탕으로 해서 힌두교가 생겨난 것이다. 다양한 조건에서 아리아인의 종교가 인도 토착 원주민의 종교를 흡수하고, 반대로 토착 문화 측에서도 이것에 대응하는 움직임이 있었으며, 이런 움직임이 기원 전후에 힌두교라는 모습을 만들어낸 것이다.

그렇다면 힌두교를 어떻게 정의할 수 있을까. 힌두교는 인도의 풍속·관습·사상·사회에 걸친 여러 가지의 종합체라고 할 수 있다. 루이 루누Louis Renou가 지적했듯이, "사람은 힌두교 신자가 되는 것이 아니고, 힌두교도로서 살아간다"라고 한다. 이렇게 보자면 힌두교는 인도 문화·사회제도·풍속·습관 등 모든 것을 종합한 것이고, 따라서 인도 그 자체라고 말할 수 있을 것이다.

이러한 힌두교의 성격으로는 대체로 다음의 6가지를 들고 있다. 첫째, 베다 종교를 계승한 힌두교는 기본적으로 다신교多神敎이다. 둘째, 힌두교는 다신교이지만, 여러 신의 배후에 최고신最高神을 설정한다. 이것이 브라흐마·비슈누·쉬바의 삼신일체三神一體로 나타난다고 한다. 셋째, 힌두교에서 아바타라(avatāra, 化身)의 관념이 중요한 의미를 가진다는 점이다. 이는 비슈누가 여러 신·인간·동물로 나타난다는 것인데, 이것을 통해서 여러 지방·부족·카스트의 신들을 통일할수 있었다. 넷째, 신과 인간의 관계에서도 특징이 있다. 힌두교에서는 이슬람교나 유대교에 비해서 신을 두려워하는 경향이 적다. 이는 '아바타라'의 관념에서 파생한 것이다. 다섯째, 힌두교에서는 일반적으로 이단異端의 문제가 발생하지 않는다. 정통과 이단의 대립을 거의 볼수 없다. 여섯째, 힌두교에 이단이 없다는 점은 힌두교가 다른 종교·사상과 접촉하는 점에서 관용을 발휘했다는 점을 의미한다. 힌두교에서는 대립하는 모든 종교·사상에 대해서 정면으로 대결하기보다는 자기 영역에 있으면서 대항하지 않거나, 자신의 울타리 안으로 흡수하였다. 예컨대 사회적 신분제도에 저항했던 '불교'도 힌두교의 한 파派로 간주되어, 불타佛陀는 비슈누의 아홉 번째 화신으로 자리 잡게 된다. 그렇지만 앞에서 소개한 것처럼 불교·자이나교·이슬람교·기타 토착적 요소가 어울려 있으면서도, 전체적으로 보면 힌두교도로서 그 주체성을 잃지 않았다.[9]

또한 힌두교에서는 4가지 생활 목표를 제시하고 있다. 첫째, 카마 kāma는 적당한 감각적 쾌락과 성적 향락을 의미하는 것이다. 애정의 기술에 대해서 자세히 서술한 것이 『카마수트라』이다. 둘째, 아르타 artha는 재물과 재산의 향유와 이득을 뜻한다. 이는 인생에서 부富의 추구가 인간의 정당한 행위라는 것이다. 셋째, 다르마dharma는 사회적 의무를 이행하는 것이다. 이는 『마누 법전』과 여러 법률서에 나와 있는 내용을 실천하는 것이다. 넷째, 해탈(mokṣa)은 모든 고통에서 해방되는 것이고, 열반에 들어가서 완전한 존재가 되는 것이다.

그리고 힌두교에서는 4가지 생활 목표와 상응해서 인생의 4주기도 제시하고 있다. 첫째, 범행기(梵行期, brahmacārya)는 스승의 지도 아래 『베다』 등의 학문을 배우고 금욕적인 생활을 하는 시기다. 둘째, 가주기 (家住期, gṛhasthya)는 결혼해서 가정을 돌보는 시기다. 이때 자식을 낳고 부富를 추구하는 생활을 하면서 가장으로서 자신의 의무를 다한다. 『마누 법전』에 따르면 결혼한 남자에게 주어진 의무는 신, 브라만, 조상 등에게 제사를 성대하게 치르는 것이다. 셋째, 임주기(林住期, vānaprasthya)는 재가자의 삶을 마치고 숲속으로 들어가서 은거하고

---

9 스가누마 아키라 저, 문을식 역, 『힌두교입문』(여래, 1994 2쇄), 13~17쪽, 20~21쪽.

명상과 금욕생활을 하는 시기다. 이는 세속을 떠나 청정한 종교생활을 하는 시기다. 넷째, 유행기(遊行期, saṃnyasana)는 숲속에서 수행이 끝난 뒤에 탁발(걸식)하며 돌아다니는 시기다. 이때에는 모든 사회적 유대관계를 끊고 오로지 해탈의 세계만을 추구한다.[10]

한편, 힌두교는 인도에만 영향력이 있었던 것이 아니고 동남아시아에도 전파되었다. 동남아시아는 인도와 비슷한 풍토를 가지고 있는데, 인도에서 힌두교라는 고등종교가 전래되었다. 그러므로 힌두교는 동남아시아의 토착신앙과 결합해서 동남아시아 전체 지역으로 확장할 수 있었다. 힌두교는 특히 자바Java와 수마트라Sumatra에서 번영하였고, 지금도 발리Bali에서는 힌두교가 세력을 유지하고 있다. 동남아시아에서는 힌두교(브라만교)와 불교가 섞인 종교사상을 수용했다고 볼 수 있다.[11]

발리에서 힌두교가 오랫동안 보존될 수 있었던 이유는, 우선 발리의 토양이 비옥해서 자바에서 피신한 힌두교도의 귀족이 비교적 풍족한 삶을 살 수 있었기 때문이고, 지리적 조건으로 인해서 이슬람교도 이후에 인도네시아에 온 네덜란드인의 영향에서 벗어날 수 있었기 때문이다. 발리에서 성행하는 힌두교는 원래의 힌두교와는 몇 가지 점에서 다르다. 첫째, 쉬바가 중요하게 받들어진다. 둘째, 종교의례에서 보자면 인도에서는 가정예배가 중요하지만, 발리에서는 집단예배에 비중을 둔다. 또한 쉬바파의 의례를 담당했던 사제들은 신비적으로 신을 불러내어 신의 힘을 통해서 성수聖水인 티르타tirtha를 만들었다.

---

10 이은구, 『힌두교의 이해』(세창출판사, 2000 2쇄), 170~179쪽.

11 같은 책, 288~289쪽.

이 점에서 발리의 힌두교를 '성수의 종교'라는 의미의 '아가마 티르타 Agama Tirtha'라고 부르기도 한다. 셋째, 힌두교에서는 해탈을 추구하지만 발리의 힌두교에서는 해탈에 그다지 관심이 없다. 넷째, 발리의 힌두교에서는 환생에 대한 믿음도 인도의 힌두교와 다르다. 발리의 힌두교인은 자신의 친족집단으로 다시 태어난다고 믿었고, 현세에서 행복한 삶을 살다가 다시 태어나기를 원했다. 다섯째, 카스트에 관해서도 발리의 힌두교는 인도의 힌두교와 다르다. 발리에서는 카스트가 예절의 측면에서만 중요성을 가지고 있지 직업과 관련되지 않았다. 그리고 발리의 힌두교인에게 카스트는 결혼에서는 중요한 사항이 되지만, 일상의 다른 삶에서 카스트의 오염 문제는 큰 문제가 되지 않았다. 현재 발리 사람 가운데 카스트에 의미를 두는 쪽은 나이가 많은 사람에 한정되어 있고, 젊은 사람은 카스트에 구애받지 않는다고 한다.[12]

(2) 힌두교의 사상

힌두교(브라만교)의 흐름은 『우파니샤드』와 『바가바드기타』에서 6파 철학으로 이어진다. 그 내용을 순서대로 살펴본다.

① 우파니샤드Upaniṣad는 '가까이 앉는다'라는 뜻을 가진 말이다. 이는 스승과 제자가 가까이 앉아 대화로 비밀스런 지식을 전수한다는 것이다. 『우파니샤드』의 사상은 다양해서 일률적으로 개괄할 수는 없지만, 일반적으로 우주의 근원인 '브라흐만brahman'과 진정한 자아인 '아트만ātman'이 같다는 것(梵我一如)이 『우파니샤드』 사상의 핵심이라

---

12 류경희, 「힌두교와 동남아 종교문화」, 『동남아 인도문화와 인도인 사회』(한국외대 출판부, 2001), 46~49쪽.

고 주장한다.

『타이티리야 우파니샤드Taittirīya Upaniṣad』에서는 5단계의 아트만을 주장한다. 첫째, 물질로 이루어진 자아인데, 이는 음식을 가리킨다. 둘째, 동물과 식물로 이루어진 자아인데, 이는 식물과 동물에 공통된 생명으로 이루어진 자아이다. 셋째, 동물에만 공통된 지각활동으로 이루어진 자아이다. 넷째, 인간만이 소유하고 있는 인식활동으로 된 자아이다. 다섯째, 희열로 이루어진 자아인데, 이는 인간의 깊은 곳에 있는 브라흐만 그 자체이다. 이것은 인간 내면 깊은 곳에 간직되어 있는 희열이야말로 자신의 참 자아이며 우주의 근원이라는 주장이다. 여기서 '브라흐만'과 '아트만'이 같다는 주장이 의미하는 것을 읽을 수 있다.

② 『바가바드기타Bhagavad-Gītā』는 힌두교의 바이블로 불릴 만큼 중요한 문헌이다. 『바가바드기타』는 바수데바Vāsudeva를 신봉하는 종파에서 작성한 시편詩篇인데 나중에 『마하바라타』에 편입되었다. '바가바드'는 '숭배할 만한 자' 혹은 '지극히 존귀한 자'라는 의미이고, '기타'는 '노래' 혹은 '가르침'이라는 뜻이다. 『바가바드기타』는 체계적인 철학을 담고 있는 저술이라기보다는 실천적 성격이 강한 종교적 작품이고, 또한 요가의 고전이라고 할 수 있는 작품이다.

『바가바드기타』에서는 3가지 요가를 말하고 있다. 첫째, 지知의 요가(jñāna-yoga)이다. 이는 뒤에 소개할 상키야학파처럼 영원한 정신으로서 '참 자아'와 '물질적·현상적 자아'를 구분하는 것이고, 또는 『우파니샤드』에서 주장한 것처럼 범아일여梵我一如와 신을 아는 지혜를 의미하기도 한다. 둘째, 신애信愛의 요가(bhakti-yoga)이다. 이는 신에게, 특히 비슈누에게 온 정신을 집중하고 그에 대한 믿음과 사랑과 헌신을 통해서 구원을 얻는다는 것이다. 셋째, 행行의 요가(karma-yoga)이다. 이는 윤리와 해탈 간의 긴장관계를 해소하기 위한 것이다. 참다운 체념은 '행위를 전혀 하지 않는 체념'이 아니라 '행위 하는 가운데 체념하는 것'이라고 한다. 여기서는 행위를 하지만 욕망 없이 순수한 마음으로 행위하는 한, 업보業報를 부르지 않는다는 점을 강조하고 있다.

③ 상키야sāṃkhya학파에서는 2원론을 주장한다. 이 학파에서는 진정한 자아 푸루샤puruṣa와 현상적인 자아·물질적 근원인 프라크리티prakṛti를 말하고 있다. 일반적으로 평범한 사람은 프라크리티를 진정한 자아라고 생각하고 있다. 이것은 잘못이고 진정한 자아는 푸루샤라는 것이 이 학파의 주장이다. 이 학파에서는 프라크리티에서 육체와 세계가 전개되는 것을 설명한다.

④ 요가Yoga학파에서는 상키야학파와 형이상학을 같이하지만 두 가지 점에서 다르다. 그것은 마음의 잠재적인 힘을 강조하는 것이다. 이는 무지無知를 주장하는 것으로 이어진다. 그래서 이 학파에서는 구체적 수행 방법으로 요가를 제시하고 있다. 다른 하나는 유신론적有神論的 성향이 강하다는 것이다.

⑤ 바이셰쉬카vaiśeṣika학파는 다원론의 입장에 선다. 이 학파에서는 6범주 또는 7범주를 말하고 있는데, 가장 중요한 것은 첫 번째 항목인 실체이다. 이 학파에서는 실체에 9가지가 있다고 한다. 그것은 지, 수, 화, 풍, 공, 시간, 공간, 의근, 자아이다. 지地, 수水, 화火, 풍風은 원자로 구성되어 있는 것이고, '허공'은 소리라는 성질이 어딘가에 있어야 하므로 이 점에 근거해서 추론되는 것이다. '시간'은 과거, 현재, 미래와 젊음과 늙음을 인식하는 근거로서 추리되는 것이며,

'공간'은 여기, 저기, 가깝다, 멀다 등을 인식할 수 있는 근거로서 추론되는 것이다. 의근意根은 내적 감각기관이다. 눈과 코 등의 외적 감각기관이 바깥 대상을 인식하듯이, 의근은 자신의 상태를 인식하는 것이다. 지각은 의근이 작동해야 이루어진다. 자아(영혼)는 인식현상의 밑바닥을 이루는 실체이다. 여기에 두 가지가 있다. 하나는 개인 영혼인데, 이는 의지·욕망·기쁨·아픔 등의 여러 가지 정신적 상태에 근본이 되는 것이다. "나는 안다"와 "나는 아프다"라는 말을 통해서 자아가 의식에 속하는 실체임을 알 수 있다. 다른 하나는 최고 영혼으로서 신이다. 이는 모든 것을 다 아는 영혼으로서 모든 고통과 욕망에서 벗어난 존재이고 세계의 창조자라고 추리되는 존재이다.

⑥ 니야야Nyāya학파에서는 바이셰쉬카학파와 형이상학의 내용은 거의 같이한다. 이 학파에서는 괴로움의 근원이 그릇된 지식에 있다고 보고 올바른 지식을 얻기 위한 인식 방법에 관심을 집중한다. 그래서 이 학파에서는 논리학이 발달하였다.

⑦ 미맘사Mīmāṃsā학파에서는 『베다』에서 명령하는 행위를 왜 실천해야 하는지 그 의무에 대해 이론을 제시하고자 한다. 그래서 이 학파에서는 무전력(無前力, apūrva)을 주장한다. 베다에서 말하는 제사의 행위는 잠깐 동안 이루어지고 이내 끝나기 때문에 제사에서 어떤 결과가 나올지 장담할 수 없게 된다. 이에 이 학파에서는 가설로서 '무전력'을 인정하면 제사의 행위에서 어떤 결과를 가져올지 증명할 수 있다고 한다. 제사 지내는 행위가 눈에 보이지 않는 힘인 '무전력'을 생기게 하고, 이 힘이 제사 드리는 주체에게 영향력을 행사해서 그 업에 해당하는 과보를 반드시 받게 한다는 것이다. 인도에서는 일반적으로 베다 성전을 '제사부'와 '지식부'로 구분하고 있다. '제사부'는 브라만교의

제사를 설명하는 부분인데, 이것을 중시한 학파가 미맘사학파이다. 뒤에 소개할 베단타학파는 베다성전의 '지식부', 곧 『우파니샤드』를 중시하는 학파이다.

⑧ 베단타Vedānta학파는 힌두교(브라만교)의 사상 가운데 가장 영향력이 있는 것이다. 이 학파는 과거 1,000년 동안 다른 학파의 활동을 누르고 압도적 지위를 차지하였다. 베단타라는 말은 본래 베다의 '끝' 혹은 '목적'을 의미하는 것이었는데, 이는 『우파니샤드』를 가리키는 말이었다. 그러다가 '베단타'라는 말이 『우파니샤드』의 사상을 체계적으로 해석하고 발전시킨 사상을 의미하는 것으로 바뀌었다. 베단타학파는 샹카라, 비슈누파, 쉬바파로 크게 구분된다.

이 학파의 근본경전은 『브라흐마 수트라Brahma-sūtra』이다. 이 경전에서 말하는 내용은 브라흐만과 합일하여 해탈하는 것이다. 해탈을 얻는 방법으로, 명상을 통해서 브라흐만을 알게 되는 지知를 얻고, 이 '지'를 얻은 사람은 죽은 뒤에 신의 길을 따라 최후에 브라흐만에 이르러 브라흐만과 합일한다는 것이다.

이 『브라흐마 수트라』는 문구가 대단히 간결해서 그 의미를 알기가 어렵다. 그래서 여러 주석서가 나왔다. 그 가운데 대표적인 것이 샹카라, 라마누자, 마드바이다. 샹카라Śaṅkara는 가현설假現說을 주장했는데, 이는 영혼과 물질세계는 브라흐만이 나타난 것이어서 영혼과 물질세계는 실제로 존재하지 않는다는 것이다. 그래서 '가현설'이라고 이름하는 것이다. 이는 일원론에 속한다. 라마누자Rāmānuja는 전변설轉變說을 통해서 영혼과 물질세계가 신에 의존해 있는 것이지만, 영혼과 물질세계에는 독자적 성격이 있다고 주장한다. 라마누자는 영혼과 미세한 물질은 실재로서 존재하는 것이라고 인정하고 있다. 이 점에서 라마누자의 주장은 2원론에 속한다. 마드바Madhva는 '가현설'과 '전변설'을 부정하고 현실의 차별적 모습을 있는 그대로 인정하고자 하였다. 이 점에서 마드바는 다원론을 주장하였다. 라마누자와 마드바는 비슈누파에 속한다.[13]

(3) 힌두교 사원과 성지와 구루

힌두교 사원은 신과 여신들이 땅에 내려와서 머무는 곳이라고 한다. 사원들은 이러한 종교적 의미를 가진 건축물로서 통일된 규칙을 통해 만들어졌다. 사원 자체가 신에게 다가가는 의례인 '푸자'의 일종처럼 받아들여지기도 한다. 만다라가 3차원적이라면 그처럼 사원도 소우주를 상징하고 있다. 사원의 중앙에 있는 신상神像은 여러 신적 존재를 이끌고 있는데, 그 순서는 신적 존재의 중요도에 근거한 것이라고 한다. 신이 머물고 있는 가장 깊숙하고 성스러운 곳은 사원의 꼭대기다. 이것은 우주의 중앙에서 신화적인 축 역할을 한다는 '메루산'을 의미한다.

또한 사원이 신의 거주처라면 그만큼 악마로부터 공격받기도 쉽다는 말이 된다. 그래서 사원에서는 여러 문門에 무기를 가지고 있는 신격체 神格體를 조각해서 사원을 지키도록 한다. 여기에는 주술의 힘을 가진 갠지스 강의 여신, 야무나 강의 여신 등이 물속의 괴물이나 거북이 등으로 조각되기도 한다. 나아가 남녀의 교합상交合像도 사원의 보호를 위해서 만들어진 것이다. 남녀의 교합상에서 나오는 성性 에너지는 외부의 공격을 막을 수 있는 자연력의 하나라고 받아들여지고 있다. 그래서 힌두교 사원의 입구에서는 남녀의 교합상을 자주 볼 수 있다.

---

13 이병욱, 『인도철학사』(운주사, 2008 2쇄), 40~50쪽, 108~110쪽, 154~214쪽.

카주라호 사원[14]이나 코나라크 사원에 있는 남녀의 교합상은 사원의
유지와 보호를 상징하고 있다.[15]

---

14 카주라호 사원에 관해서는 이거룡, 「까주라호의 푸른 나신들」, 『이거룡의 인도사원
순례』(한길사, 2003년), 24~34쪽 참조: 카주라호는 찬델라 왕조의 수도로서 10~11세
기에는 인도에서 가장 강대하고 부유한 왕조의 하나였다. 이 왕조에서는 약 100년에
걸쳐서 만든 사원이 80여 개라고 하는데, 이슬람 왕조에 의해서 상당수가 파괴되고
지금은 22개만 남아 있다. 또한 카주라호는 유네스코가 지정한 세계 문화유산에
속하는 곳이다. 뉴델리 공항에서 비행기로 1시간 40분 정도 걸리고, 바라나시
공항에서는 40분 거리에 있다. 힌두교 사원은 시가지를 중심으로 동쪽, 서쪽, 남쪽의
세 그룹으로 흩어져 있고, 모두 도보로 걸어갈 수 있는 위치에 있다. 우선 카주라호의
주요 사원은 마을의 중심부에 인접한 서쪽 그룹에 있다. 락슈마나 사원은 당시
힌두교 사원의 정형적 건축양식을 보여주는 곳이다. 칸다리아 마하데오 사원은
쉬바교 사원인데, 높이가 30미터에 이르는 카주라호 최대의 사원이다. 이 사원의
본당에는 링가(남성의 성기모양)를 모시고 있고, 외벽에는 거의 900체體에 이르는
남녀교합상이 있다. 마탕게슈바라 사원은 카주라호에서 힌두교도들이 종교예배를
드리는 곳이다. 이는 다른 사원처럼 단지 관광 사원으로만 남아 있지 않다는 의미이
다. 치트라굽타 사원은 카주라호 사원 가운데 태양신 수리야를 모신 곳이다. 동쪽
그룹의 사원에는 파르슈바나트 사원이 유명하다. 이 사원은 자이나교의 사원인데도
외벽의 관능적 조각상이 힌두교 사원인 칸다리아 마하데오 사원에 뒤지지 않는다.
남쪽 그룹에는 둘라데오 사원, 차투라부자 사원이 있다. 카주라호의 석양은 둘라데오
사원에서 보아야 제대로 감상할 수 있다. 카주라호에 있는 사원들은 나가라 양식의
전형으로 꼽히고 있으며, 이 사원들은 거의 비슷한 구조로 이루어져 있다.

15 정승석, 『본 대로 느낀 대로 인도기행』(민족사, 2000년), 222~223쪽: 미투라 상(남녀교
합상)은 신들끼리의 합일, 신에 대한 경외, 인간에 대한 신의 자애라는 종교적
취지의 하나로서 있는 것이다. 조각의 모습은 보는 자체로 평온함을 자아낸다.
그 아름다운 세계가 바로 인간의 세계이기를 바라는 희구希求를 불러일으킨다.
모든 번잡한 동작이 미투라 상에서는 정적인 평화 속에서 이루어져 있다. 미투라
상에서는 동動의 세계를 정靜의 세계로 표출하는 것이다. 미투라 상에서 그 성적
교합의 노골성과 섬세함은 신과 인간의 관계를 강화하는 것이다. 미투라 상에서

5세기 이후에 힌두교가 다시 일어나면서 종교예술과 건축에서도 주요한 변화가 생기기 시작하였다. 힌두교 사원은 그 이전에는 주로 나무로 지어졌지만, 불교 사원의 석조 양식처럼 바위에 새기고 조각하는 건축이 점차 늘어났다. 힌두교의 조각가들은 신들이 살고 있다고 알려진 산이나 동굴에 석조 건물을 지었다. 그래서 석조 건물로서 사원이 상징적인 역할을 하기도 한다.

바위를 깎아서 만든 사원들은 고도의 기술과 건축적 상상력을 잘 나타내준다. 마하라슈트라 주의 엘로라에 있는 '카일라샤' 사원은 산중턱에 있는 거대한 돌을 치워가면서 외부와 내부를 조각하는 방식으로 만들어진 것이다. 이는 8세기와 9세기에 라슈트라쿠타 왕조의 후원으로 이루어진 사원이다. 이 사원이 인도의 산에 만들어진 것 가운데 가장 대표적인 것이라고 할 수 있다.

7~9세기 동안 타밀 지역을 통치했던 팔라바 왕조의 수도 칸치푸람에는 힌두교 사원이 100개 이상 있으며, 피라미드형의 석조탑 형식으로 각기 뛰어난 건축미를 나타내고 있다.[16] 이러한 흐름은 촐라 왕조에

그 표현이 강렬할수록 신과 인간은 더욱 깊은 혈연관계로 인식된다.

16 칸치푸람의 힌두교 사원에 대해서는 이거룡, 「달마대사의 고향을 찾아서」, 『이거룡의 인도사원순례』(한길사, 2003), 130~141쪽 참조: 8세기 초 팔라바 왕조의 라자싱하 왕이 세운 카일라사나타 사원이 칸치푸람에서 가장 유서 깊은 것이고 아름다운 것이다. 팔라바 왕조 시대에 만들어진 사원의 대부분이 뒤의 촐라 왕조와 비자야나가라 왕조를 지나면서 보수되고 변형된 것이지만, 이 사원은 팔라바 왕조 시대의 원형을 거의 그대로 유지하고 있다. 그 다음으로 팔라바 왕조 시대의 사원으로서 중요한 것은 바이쿤다 페루말 사원이다. 바라다라자 사원은 비자야나가라 왕조 시대에 건축된 것으로 비슈누교의 3대 사원 가운데 하나로 거론된다. 에캄바라나타르 사원은 칸치푸람에서 가장 큰 사원이며 높이 60미터의 흰 고푸라는 칸치푸람의

의해서 계승되었다. 탄자부르, 강가이콘드아촐라푸람[17], 치담바람[18]에 거대한 첨탑이 있는 사원이 이 촐라 왕조에 의해 세워졌다. '탄자부르'는 촐라 왕조의 수도였는데, 탄자부르의 중앙에 있는 사원들은 모두 화강암으로 만들어졌고, 높이가 63미터나 된다. 이는 인도 남부의 사원 건축물로서는 제일 높은 것이다. 탄자부르 사원은 어두운 복도의 내부 벽을 신화를 소재로 한 상세한 벽화로 장식하였고, 또한 돌과 청동을 이용한 건축물로도 유명하다.

상징이 되었다. 이 사원은 팔라바 왕조 때는 작은 사당이었는데, 이것이 촐라 왕조와 비자야나가라 왕조를 거치면서 거대한 고푸라를 지닌 오늘날의 규모로 성장하였다.

17 탄자부르, 강가이콘드아촐라푸람에 있는 힌두교 사원에 대해서는 이거룡, 「인도춤 바라따나띠얌」, 『이거룡의 인도사원순례』, 105~118쪽 참조: 탄자부르의 브리하데슈바라 사원은 촐라 왕조의 건축물을 대표하는 것 중의 하나다. 남인도의 사원은 출입문인 고푸라를 웅장하게 짓고 본존을 모시는 비나마는 화려하지 않은 경향이 있는데, 브리하데슈바라 사원에서는 반대로 고푸라는 평범하고 비나마가 화려하다. 이 사원의 비나마는 13층이고 높이가 58미터이다. 남인도에서 웅장하고 화려한 사원으로는 미낙시 사원을 거론할 수 있고, 방대한 규모와 의미로 보자면 슈리랑가나타 사원을 들 수 있고, 우아하고 부드러운 자태로 보자면 브리하데슈바라 사원을 꼽을 수 있다. 북인도에서 이 사원과 필적할 수 있는 사원은 부바네슈와르의 링가라자 사원이다.

18 치담바람에 있는 힌두교 사원에 대해서는 이거룡, 「춤추는 쉬바 나따라자 사원」, 『이거룡의 인도사원순례』, 119~129쪽 참조: 치담바람에서 중요한 사원은 나타라자 사원이다. 현재의 나타라자 사원은 여러 차례의 중수를 거치면서 16세기 초 비자야나가라 왕조의 크리슈나 데바라야 왕이 완성한 것이다. 이 사원 안에는 '느릿타 사뱌라는 건축물이 있는데, 칼리여신과 춤 경연을 벌리는 쉬바상이 모셔져 있다. 65개의 기둥에 새겨진 춤사위는 마치 살아있는 것처럼 생생하다. 이 나타라자 사원은 탄자우르의 브리하데슈바라 사원을 위한 최종 준비단계에 있는 것이라고 평가할 수 있겠지만, 이 사원도 그 자체로 충분한 아름다움을 지니고 있다.

촐라 왕조의 뒤를 이은 왕조들은 촐라 시대의 사원 건물 안에 건축물을 더 만들었고, '고푸라'라는 탑 형식으로 된 독특한 입구문을 세웠다. 고푸라가 있는 거대한 건축물은 면적도 넓고 높이도 두 배가량이나 된다. 그리고 고푸라의 층수는 일정하지 않다. 고푸라의 층이 올라갈수록 넓이와 전체 크기는 조금씩 작아지고, 고푸라의 꼭대기는 아치 천장으로 이루어져 있다.[19]

그리고 16세기와 17세기에 남부 인도에서는 비자야나가라 왕조의 후원으로 힌두교 사원이 많이 세워졌다. 이때 이전의 종교제도들은 혁신되고 확대되었다. 그 때문에 고푸라가 가득한 도시가 형성되었다. 이제 사원은 단순히 신들이 머무는 집이 아니다. 사원 자체로 천계를 표현할 수 있도록 설계되었다. 16세기 이후 인도 남부에서 조성된 사원에서는 회반죽으로 만들어진 여러 가지 신격체가 건축물을 뒤덮고 있다. 예술가들은 신전의 주인이 되는 주요 신들을 묘사하는 데 만족하지 않고, 그 신의 가족 구성원까지 조각하거나 그림을 그렸다.[20]

브라만계급의 성직자는 신을 모시면서 신자들이 예배 보는 것을 돕고 신생아 출생, 결혼식, 장례식 등 행사가 있을 때 신자의 집을

---

19 고푸라(고뿌람)가 가장 큰 힌두교 사원에 관해서는 이거룡, 「남인도 최고의 고뿌람, 미낙시사원」, 『이거룡의 인도사원순례』, 80~91쪽 참조: 마두라이는 타밀나두 주의 제2의 도시이고 인구가 약 110만 명이며 남인도에서 가장 오래된 역사를 가진 도시다. 문헌의 기록을 보아도 그 역사가 2000년이 넘는다. 이 '마두라이'는 미낙시 사원과 함께 생겨났다. 미낙시 사원을 만들면서 자연스럽게 '마두라이'라는 도시가 탄생하였다. 이 사원은 남인도에서 쉬바교를 대표하는 곳이다. 미낙시 사원은 마두라이의 상징이다. 이 사원에는 동서남북의 네 방향에 4개의 고푸라가 있고 이는 각각 당대의 건축과 조각 예술을 대표하는 것이다.
20 리처드 워터스톤 지음, 이재숙 옮김, 『인도』(창해, 2005), 140~143쪽.

방문해서 종교의식을 거행한다. 그렇지만 브라만계급의 성직자는 힌두교 사원에서 신자를 모아 놓고 가르침을 펴지 않는 것이 일반적 모습이다. 신자가 힌두교 사원에 가는 데는 기도를 드리는 것과 신상을 참배하려는 두 가지 목적이 있다. 참배는 신에게 꽃, 과일, 과자, 음식 등 공양물供養物을 바치는 행위인데, 브라만계급의 성직자는 신자가 바친 공양물을 받아서 신상에 올리고, 예배가 끝난 뒤에는 모아 둔 공양물을 가난한 사람에게 나누어주곤 한다.

힌두교 사원에 들어갈 때는 반드시 신발을 벗어야 하며, 여자의 경우 머리를 가운이나 손수건 등으로 덮어야 한다. 신상을 돌면서 예배할 경우에는 시계 방향으로 돌아야 하는데, 이는 오른손이 신상 쪽으로 향하게 하기 위해서 그런 것이다. 힌두교 사회에서 왼손은 더러운 물건을 만지는 데 사용된다.

힌두교에서 사원보다 중요한 곳은 성지聖地이다. 힌두교 신자는 1년에 적어도 한 번이나 두 번 정도 힌두교 성지를 순례하는 것이 바람직하다고 한다. 성지는 힌두어로 티르타tirtha라고 하는데, '티르타'는 '얕은 여울', 또는 '건너가는 곳'이라는 뜻이다. 이는 이 세상에서 극락 또는 해탈로 건너가는 곳이라는 의미이다. 인도 전역에는 수천 개의 성지가 있고, 이 가운데 바라나시, 마투라, 칸치푸람 등 7개의 유명한 성지가 있다. 이들 성지 가운데서 가장 성스러운 곳을 들라면 바라나시를 꼽을 수 있다. 바라나시의 옆을 흐르는 갠지스 강은 가장 성스러운 물이기 때문에 이곳에서 목욕을 하거나 강물을 마시면 이 세상에서 지은 죄를 모두 씻고 극락으로 갈 수 있다고 한다. 그래서 죽음을 앞둔 사람이 갠지스 강가에 머물면서 죽음을 기다리는 모습을 자주 볼 수 있다.

힌두교에서는 구루guru라는 독특한 제도를 볼 수 있다. '구루'는 원래 힌두교에서 종교적인 스승이라는 의미인데, 현대 영어에서는 '정신적 지도자'나 '영적 능력이 깊은 사람'을 지칭하는 경우로도 사용된다. 인도 사회에서 구루는 대단히 깊은 의미가 있어서 아무나 함부로 쓰지 않는다. 구루는 신처럼 '높고 고상한 존재'라고 받아들여진다. 구루는 인도의 오랜 문화 전통에서 나온 것이다. 구루는 제자의 마음으로부터 무지의 어두운 구름을 제거해주는 성스러운 능력을 가진 존재이다. 구루는 종교 계율과 의식을 포함한 모든 종교적·철학적 가르침을 내려주는 정신적 스승이라고 할 수 있다. 따라서 구루에는 아버지와 어머니도 포함된다. 그런데 시간이 흐르면서 구루는 종교 분야만이 아니라 세속적이고 현실적인 분야까지도 포함하는 의미로도 사용되기 시작한다. 심지어 도적질에 관한 '구루'도 등장하기에 이르렀다.

19세기 영국의 식민지 지배 이후, 구루의 영향은 전 세계로 확장되고 있다. 오로빈도(Sri Aurobindo)는 참된 자아를 찾기 위해서는 외부의 도움을 받지 말고 스스로의 힘으로 정신 개발을 해야 한다고 주장한다. 오늘날 폰디체리에는 프랑스, 독일, 이탈리아 등에서 몰려온 오로빈도 추종자들이 오로빌Auroville이라는 신앙촌을 만들어서 집단생활을 하고 있다. 라마크리슈나는 신에 대한 경외를 강조하고, 현실에서 선행을 실천하는 것을 강조하였다. 라마크리슈나의 제자로 유명한 비베카난다가 있는데, 그는 모든 종교와 종파를 포괄하는 종교를 주장하였다.[21]

---

21 남상욱, 『인도, 21세기 새로운 강자로 떠오르고 있다』, 298~300쪽.

(4) 힌두교의 의례: 푸자(Puja)

푸자는 신에게 예배하는 모든 의례를 말한다. 여기에는 집에서 치르는 간단한 의례에서 공공의 축제가 모두 포함된다. 따라서 푸자를 구성하는 요소는 종파와 지역에 따라 차이가 있다. 하지만 이론적으로 보자면 모든 푸자는 『샤스트라』와 『아가마(신성한 경전)』에 근거한 것이기 때문에 약 2000년 동안 거의 변한 것이 없다.

사원에서 푸자를 행할 때, 그 신상神像에 내려온다는 신은 특별 손님으로서 대접을 받는다. 사원에서 신상을 들여올 때, 그리고 그 신상을 제자리에 앉힐 때, 나아가 신상에 옷을 입힐 때마다 정성스러운 의례를 행한다. 우선 사원의 사제가 만트라를 낭독하고 향과 장뇌樟腦로 정화하는 의례를 베푼다. 다음으로 사제는 그 신상에 신이 내려오도록 초청을 하고, 끝으로 그 신상에 숨을 불어넣어서 눈을 뜨게 하는 의례를 행한다. 이를 통해서 푸자의 대상이 되는 '신'은 살아 있는 '신'이 된다.

전통적으로 푸자는 동틀 무렵과 해질녘에 하지만, 가끔은 정오와 자정에도 한다. 따라서 하루에 푸자는 2번이나 4번 정도 행해진다. 의례를 집전하는 사제를 '푸자리pujari'라고 하는데, 이 푸자리가 신상의 안위를 전적으로 책임진다.[22]

2) 자이나교

자이나교는 인도 도시국가와 영역국가 시대에 신흥종교로서 불교와 함께 세력을 떨쳤던 종교이다. 자이나교와 불교의 가장 큰 차이점은,

---

[22] 리처드 워터스톤 지음, 이재숙 옮김, 『인도』, 104~105쪽.

자이나교에서는 극도의 고행苦行을 강조하는 데 비해서 불교에서는
온건한 고행을 제시한다는 점이다. 자이나교(공의파)에서는 무소유의
표시로서 나체로 지내지만, 불교에서는 주위에 굴러다니는 넝마를
기워서 만든 옷이지만 3벌의 옷을 가질 수 있다. 자이나교 쪽에서는
불교를 보고 얼치기 고행자라고 비판을 하고, 불교 쪽에서는 자이나교
에게 고행을 위한 고행을 한다고 비판한다. 이러한 비판에 대해 어느
쪽이 옳은지 판단하는 것은 현재로선 의미가 없는 것 같다. 자이나교가
한국에 전래된 종교가 아니어서 우리의 삶에 직접적 영향을 끼치지
않기 때문이다. 자이나교가 되었든 불교가 되었든 간에 현재 한국의
입장에서 보자면, 물질적 소유를 통해서 행복을 추구하는 삶을 비판하
였다는 점은 동일하다. 물질적 풍요로움을 추구하는 현대인의 삶에
자이나교가 주는 교훈은 바로 이러한 내용이라고 생각한다.

(1) 자이나교의 사상

초기 자이나교의 가르침은 7체諦로 정리할 수 있다. 첫째, 영혼(jīva)은
모든 만물에 공통적으로 존재하는 것인데, 이 영혼은 청정하고 무한한
능력을 가지고 있는 것이다. 그런데 이 청정한 영혼이 업業에 의해서
속박당해 자신의 기능을 발휘하고 있지 못하다는 것이다.

　둘째, 영혼에 반대되는 비영혼(非靈魂, ajīva)을 설명한다. '비영혼'에
는 5가지가 있다. 그것은 물질, 법, 비법, 허공, 시간이다. 물질은
원자로 구성되어 있고, 법法은 원자가 움직이게 하는 원리이며, 비법非
法은 원자가 정지하게 하는 원리이고, '허공'은 원자가 놓여 있는 공간이
다. '시간'은 초기 자이나교에서 조금 뒤에 추가된 것인데, 원자가
시간 속에서 작용한다는 의미다.

셋째, 유입(流入, āśrava)은 몸, 입, 마음의 업으로 미세한 물질인 비영혼이 영혼을 둘러싸는 것이다. 넷째, 계박(繫縛, bandha)은 영혼을 둘러싼 미세한 물질이 미세한 신체를 이루어서 영혼을 속박하는 것이다. 다섯째, 제어(制御, saṃvara)는 영혼이 속박된 상태에서 벗어나기 위해서 새로운 업이 들어오지 못하게 하고, 이미 들어온 업은 없애는 것이다. 과거의 업을 없애기 위해서는 고행이 필요하다. 새로운 업이 더 이상 들어오지 않기 위해서는 '5대서五大誓'를 지켜야 한다. 그것은 살생하지 않는 것, 진실한 말을 하는 것, 도둑질하지 않는 것, 음행하지 않는 것, 무소유이다.

여섯째, 지멸(止滅, nirjara)은 수행이 완성되어 업의 속박에서 벗어나는 것이다. 일곱째, 해탈(解脫, mokṣa)은 업의 속박에서 벗어난 사람은 완전한 자유를 얻는다는 것이다. 신체가 죽어서 해탈을 한 영혼은 위로 올라가서 세간을 벗어난 공간에 도달하는데 그곳에서 영혼은 본성이 드러나서 절대적 안락함을 누린다.

자이나교단은 뒤에 백의파와 공의파로 나뉘어졌다. 백의파白衣派는 흰옷을 걸치는 종파이고, 공의파空衣派는 옷을 걸치지 않는 종파이다. 후대의 자이나교에서는 인식론을 정밀하게 다듬었고, 인식의 상대주의, 곧 완전한 지혜를 얻기 전에는 사물의 모습을 제대로 알 수 없고 사물에 대해 제한된 관점을 가진다는 점을 강조하였다. 이는 완전지完全知를 얻기 이전의 상태에서는 모든 주장이 상대적으로 의미가 있다는 것이므로, 이러한 입장은 관용의 정신으로 이어진다.[23]

---

23 이병욱, 『인도철학사』, 59~70쪽.

(2) 현재 자이나교의 모습

봄베이(현재의 뭄바이)에서는 상당히 유력한 상인층이 자이나교도라고 한다. 그 이유는 자이나교에서는 불살생不殺生을 강조하여 자이나교도들은 농업에 종사할 수 없었고, 따라서 상업에 투신하였기 때문이다. 현재에도 자이나교의 고승은 나체로 신도 앞에서 강의를 한다고 한다.

봄베이 유니버시티에서는 프라크리티어 학과가 있다. '프라크리티어'는 고전어 가운데 속어俗語에 속하는 것인데, 이는 현재 사용하는 언어가 아니다. 그런데 이 '프라크리티어'를 가르치는 학과가 대학에 설치되어 있는 것은 뭄바이의 부유한 자이나교도의 자제들이 이를 배우기 때문이다. 자이나교의 가문에서는 세속적 상업을 배우기 전에 먼저 자이나교의 전통과 관습을 프라크리티어로 배우게 한다. 그래서 자이나교도로서 신념과 정신자세가 분명하게 정리된 다음에야 세속적 상술을 익히게 하고, 가업으로 상업을 계승하게 한다고 한다. 이런 자이나교 교육의 전통에는 자이나교의 승려들이 무소유를 지키기 위해 나체로 지내는 것과 일맥상통하는 그 무엇이 있다.[24]

현재 인도에는 약 450만 명의 자이나교 신자가 있다. 이들은 주로 인도 서부, 곧 구자라트, 라자스탄, 마하라슈트라 주에 살고 있다. 특히 뭄바이와 아마다바드와 같은 대도시에서는 상당한 상업 집단을 형성하고 있다. 자이나교의 사원도 여러 곳에 있다. 이 가운데 구자라트 주의 샤트룬자야 사원, 라자스탄 주의 아부 사원이 이름 높다. 또한 카르나타카 주에 있는 돌산을 깎아서 만든 바후바리 사원도 고대의 유적지로 널리 알려져 있다. 자이나교 사원에는 불교 사원처럼, 자이나

---

24 서경수, 『인도, 그 사회와 문화』(현대불교신서 23, 1992 재판), 78~80쪽.

교 성자를 기리기 위한 탑(stupa)이 있고, 동이나 철 등의 쇠붙이를 사용해서 만든 여러 형상이나 조형물이 있다.[25]

(3) 자이나교의 성지

백의파 자이나교도의 성지로서 5대산이 있다. 곧 아부 산山, 기르나르 산, 샤트룬자야 산, 삼네샤 산, 아슈타파다 산이다. 이 가운데 아슈타파다 산은 제1대 '티르탕카라Tīrthaṅkara'인 '리샤바나타'가 해탈했다는 전설적인 산이다. 그리고 기르나르 산은 구자라트의 서쪽에 있고 옛 수도 주나가드에서 걸어서 갈 수 있는 거리에 있다. 이곳에 있는 16개의 사원은 자이나교의 사원 단지로는 가장 규모가 큰 것이다. 이곳은 22대 티르탕카라인 '아리슈타네미'에게 바쳐진 것이다. 아부 산의 정상에는 딜와라 마을이 있고, 이곳에는 제1대 '리샤바나타'와 제22대 '아리슈타네미'를 기리기 위해 대리석으로 지은 사원들이 있다.[26] 샤트룬자야 산은 적을 정복한 산이라는 의미를 가지고 있다. 이 산에는 인도에서

---

25 남상욱, 『인도, 21세기 새로운 강자로 떠오르고 있다』, 328쪽.

26 정승석, 『본 대로 느낀 대로 인도기행』, 270쪽과 278쪽: 아부 산을 신성시하는 이유는 1천2백 미터가 넘는 산악 고지에 있기 때문이다. 이 아부 산은 자이나교의 성지로 유명한 것만이 아니라 인도인에서 라자스탄의 최고의 휴양지로 알려져 있다. 그리고 라낙푸르의 자이나교 사원은 내부의 장식과 장엄으로는 인도의 사원에서 최고라고 평가된다. 타밀나두 주의 칸치푸람과 마두라이에 있는 힌두교 사원도 화려하지만, 라낙푸르의 자이나교 사원은 화려하고 웅장하다. 사원의 기둥 개수에서도 천 개라고 자랑하는 마두라이 힌두교 사원보다도 라낙푸르의 자이나교 사원이 더 많다. 그렇지만 이 자이나교 사원은 그 규모가 워낙 커서 한산해 보인다. 자이나교 사원으로는 인도 최대일 것으로 보이는 이 사원에서 사람이 한산하다는 느낌을 주는 것은 그만큼 자이나교의 교세가 빈약하다는 것을 보여주는 것이다.

가장 큰 백의파 사원이 있다. 이곳에는 자이나교의 성소가 1,000군데가 넘고 사원도 800개가 넘는다. 그래서 이곳을 방문하는 것이 다른 모든 성지를 방문하는 것보다 더 중요하다고 한다. 이곳은 자이나교 출신 군주였던 '바라타'가 지었다고 하며, 제1대 '리샤바나타'가 방문하였다고 한다. 또한 앞으로 나타날 19명의 '티르탕카라'가 이곳을 근거로 해서 가르침을 펼 것이라고 한다.

한편, 공의파 자이나교의 성소로는 '슈라바나벨골라'가 있다. 이곳의 큰 언덕에는 해탈을 완성한 첫 번째 인간이라고 전해지는 '곰마테슈바라'의 상像이 18미터의 크기로 세워져 있고, 바로 인접한 작은 언덕은 금식禁食으로 죽음을 맞는 자이나교의 특유의 관습이 이루어지던 곳이다.[27]

(4) 자이나교 고승의 고귀한 모습

끝으로, 다음에 소개할 자이나교 고승의 이야기는 자이나교의 숭고한 정신을 잘 보여준다. 1955년 8월 인도의 마하라슈트라 주 '쿤타라기리라'라는 언덕에서 샨티사가라(Śāntisāgara, 평화의 바다)라 불리는 노인이 제의적祭儀的인 죽음의 단식을 하고 있었다. 샨티사가라는 공의파空衣派 공동체의 스승(ācārya)이다. 그는 탁발승으로서 5년을 보낸 뒤에 자이나교의 교주 '마하비라'가 정한 거룩한 방법으로 죽음에 임하고 있었다. 샨티사가라는 1920년대 이후부터 아무것도 소유하지 않았다. 심지어 허리에 걸치는 간단한 옷 한 벌도 소유하지 않았다. 그는 인도를 맨발로 유랑하였고, 음식공양은 하루에 한 번만 받았다. 발우 대신에 자신의 맨손을 사용하였다. 낮에는 거의 말이 없었고, 해가 진 다음에는

[27] 리처드 워터스톤 지음, 이재숙 옮김, 『인도』, 166~167쪽.

전혀 말을 하지 않았다. 그는 8월 14일에서 9월 7일까지는 물만 받아먹었다. 도움이 없이는 물을 먹는 것도 어려워지자 물 먹는 것도 포기하였다. 마침내 9월 18일 이른 아침 그는 완전히 깨어있는 채 자이나의 기도를 찬송하며 죽어 갔다. 샨티사가라의 삶과 죽음의 방식이 의미하는 거룩함과 범절範節은 널리 알려졌고, 인도 전역을 통해서 자이나교도의 존경을 받았다.[28]

3) 불교

불교는 인도 종교 가운데 한국인에게 아주 친숙한 종교이다. 불교가 한반도에 전래된 지 1,700여 년이 되었다. 불교는 한국인에게 친밀한 종교이지만, 인도의 불교에 대해서 한국인이 잘 알지는 못한다. 한국인에게 친숙한 불교는 중국불교와 한국불교이다. 물론 중국불교와 한국불교는 인도불교를 근간으로 한 것이므로 크게 보아서 인도불교와 중국불교·한국불교는 다른 것이 아니라고 할 수 있다. 하지만 전반적인 분위기에서 분명히 인도불교와 중국불교·한국불교에는 다른 측면이 있다. 그 핵심적 내용은 인도불교에서 논리적인 측면이 강조되고, 또한 카스트제도를 비판하는 진보적 성향이 있었다는 것이다. 이제 그 내용을 살펴보고자 한다.

(1) 불교사상의 전개 과정

① 초기불교의 사상은 3가지 내용이 핵심을 이루고 있다. 첫째는 사성제四聖諦이다. 이는 4가지 성스러운 가르침이라는 의미이다. '고苦'는

---

28 존·M·콜러 지음, 허우성 옮김, 『인도인의 길』(세계사, 1995), 172쪽.

인생의 현실은 고통스럽다는 것이고, '집集'은 인생이 고통스러운 원인은 잘못된 욕망에 있다는 것이며, '멸滅'은 인생의 고통을 없앨 수 있다는 것이고, '도道'는 인생의 고통을 없애는 길을 제시해주는 것이다. '도'는 팔정도八正道로 구성된다.

둘째는 삼법인三法印 또는 사법인四法印이다. '법인'은 불교의 징표, 불교의 증거라는 의미다. 이는 제행무상 등의 3가지 또는 4가지 조건이 갖추어지면 그 가르침을 올바른 불교로 인정할 수 있다는 것이다. 이것은 불교라는 도장을 찍는다는 의미이므로 그만큼 이 명제들이 중요하다는 것이다.

삼법인 또는 사법인의 내용은 다음과 같다. 모든 것은 변한다는 것이고, 모든 것은 고통스럽다는 것이며, 모든 존재는 무아無我라는 것이고, 열반涅槃의 경지는 고요하다는 것이다. 이를 연결해서 보면, 모든 것은 변하는데 그 변하는 것을 변하지 않는다고 집착하면 고통스럽다는 것이고, 이처럼 고통스러운 것에는 진정한 자아가 있을 수 없다는 것이다. 이와 같이 모든 것이 변하고 고통스럽고 무아임을 자각할 때, 진정한 열반을 실현할 수 있다는 것이 삼법인 또는 사법인의 내용이다.

셋째는 연기설緣起說이다. 이는 사물이 서로 의존하고 있다는 '상호 의존성'을 말하는 것인데, 경전에서는 "이것이 있기 때문에 저것이 있고, 이것이 없기 때문에 저것이 없으며, 이것이 생기기 때문에 저것이 생기며, 이것이 멸滅하기 때문에 저것이 멸滅한다"라고 한다. 이는 이 세상 어떤 사물도 서로 관련되어 있음을 말하는 것이다. 우리 일상의 삶이 가능한 것은 누군가가 농사를 짓고 옷을 만들고 기름을 만들기 때문에 가능한 것이다. 물론 이 물건들은 내가 돈을 주고 사용하는 것이지만, 누군가가 만들지 않았다면 아무리 돈이 많다고 하더라도 이것들을 사용할 수 없을 것이다. 이 점에서 보자면, 우리는 다른 사람의 삶에 철저히 기대어 살고 있는 것이다. 이것이 불교에서 말하는 상호의존성이다. 초기불교에서는 이 연기설을 더욱 발전시켜 12항목의 연기설을 주장한다. 그 요점은 중생이 고통을 겪고 윤회하는 원인은 지혜가 없는 무명無明에 있다는 것이다. 그리고 초기불교의 경전은 『아함경阿含經』이라고 하는데, 이는 한역본과 팔리어본이 있다. 팔리어본은 '니카야Nikāya'라고 한다.

② 불교 교단은 상좌부와 대중부로 나누어진다. 이는 계율문제를 두고 보수파와 진보파로 나누어진 것이다. 상좌부上座部는 보수파인데 불타가 정한 율律을 그대로 지키자는 쪽이고, 대중부大衆部는 진보파로서 불타가 정한 율이라고 할지라도 시대에 따라 변해야 한다고 주장하는 쪽이다. 상좌부와 대중부는 10가지 문제를 놓고 대립을 하였는데, 그 중에 핵심적 사항은 금은을 보시(기증) 받을 것인지 하는 문제였다. 상좌부는 금은을 보시 받아서는 안 된다는 쪽이고, 대중부는 시대가 바뀌었으므로 금은을 보시 받아도 된다는 쪽이다. 이렇게 2개의 부파로 나누어진 다음에 18개 부파로 나누어져 모두 20개 부파가 형성되었다. 그리고 상좌부 불교가 동남아로 전파되었다.

③ 대승大乘불교는 기원전 1세기에서 기원후 1세기경, 활발한 힌두교의 움직임에 대응하기 위해 새롭게 출현한 불교이다. 대승불교에서는 보살菩薩을 강조하였는데 여기에 2가지 의미가 있다. 하나는 범부凡夫보살인데 이는 깨달음을 구하는 사람이라는 의미이고, 다른 하나는 대大보살인데 대승불교경전에 나오는 미륵, 관세음, 문수, 보현보살 등을 말하는 것이다. 이 대보살은 이미 수행을 완성한 존재이고 한편으로 중생을 교화하고 있는 존재이다. 이 대보살은 힌두교에서 토착신앙

을 포섭하고 대중성을 확보한 것에 대항하기 위해서 불교에서 신앙의 대상이 되는 존재를 제시한 것이다. 미륵彌勒은 미래에 태어난다는 부처님인데, 다음 생生에 부처가 되는 것이 결정되어 있고, 현재는 보살로서 도솔천兜率天에 머물고 있다고 한다. 관세음보살觀世音菩薩은 자비慈悲를 상징하는 존재이고, 문수보살文殊菩薩은 지혜를, 보현보살 普賢菩薩은 실천행實踐行을 상징하는 존재이다.

또한 대승불교에서는 불타관佛陀觀에도 변화가 있었다. 대승불교에서는 불타의 개념이 일반화하였고, 구제자로서 뛰어난 능력을 불타가 가지고 있음을 강조하였다. 그중에서도 아촉불阿閦佛, 아미타불阿彌陀佛, 약사여래藥師如來는 많은 사람이 귀의하는 대상이었다. 이는 불교의 대중화를 위한 조치라고 생각된다.

그리고 대승불교에서는 많은 경전을 제작하였다. 그 가운데 대표적인 것은 『화엄경』, 『법화경』, 『무량수경』, 반야경전 계열, 『유마경』, 『승만경』, 『해심밀경』, 『열반경』이다. 『화엄경華嚴經』은 불타가 되는 수행단계를 50단계로 나누어서 설명하고 있는 경전으로, 중국에 전해져서 화엄종華嚴宗의 근본경전이 되었다. 『법화경法華經』은 소승(상좌부)불교와 대승불교의 조화를 말하는 경전으로, 중국에 전해져서 천태종天台宗의 근본경전이 되었다. 『무량수경無量壽經』은 중생을 극락정토에 태어나게 한다는 내용의 경전으로, 중국에 전해져서 정토종淨土宗의 근본경전의 하나가 되었다.

반야般若경전 계열은 어떤 것에도 집착하지 않는다는 공空의 가르침을 강조하는 경전이다. 『유마경維摩經』은 출가하지 않는 재가 거사 유마힐維摩詰이 등장해서 불교의 가르침을 말하는 경전이다. 이는 재가 중심의 대승불교 정신을 잘 보여주는 경전인데, 중국에서는 『유마경』에 깊은 관심을 보였다. 『승만경勝鬘經』은 출가하지 않은 재가의 여인 승만勝鬘 부인이 부처님을 대신해서 가르침을 말한 경전이다. 이것도 재가 중심의 대승불교 정신을 잘 보여주는 것이고, 남존여비男尊女卑의 성향이 강한 인도에서 매우 이례적인 경전이라고 할 수 있다.

『열반경涅槃經』은 모든 중생이 부처가 될 수 있는 불성佛性을 가지고 있음을 말하는 경전이다. 『열반경』은 경전이지만 논서의 치밀함을 보이는 경전이다. 『해심밀경解深密經』은 인도 대승불교의 유식학파에서 중시하는 경전으로 심층무의식으로서 아뢰야식阿賴耶識을 말하고 있다. 『능가경楞伽經』은 모든 중생이 여래(부처)가 될 가능성을 가지고 있다는 여래장사상과 유식학파의 사상을 결합한 경전이다. 이 『능가경』은 중국에 전해져 초기 선종禪宗에서 중요시하는 경전이 되었다.

또한 대승불교에는 2대 학파가 있다. 그것은 중관학파와 유식학파이다. 중관中觀학파에서는 공空사상을 강조하고 범부의 집착을 논리적으로 깨뜨리려고 하였다. 그 대표적 저술이 용수의 『중론中論』이다. 유식唯識학파에서는 범부의 마음에 주목해서 8식설을 주장하였다. 세친의 『유식삼십송唯識三十頌』이 유식학파를 대표하는 저술이다. 그리고 이러한 대승불교가 중국, 한국, 일본, 베트남에 전파되었다.

④ 기원후 7세기와 8세기에 접어들어 힌두교가 인도에서 완전히 주류 문화가 되자 이에 대응하고자 나타난 불교의 흐름이 밀교密敎이다. 대승불교도 힌두교의 영향을 받은 것이지만, 밀교는 힌두교의 영향을 더 많이 받은 것이다. 밀교를 대표하는 경전은 『대일경』과 『금강정경』이다. 『대일경大日經』은 중관사상의 영향을 받은 밀교경전이고, 『금강정경金剛頂經』은 유식사상의 영향을 받은 밀교경전이다. 그 뒤를 이어서 무상유가無上瑜伽 탄트라가 등장했는데, 이는 인도의 탄트라교

에 영향을 받은 것이다. 그리고 이 밀교 계열의 가르침이 티베트에 전래되었다.[29]

(2) 불교와 힌두교의 차이점

불교는 인도의 문화 토양에서 자라났지만, 힌두교(브라만교)와는 다음의 4가지 점에서 구분된다. 첫째, 불교는 힌두교의 카스트제도와 남녀 차별을 부정하고 모든 인간의 평등을 주장하였다는 점이다. 둘째, 힌두교는 기본적으로 인도의 문화와 토양에 국한되는 '인도의 종교'로 머물렀지만, 불교는 인도의 지역적 한계를 벗어나는 세계 종교로서 보편성을 나타내고 있으며, 국제적인 포교활동을 적극적으로 전개하였다는 점이다.[30] 셋째, 힌두교에서는 통일된 교리가 없고 믿음의 체계가 여러 가지라고 한다면, 불교는 가르침이 명료하고(철학적 내용은 복잡하지만) 교리체계도 일관성이 있다는 점이다. 넷째, 힌두교는 통일된 조직이 없는 느슨한 종교이지만, 불교는 교단을 구성하고 불교대학을 설립하여 조직적이고 체계적인 종교활동과 포교활동에 나선다는 점이다.

---

29 이병욱, 『인도철학사』, 71~87쪽, 98~106쪽, 112~153쪽, 229~237쪽.

30 이은구,『힌두교의 이해』, 266~267쪽: 불교에서는 카스트의 차별을 부정하고 힌두교에서는 카스트제도를 기반으로 하고 있다는 점은 동남아시아의 경우에서 잘 나타난다. 동남아시아 사람은 인도의 발달된 문명은 받아들이면서도 카스트제도라는 계급제도는 수용하지 않았다. 동남아시아의 경우, 처음에는 힌두교적인 요소가 전파되었지만, 결국에는 불교가 동남아시아 대중의 호감을 얻을 수 있었고, 그 때문에 불교는 동남아시아에서 국교國敎가 될 수 있었다.

(3) 불교가 인도에서 자취를 감춘 이유

이처럼 장점을 가지고 있다고 보이는 불교가 무슨 까닭에 인도에서 점차 사라져, 오늘날에는 신자가 인도 인구의 0.76퍼센트(800만 명)에 지나지 않는 것일까? 이 점에 대해 몇 가지 이유를 제시해볼 수 있다.

첫째, 불교가 카스트제도를 극복하지 못하고 오히려 기득권층의 반발과 저항을 받았다는 점도 하나의 원인이고, 남녀평등사상(상대적인 남녀평등사상)에 따라 여성도 승려가 될 수 있도록 허락한 것도 하나의 원인이다. 전통적으로 여성의 지위가 매우 낮은 인도의 현실에서 가장 최고의 계층에게만 허락되는 승려의 역할과 종교의식을 여성이 맡아서 한다는 것은 인도인의 정서와 맞지 않는 것이었다.

둘째, 불교의 쇠퇴는 힌두교의 부흥운동과도 연관이 있다. 힌두교(브라만교)는 처음에는 형식주의에 빠져서 새롭게 일어난 불교와 자이나교에게 세력을 내주었지만, 힌두교도 개혁을 통해서 다시 세력을 찾을 수 있었다. 힌두교가 다시 일어설 수 있었던 것은 힌두교 안에 있는 포용성과 신축성에 있다고 할 수 있다. 힌두교에서는 시대의 흐름에 따라 스스로를 변화시키는 힘을 발견할 수 있다. 그래서 힌두교에서는 불교의 창시자인 석가모니를 힌두교의 화신 중의 하나로 수용하였다.

셋째, 둘째의 이유는 불교 내부의 문제와도 연관된다. 불교는 소승불교와 대승불교로 구분되는데, 대승불교의 경우 힌두교의 영향을 많이 받았고, 결국에는 인도에서 힌두교의 하나로 인식되고 말았다.

넷째, 불교 내부의 교단 문제도 불교 쇠퇴의 원인 중 하나이다. 불교에서는 잘 훈련된 승려 조직에 의해서 세력을 넓힐 수 있었다. 그런데 세월이 흐르면서 일부 승려들은 가르침에는 관심이 없고 경제력을 쌓아가거나 세력 다툼에만 열중하였고, 불교 사원도 믿음의 터전이라기보다는 불화와 투쟁의 장소로 변모하는 기운마저 있었다. 이로써 민중의 지지와 성원을 잃어버리게 되었다.

다섯째, 왕실의 지원이 끊긴 점도 하나의 원인이다. 불교가 발전할 수 있었던 것은 불교의 개혁성에다 마우리아 왕조의 아쇼카 왕과 쿠샤나 왕조의 카니슈카 왕이 불교를 적극적으로 지원한 것에 힘입은 바가 크다고 할 수 있다. 그런데 이러한 왕실의 후원이 불교가 인도에 뿌리내리기 전에 끊기고, 오히려 굽타 왕조 때에는 힌두교를 강조하는 경향이 나타나면서 불교는 점차 세력을 잃어버리게 되었다. 여기에다 10세기 이후에 이슬람교의 군대가 인도로 쳐들어와서 마지막 남은 불교의 세력마저도 무너뜨린 것이다.

오늘날의 인도에서 불교 신자는 주로 중남부 마하라슈트라 주에 분포되어 있다. 인도불교는 힌두교와 폭넓은 교류를 하고 있으며, 네팔 등지에서는 석가모니의 불상과 힌두교의 신상을 함께 모셔 두는 사원도 있다. 하지만 최근에는 인도 안에서도 불교에 대한 새로운 인식이 일어나고 있다. 특히 힌두교 신자가 불교로 개종하는 일이 적지 않다고 한다. 이들이 불교로 개종하는 이유는 주로 힌두교에 실망을 하였기 때문이다. 이처럼 불교에 귀의한 사람 가운데 인도 사회에서 명망이 높거나 지식수준이 높은 사람이 많다고 한다.[31]

4) 시크교

시크교는 힌두교에 기초를 두고 이슬람교의 사상을 받아들여서 이 두 가지 사상을 결합시킨 개혁종교이다. 이 종교를 처음 일으켜 세운

---

[31] 남상욱, 『인도, 21세기 새로운 강자로 떠오르고 있다』, 321~325쪽.

사람은 나나크(Nānak, 1469~1539)이다. 그는 카비르(Kabīr, 1440~
1518)의 사상에 강한 영향을 받았고, 이슬람교 신비주의에도 많은
영향을 받았다.

나나크는 진정한 종교는 내면성에 있고 또한 진정한 종교는 신을
만나기 위한 심성의 준비라고 보았다. 이 때문에 그는 힌두교와 이슬람
교의 형식적인 의례를 부정하고 우상숭배를 금지하며 고행도 인정하지
않았다. 그리고 나나크는 만물은 신의 피조물이라고 보았기 때문에
카스트와 성적 차별도 부정하였다. 그래서 시크교에서는 어떠한 카스
트의 사람이라 할지라도 함께 동일한 음식물을 먹고 음식물에 관한
금지조항을 만들지 않았다.

또한 나나크는 내면적 청정의 중요성, 곧 종교의 도덕적 측면을
강조하였는데, 그래서 술·마약·담배를 금지하였고, 보통의 직업에
종사해서 다른 사람에게 봉사할 것을 권장하였다. 이것이 바로 자기중
심성을 극복하는 길이기도 하다. 자기중심성이 강한 사람은 자아에
결사적으로 집착하여 탐욕과 분노와 집착과 자만에 지배당하고 언제나
불안하고 두려워한다. 따라서 수행자는 이러한 자기중심성을 극복할
때 평화를 얻어 자기 자신의 본래적 원만함에 돌아오게 된다고 그는
주장한다. 이것이 바로 신神과 하나가 되는 경지이다. 나나크는 신과
하나 되는 경지를 5단계로 나누어서 설명하고 있다.

나나크를 시작으로 해서 모두 열 명의 구루가 교단을 통치했는데,
제6대 하르 고빈드(Har Gobind, 1606~1645 통치) 시대 이후에는 이슬람
의 왕과 대결하여 구루가 처형당하기도 하였다. 그래서 시크교에서는
신도가 모두 단도를 소유하게 하고 교단을 군사단체로 편성하기도
하였다. 그 결과 이슬람 국왕, 영국군에게 항쟁하여 펀자브 지방을

중심으로 대왕국을 건설하기도 하였지만, 결국 1849년에 영국군에게 정복당하고 말았다.

제10대 법왕 고빈드 싱그Govind Siṅgh는 시크교를 형식화시켜서 신도는 5K를 몸에 지녀야 한다고 하였다. 그것은 장발(kes), 무릎 위까지 내려오는 내의(kaccha), 철고리(kara), 허리의 칼(kripān), 빗 (kaṅgha)이다. 이후로 시크교는 독립 종교의 모습을 분명히 나타냈고, 신도들은 자신의 이름이 '사자'라는 의미의 '싱그siṅgh'라는 말로 끝나야 한다고 고빈드 싱그는 정하였다. 또한 그는 털을 깎는 것을 금하고 남자는 터번을 두르게 하는 독특한 습속을 가지도록 정하였다.

오늘날 시크교의 신도는 진취성이 강하고 중노동에 잘 견디며 기계 조작에도 뛰어난 소질을 보이고 있다. 시크교의 신도가 거주하는 편자 브 지방은 현재 인도의 곡창지대이고 공업지대이기도 하다. 특히 인도 의 택시운전사 가운데 시크교도가 많다고 한다. 그리고 인도에는 거지 가 많지만, 시크교의 신도 가운데는 거지가 없다. 왜냐하면 "거지가 될 정도라면 굶어죽어라"라는 가르침을 받고 있기 때문이라고 한다.[32]

---

32 이병욱, 『인도철학사』, 306~309쪽.

4장 인도의 신화

1. 신화란 무엇인가

필자가 대학과 대학원을 다닐 때는 신화에 관한 강의가 전혀 없었다. 그런데 2000년대를 즈음해서 갑자기 신화에 관한 과목이 등장하였다. 이것이 나의 머리를 혼란하게 하였다. 나에게 신화란 단군신화 같은 것을 의미하는 것으로 그저 옛날에 문화가 발달하지 못했을 때 등장한 원시적 사고방식에 지나지 않는 것이었다. 그런 것을 대학에서 배우고, 더구나 학생들이 알고자 한다니 도무지 이해할 수 없었다. 그때부터 나에게 '신화'는 화두가 되었다. 신화가 대관절 어떤 의미를 가지기에 대학에서 교양과목으로 개설되고 많은 사람이 알기를 원하는 것인지 궁금했다. 이 의문은 책방에서 우연히 김현자의 『신화, 신들의 역사 인간의 이미지』라는 책을 만나고서 풀 수 있었다.

이제『신화, 신들의 역사 인간의 이미지』에 근거해서 신화의 의미를 서술하고자 한다. 널리 알려진 학자 가운데 신화의 구분에 대해서 3명의 학자가 서로 견해가 다르다. 말리노프스키는 신화·전설·민담으로 구분하고 있으며, 엘리아데는 신성한 신화와 신성하지 않은 신화(전설·민담)로 나누고 있으며, 뒤메질은 신화를 좀 더 포괄적으로 접근해서 역사와 문학을 축으로 해서 다양한 형태가 있다고 한다. 한편, 레비스트로스는 신화적 사고에 논리성과 과학성이 있음을 드러내고자 하였다.

1) 말리노프스키의 견해: 신화·전설·민담

설화 연구자는 설화를 신화, 전설, 민담이라는 3가지 유형으로 구분한다. '신화'는 신적인 인물 혹은 초자연적인 인물이 등장하고, 이 등장인물들이 태초에 활동하며, 대개는 종교의식과 관련 있는 내용을 포함하고 있다. 그에 비해 '전설'과 '민담'은 그 등장인물이 주로 인간이고 때로는 동물이 등장하기도 한다. '민담'은 대개 "옛날 옛날에"로 시작하고, 때로는 교훈적 목적을 띠기도 하지만 주로 재미 삼아 만들어진 것이다. 반면 '전설'은 주인공의 활동 시기가 역사적 특정 시기로 명시되고, 이야기가 일반적으로 교훈적 색채를 나타낸다.

말리노프스키(Bronislaw Malinowski, 1884~1942)는 신화, 전설, 민담으로 설화를 구분해야 한다고 주장한다. 그는 트로브리안드 섬의 원주민들이 공동체 안에서 이야기하는 설화를 3가지로 구분할 수 있다고 말한다. 트로브리안드 섬의 원주민들이 쿠콰네부kukwanebu라고 부르는 설화는 특정한 계절에 전문 이야기꾼이 들려주는 이야기이다. 이는 오락을 목적으로 하는 놀이 문화의 유산이라고 할 수 있다. 트로브리안드 섬의 11월 말경은 습기 많은 날씨가 계속되어 고기잡이를 위한 바다 항해가 어려워지고, 작물 수확이 막 끝나서 아직 축제 분위기가 사라지지 않은 때이다. 이즈음에 사람들이 모여서 관습적으로 이야기되는 것이 바로 '쿠콰네부'이다. 예컨대 태양을 방문한 이야기, 식인귀가 정원을 망쳐놓은 이야기, 한 여자가 탐욕스러워서 장례식에 쓰일 모든 음식을 훔친 이야기 등이 '쿠콰네부'인데, 이는 민담이라고 부르는 설화 유형에 속한다. 이 '쿠콰네부'는 공동체 구성원 중에 특정인에게 전승되는데, 이 사람은 대화 부분에서는 목소리를 꾸며내기도 하고, 분위기를 맞추어서 민요 등을 불러 청중의 기호에 부합하도록 이야기를 해낼 수 있어야 한다. 광대 이야기꾼이자 소리꾼이어야만 훌륭한 이야기꾼으로 평가받는다. 요즘의 드라마에 해당한다고 하겠다.

리브워그워libwogwo라는 설화는 공동체의 연장자들이 젊은이에게 전해주는 조상이나 자신들이 경험담이다. 그 내용은 전쟁이나 원정, 유명한 주술, 특별한 경제적 업적, 큰 가뭄, 가공할 만한 기근, 가난, 투쟁, 사람을 격분하게 만드는 범죄 등인데, 이는 여러 세대를 통해서 전승되어 온 여러 가지 전설이나 풍문들이다. 항로에서 벗어나 식인종이나 적대 부족 가운데로 상륙한 항해자의 이야기는 여러 가지로 말해지고 있으며, 이 중에서 어떤 것은 노래로 불려지고, 또 어떤 것은 전설의 형태를 띠기도 한다. 사업, 전쟁, 모험, 춤이나 의례적 교환에서 성공한 이야기는 몇몇 사람이나 그 자손에게 명예로 전승되거나 공동체 전체의 명예로 계승되기도 한다.[1]

릴리우liliu는 원주민들이 진실한 것, 장엄하고 신성한 것으로 간주하

---

1 김현자, 『신화, 신들의 역사 인간의 이미지』(책세상, 2004), 69~78쪽.

는 신성神聖 설화, 곧 신화이다. 이는 앞의 '쿠콰네부'와 '리브워그위'처럼 이야기되는 것이 아니고 일상생활 속에서 살아 있는 것이다. 트로브리안드 섬의 각 마을을 보면 중앙에 추장의 집이 있고, 그 근처에는 대개 원주민들이 동혈洞穴 또는 집이라는 부르는 특별한 장소가 있다. 이 특별한 장소에는 작은 동굴, 수풀, 드러난 산호초, 우물, 강 지류支流의 상류 등이 포함된다. 이러한 곳은 그 마을의 최초 조상인 남녀 한 쌍이 출현한 곳으로 알려져 있다. 그 남녀 한 쌍은 가장으로서 누이와, 그녀의 보호자로서 남동생이다. 만약 어떤 사람이 이 섬의 마을을 방문한다면, 그 사람은 최초의 조상이 지상으로 출현했던 장소를 소개받고, 조상인 남매의 이름을 듣고, 현재 추장의 집터가 원래 남자 조상이 집을 세웠던 곳이라는 말을 듣게 될 것이다. 그리고 조상들이 마을 사람에게 그 지방의 생산물, 생산용구, 생산방법 등을 전해주었다는 이야기도 들을 수 있다. 트로브리안드 섬에서 소유권과 권한과 관습과 제도를 정당화해주는 것이 바로 이러한 신화이다. 여기서 '소유권'은 개개의 씨족이나 그 하위 씨족이 가지고 있는 토지, 어장, 지방 산업에 관한 것이며, '권한'은 토템적·주술적·사회적 기술에 관한 것이다.

이처럼 트로브리안드 섬의 원주민에게 신화는 관습, 법률, 도덕 속에 살아 있는 것이고, 제의, 의식, 사회적 규칙이 정당성, 유구한 권위, 진실성, 신성성이 필요해질 때, 원주민의 생활을 통제하는 것이기도 하다. 말리노프스키는 신화가 자연현상을 설명하는 원시 과학이라는 주장에 찬성하지 않으며, 또한 그는 신화가 과학이 확립되기 이전의 설명체계로 보는 주장에도 찬성하지 않는다. 신화는 과학적 관심을 만족시켜 주는 설명이 아니다. 신화는 종교적 욕구, 도덕적 요청, 사회에 대한 복종과 자기주장, 그 밖에 일상적인 요구까지도

만족시켜 주기 위해 이야기되는 것이다. 이 신화는 태고로부터 전해져 온 진실이고, 이 진실이 서술적으로 부활된 것이다.

말리노프스키는 이러한 점을 다음과 같이 말한다. "신화는 원시 문화에서 없어서는 안 될 기능을 하고 있는 것이다. 그래서 신화는 신앙을 표현하고 앙양하고 신념화해주며, 또한 도덕을 수호하고 강화하며 제의의 효능을 보증해주는 것이기도 하다. 나아가 신화는 인간을 이끌어 나가는 데 필요한 실용적인 법칙을 포함하기도 한다. 이처럼 신화는 인류 문화에서 절대로 필요한 요소이다. 다시 말해서 신화는 의미 없는 이야기가 아니라 인류 문화에 봉사하는 활동적인 힘이며, 지적인 설명이나 예술적인 환상이 아니라 원시신앙과 도덕적인 지혜의 실용적인 현장이다."[2]

2) 엘리아데의 견해: 신성한 신화와 신성하지 않은 이야기(전설·민담)

엘리아데(Mircea Eliade, 1907~1986)는 설화를 크게 2가지로 구분한다. 하나는 참된 이야기로서 신화이고, 다른 하나는 민담, 전설, 우화 등과 같이 신성성神聖性이 없는 이야기다. 참된 이야기로서 신화는 살아 있는 신화이고, 이는 엘리아데가 주장하는 '원형의 반복'으로 이어지는 것이다. 또한 엘리아데는 신화를 통해서 '역사에 대한 저항의식'을 읽을 수 있다고 주장한다. 다시 말해 신화는 민중이 원하는 것을 말해주고 있다는 것이다.

엘리아데가 신화를 앞에서 말한 대로 두 가지로 구분하고 있지만, 말리노프스키와 엘리아데는 신화의 고유한 의미와 가치를 드러내기

---

2 김현자, 『신화, 신들의 역사 인간의 이미지』, 281~287쪽.

위해서 고심하였다는 점에서 공통점이 있다. 진정한 의미의 신화는
언제나 종교적 행위를 정당화하는 숭배의식과 관련되어 있고, 신적인
존재와 초자연적인 존재와 천체(天體)의 존재가 태초에 활동한 이야기
를 한다는 점에서 신성한 이야기다. 또한 하늘과 땅, 동물과 식물,
인간이 사용하는 제도나 도구 등을 만들어내는 창조의 작업을 이야기한
다는 점에서 창조의 이야기다. 나아가 인간이 오늘날과 같이 유한한
조건 속에 살아가게 된 것도 신적 존재가 개입한 결과이며, 또한 남녀의
서로 다른 성적性的 특성에 따라 그 역할이 구분된 문명이 존재하게
된 것도 모두 신적 존재가 개입한 결과이다. 따라서 엘리아데는 신화를
전설이나 민담과 구분하고, 전설이나 민담은 신성성이 없는 것, 곧
위상이 떨어진 신화로 보고 있다.

고대사회 또는 원시사회에서 신화는 인간이 왜 현재와 같은 삶을
누리게 되었는지를 이야기해주는 기능을 한다. 그래서 신화는 인간이
자신의 유한한 조건을 받아들이게 하는 기능을 한다. 신화의 주인공인
신과 초자연적인 존재의 행위는 그 사회 구성원의 종교적·도덕적·사회
적 행위에 실질적인 영향력을 발휘하며, 이들의 행위는 생생하게 살아
있다고 엘리아데는 주장한다. 엘리아데는 신화의 사유구조를 잘 이해
하기 위해서는 사회 속에서 작동하고 있는 신화, 곧 '살아 있는 신화'를
잘 이해해야 한다고 말한다. 그러나 바로 이 '살아 있는 신화'를 강조하는
것으로 인해서 엘리아데의 신화의 개념은 좁아질 수밖에 없다.

이 '살아 있는 신화'란 신적神的 행위를 모방하는 것을 의미하고,
신적 존재가 활동했던 신화적 시간과 공간을 지금 이곳에서 다시 재현하
는 것을 의미한다. 그래서 '살아 있는 신화'는 언제나 종교적 행위를
정당화하는 숭배의례와 관련되어 있고, 이럴 때 신화는 허구가 아니고

탁월한 진실이 된다. 예를 들면, 고대 바빌로니아인은 신년의례 때 아키투 축제를 벌였는데, 여기서 그들의 우주창조 신화인『에누마 엘리쉬Enuma Elish』에서 이야기하는 것을 재현한다. 12일 동안 7단계로 벌어지는 신년축제의 4번째 날에 창조신 마르두크와 타아마트 간의 전투가 재현된다. 여기서 왕은 타아마트 신神과 '킹구'로 나타나는 낡은 질서와 낡은 세계를 제거하고, 우주와 인간을 새롭게 창조한 바빌론 시市의 수호신, 곧 마르두크를 나타나게 한다. 마르두크의 승리로 끝나는 전투 다음에는 신년축제의 집으로 가는 승리의 행진이 벌어지고, 그곳에서 향연이 베풀어진다. 그 다음 단계로 여신을 상징하는 '여 사제'와 왕이 신성한 혼례를 하고, 마지막에는 12달의 운명이 결정된다. 이렇게 해서 새해의 시작은 마르두크에 의해 우주가 다시 창조된 시대와 동일시되는데, 이는 여러 무질서가 사라진 것이며, 또한 완전한 황금의 시대이다. 고대 바빌로니아인에게 모든 새해는 신들의 창조활동으로 이루어진 시간을 처음부터 다시 시작하는 것이며, 그래서 고대 바빌로니아인은 이 신년의례를 통해서 우주창조가 반복되고 왕국의 신적 질서가 유지되기를 원했다.

엘리아데는 신화에서 이야기하는 태초의 신적 존재의 활동과 행위를 '원형'이라고 부른다. 원형의 반복, 곧 창조의 신화적 순간을 지금 이곳에서 다시 재현하는 것은 신년의례가 대표적이지만, 주기적 창조와 순환적 재생의 모티브를 간직하고 있는 의례는 모두 신년의례와 동일한 의미를 가진다. 예컨대, 원시사회에서 주요 작물의 수확의례는 모두 주기적 창조와 순환적 재생의 모티브를 간직하고 있으므로 신년의례와 동일하게 의미부여가 가능하다. 또한 새로운 존재로 거듭나는 '세례'와 낡은 우주질서를 파괴하고 새로운 우주질서를 창조하는 '홍수'

도 천지창조의 주기적 반복으로 볼 수 있다. 그리고 우리 삶에서 과거의 잘못은 반성하고 다시 시작하는 자세로 돌아가는 것도 원형으로 돌아가는 것의 한 가지라고 할 수 있다.

나아가 엘리아데는 역사적 사건이나 인물을 신화적 원형으로 변형시키는 것 속에서 '역사에 대한 저항의식'을 읽을 수 있다고 주장한다. 유고슬라비아의 민족영웅 '마르코 크랄례비치'는 1394년에 사망한 역사적 실존 인물이다. '마르코'라는 인격은 집단기억 속에 들어가자 사라지고 그의 전기는 신화적 규범에 의해서 다시 구성되었다. 그리스 영웅이 물과 샘의 요정의 아들이었듯이, 마르코의 어머니도, 아내도 선녀(vila)라고 한다. 마르코는 정당한 방법이 아닌 책략으로 아내를 얻는데, 아내가 날개를 찾아내어 자기를 버리고 날아갈 것을 두려워한다. 이 서사 발라드(발라드는 중세 말기 유럽에서 독자적인 양식으로 확립된 짧막한 이야기체 민요)의 다른 변형을 보면, 그의 아내는 첫아들을 낳고 날아가 버린 것으로 되어 있다. 마르코는 그리스 신화의 '헤라클레스', 인도 신화의 '인드라'처럼 머리 셋 달린 용과 싸워 그것을 죽이고, 또한 형제가 서로 '적'이 되는 신화처럼 자신의 아우 '안드리야'와 싸워 그를 죽이기도 한다. 그리고 다른 서사시와 마찬가지로 마르코의 이야기에서도 시대착오적 현상이 생긴다. 1394년에 사망한 마르코가 1450년경에 터키인에게 저항하는 전쟁에서 용맹을 떨친 역사적 인물 '후냐디'의 친구가 되기도 하고 '적'이 되기도 한다. 물론 현대 서사시에는 이러한 시대착오 현상이 훨씬 적게 나타난다. 이는 서사시 안의 인물이 신화적 영웅으로 탈바꿈할 시간이 없었기 때문이라고 엘리아데는 말한다.

그런데 민간기억이 역사적 진실을 제대로 기억하지 못하는 데는 시간이 흐름에 따라 기억력이 쇠퇴하는 것도 원인이지만, '역사에 대한 저항의식'도 한몫을 한다. 1차 세계대전이 일어나기 얼마 전에 루마니아의 민속학자 콘스탄틴 브레일로우Constantin Brailoiu는 루마니아의 마라무레슈라는 마을에서 비극적 사랑을 내용으로 한 어떤 발라드를 채록하였다. 그 내용은 다음과 같다. 약혼한 한 젊은이가 산의 요정의 마법에 걸렸다. 결혼을 며칠 앞둔 날, 질투에 불탄 요정은 이 젊은이를 높은 바위 꼭대기에서 떨어뜨렸다. 다음날 목동들이 나무 아래에서 젊은이의 시체와 모자를 발견하고는 마을로 운반해왔다. 그리고 그의 약혼녀는 죽은 약혼자 앞에서 신화적 은유로 가득 찬 장송의 비가를 노래하기 시작하였다는 것이다.

브레일로우는 이 이야기가 언제 일어났는지 마을 사람에게 물어보았는데, 마을 사람들은 아주 오래된 옛날이야기라고 대답하였다. 그렇지만 좀 더 조사해보니까 겨우 40년 전에 일어난 사건이고, 발라드의 주인공인 약혼자가 아직 살아 있었다. 이 약혼자에게 들은 이야기는 평범한 내용이었는데, 그 내용은 다음과 같다. 어느 날 저녁 젊은 약혼자가 벼랑에서 미끄러졌다. 그는 곧장 죽지 않았고, 그의 비명이 산을 울릴 정도여서 사람들이 마을로 데려왔다. 마을로 운반된 뒤에 이 젊은이는 죽었다. 장례식 때 그의 약혼녀는 마을의 다른 여자들과 함께 통상적으로 하는 비탄을 반복했을 따름이다. 물론 이 비탄에는 산의 요정에 대한 어떠한 암시도 없었다는 것이다.

브레일로우가 이 사실을 마을 사람들에게 알려 주자, 그들은 늙은 여인이 모두 잊어버렸기 때문이라고 하거나 큰 슬픔이 그녀의 혼을 거의 빼놓았기 때문이라고 대답하였다. 이들에게 진실을 말해주는 것은 신화였고, 실제의 이야기는 오히려 곡해된 것이다. 엘리아데는 이런 사실에 기초해서 '신화적 시간 속으로 주기적으로 복귀하는 것'과

'집단 기억 속에 역사성이 없는 점'에는 '역사적 시간' 또는 '역사적 진실'에 대한 저항이 있다고 한다. 이러한 '역사에 대한 저항'에는 인간의 종교적 욕구가 있고, 이것이야말로 인간의 존재방식이라고 엘리아데는 주장한다. 이처럼 많은 사람이 바라는 것이 이 신화 속에 투영되어 있다는 것이다. 이렇게 보자면, 신화를 통해서 그 신화를 만든 사람의 사고방식을 파악할 수 있는 길이 열린다.

엘리아데는 역사적인 것에만 의미를 부여하는 서구 정신이 20세기에 이미 한계와 위기를 맞이했다고 본다. 이 위기를 극복하기 위해서는 종교적 삶을 회복할 필요가 있다고 한다. 다시 말하자면 추방한 신들과 잃어버린 낙원을 일상의 삶 속으로 다시 불러들어야 한다는 것이다. 이는 서구 정신이 고대의 존재론과 창조적으로 융화해야 한다는 것이다. 엘리아데는 이를 '새로운 휴머니즘'이라고 부른다.[3]

3) 뒤메질의 견해: 역사와 문학을 축으로 다양한 모습이 있다

뒤메질(Georges Dumézil, 1898~1986)도 엄밀한 의미의 신화는 주술과 종교적 의례와 어떤 식으로든지 관련되어 있다고 한다. 하지만 뒤메질은 신화가 '의례'에만 관계 맺는 것이 아니고 다른 신화들, 전설, 민담, 서사시, 우화 등과도 관계있는 것이므로 보다 유연하게 접근할 필요가 있다고 주장한다.

그래서 뒤메질은 넓은 의미의 신화는 역사와 문학을 두 축으로 한다고 한다. '전설'은 역사의 축에 가까운 것이고, '민담'은 문학의 축에 접근하는 것이다. 이 두 축 사이에 우화, 서사시, 서정시, 전쟁시,

---

3 김현자, 『신화, 신들의 역사 인간의 이미지』, 288~304쪽.

연가戀歌 등의 여러 종류가 위치한다. 그 밖에도 모든 나라에는 속담, 절기담節氣談, 민간에 떠도는 농작물 재배법, 음식 조리법, 약제 비법, 도구 제조법 등이 있다. 이 가운데는 원래는 신화의 일부였지만 시간이 흐르면서 신화적 문맥에서 벗어나서 자율적 위치를 자리 잡은 것도 상당히 많다. '절기담'의 예를 들자면, "승냥이가 짐승들을 제사 지낸 뒤에 사냥을 한다"는 고대 속담은, 승냥이가 짐승들을 잡아 마치 제사를 지내는 것처럼 늘어놓은 시기, 곧 9월말과 10월초 사이에 행해졌던 제사가 있었음을 알려 주는 것이다. 공동체의 삶에 질서를 부여하는 이러한 절기담은 전통적 지혜로 인정되어 나라마다 다른 방식으로 전승되었고, 그 자체가 신화가 되기도 하고, 여러 이야기에 첨가되면서 신화로 발전하기도 한다.[4]

4) 레비스트로스의 견해: 근대 과학문명의 대안으로서 신화

과학적인 입장에서 보면 신화는 비합리적이고 비논리적인 것처럼 보인다. 그래서 신화를 원시 과학으로 보고 신화와 과학을 대립시켜 보았다. 하지만 오늘날 신화를 연구하는 사람들은 신화와 과학의 대립 구도를 받아들이지 않는다. 신화는 나름대로의 방식으로 자연계와 인간세계를 바라보는 '창'이고, 신화에는 자연과학, 철학, 종교, 윤리, 역사, 문학, 예술의 단서가 간직되어 있다고 본다.

　현지 조사자들의 보고에 따르면, 원시인들은 예리한 식별력으로 바람, 빛, 계절의 색깔, 파도의 변동, 기류와 해류 등과 같은 자연현상의 미묘한 변화와 바다와 육지의 여러 생물의 고유한 특성을 파악하고

---

4 김현자, 『신화, 신들의 역사 인간의 이미지』, 81~87쪽.

있었다. 이는 끝없는 지적 호기심과 관심, 체계적 관찰과 시행착오의 반복 없이는 불가능한 것이다. 그래서 자연과학이라고도 부를 수 있는 이러한 지식들은 오늘날 자연과학자들의 자연에 대한 지식보다 훨씬 정확하고 세밀하고 친환경적이고 실용적이라는 것이다.

레비스트로스(Claude Lévi-Strauss, 1908~2009)는 신화가 과학적이지 않고 논리적이지 않다는 주장에 대해 반대하면서 신화적 사고의 논리성과 과학성을 밝히고자 하였다. 레비스트로스는 신화를 만드는 주체인 원시 정신, 곧 그의 표현에 따르면 '야생의 사고'의 특성을 드러내고, 신화 자체의 논리와 속성을 나타내고자 하였다. 고대인이나 원시인들이 동물과 식물에 대해 가지고 있는 지식은 생물학적인 욕구나 경제적이고 사회적인 유용성 때문에 형성된 것이 아니다. 동물과 식물에 대한 지속적이고 예리한 관찰이 있었고, 거듭된 시행착오 속에서 쌓여진 것이다. 레비스트로스는 원시 사회가 상당히 복잡하고 정교하게 만들어진 토테니즘(씨족과 특별한 혈연관계에 있다고 신성시하는 동식물 또는 자연물)이라는 분류방식에 의해 조직되었다고 한다. 토테니즘의 형성 원리는 유사성의 법칙에 따라 작용하는 '은유'와 인접성의 법칙에 따라 작용하는 '환유'(도둑을 밤손님으로 비유하는 것)이다. 그리고 근대의 유형학에서도 이러한 원리가 작용하고 있다고 한다.

레비스트로스는 원시인들의 사고가 단순하고 거칠다는 편견으로 인해서 민속학자들이 복합적이면서 의식적인 원시인들의 분류를 보지 못하게 되었다고 주장한다. 그에 따르면, 원시인들이 객관적 지식을 추구하는 것이 근대과학의 흐름으로 이어지지 않는다고 할지라도 근대 과학에 비견할 수 있을 만큼 지적인 성향과 관찰방법들을 포함하고 있다고 한다. 신화는 다차원의 과학이다. 이는 지성과 감성이 서로 작용하여 우주의 여러 차원을 동시에 연결하여 의미를 부여하는 것이다. 레비스트로스는 신화의 힘을 '의미 없음에 항거하는 해방적 힘'이라고 하였다. 신화적 사고가 자연과 인간, 이성과 감성을 융화시키는 통합적 사고이며, 신과 인간을 교감시켜서 우주만물을 풍부한 의미의 세계와 이상적 낙원의 세계로 변화시키는 사고이다. 이러한 사고가 분열된 세계와 분열된 인간 정신을 통합시키는 구원의 역할을 할 것이라고 레비스트로스는 기대한다.

나아가 레비스트로스는 신화의 본질을 이해할 수 있는 능력을 제공해 주는 것은 현재의 과학적 사고라고 주장한다. 과학적 사고를 통해서 신화의 논리구조를 파악하면, 과거에 사람들이 무지하고 부조리한 것으로 간주하고 내버려 두었던 신화적 사고 속에 들어 있는 엄청난 것들을 이해할 수 있게 된다고 말한다.[5]

지금까지의 논의를 정리하면, 말리노프스키는 원시신앙과 도덕적인 지혜의 실용적 측면에서 신화가 중요하다고 주장하고 있고, 엘리아데는 신화를 통해서 민중이 원하는 것이 무엇인지 알 수 있다고 말하고 있으며, 레비스트로스는 신화가 다차원의 과학이라는 점을 강조하고자 하였다. 이런 측면에서 신화가 중요하다고 할 수 있다. 이제 인도 신화, 중국 신화, 한국 신화의 비교를 통해서 인도 신화의 특징을 파악해 보도록 하겠다.

---

5 김현자, 『신화, 신들의 역사 인간의 이미지』, 219~261쪽.

2. 인도 신화·중국 신화·한국 신화의 비교

인도 신화는 종교적 색채가 강한 것이고, 중국 신화는 인간적 요소에 강조점을 두는 것이라고 할 수 있다면, 한국에서는 알려진 신화가 그리 풍부하지 않다. 그 가운데 한반도의 왕권王權 신화에 주목하면, 북방문화와 남방문화가 결합된 것임을 알 수 있다.

1) 인도 신화

인도 신화의 특징으로 두 가지를 들 수 있다. 첫째, 인도 신화는 다양한 것 가운데 통일성이 있고 또한 최근까지도 신과 신화가 만들어진다는 점이다. 둘째, 신화가 인도인의 삶과 밀착해 있다는 것이다. 그 자세한 내용을 살펴보자.

(1) 인도 신화의 특징: 다양성, 통일성, 지속성

인도는 긴 역사와 넓은 영토, 다양한 신앙과 종족, 언어와 관습을 가지고 있는 나라이다. 따라서 인도 문화는 다양한 문화적 요소들이 오래 기간에 걸쳐서 축적되고 융합된 결과물이다. 단순하게 말한다면, 인도 문화는 고대에 인도로 들어온 아리아인의 가부장적인 문화와 토착민의 농경문화가 오랜 시간에 걸쳐서 융합한 것이라고 할 수 있다. 이런 문화적 배경 속에서 생겨난 힌두교도 당연히 다양한 신앙과 사상체계들이 변화하고 강화하면서 생겨난 종교이다. 그래서 힌두교의 신화를 처음 접할 때 느끼는 점은 그 숫자를 헤아릴 수 없을 정도로 많은 신적 존재의 다양성이다. 힌두교의 경전에 따르면 신의 숫자가 3억 3천이 넘는다고 한다. 하지만 힌두교에서는 이런 많은 신들이 궁극적으로는 하나의 신이 다양하게 나타난 것이라고 주장한다. 이런 점에서 보면 힌두교에서는 '일원론의 관점'을 유지한 '다신多神 신앙'을 나타내고 있다고 하겠다.

힌두교의 신들도 그 성격과 지위에서 변화를 일으켰다. 기원전 20세기 무렵 새로운 목초지를 찾아서 이동하던 아리아족의 일부가 기원전 15세기 무렵 인도의 서북부 지역(지금의 북서 파키스탄)으로 이주해 왔고, 이들이 인도에 정착하면서 생겨난 종교적 문헌이 바로 '베다'이다. 인드라Indra, 바루나Varuṇa, 소마Soma, 아그니Agni, 우샤스Uṣas 등의 신은 주로 자연현상이나 자연의 힘을 신격화한 것이고, 신화에서는 인간이나 동물로 묘사되었다.

한편, 아리아인이 인도에 자리를 잡아감에 따라 원주민들과 접촉이 빈번하게 이루어졌고, '베다'에 기초한 고대 신앙은 변화를 겪게 되었다. 특히 인도의 2대 서사시라고 할 수 있는 『라마야나Rāmāyaṇa』와 『마하바라타Mahābhārata』의 형성 시기인 기원전 300년에서 기원후 300년 사이에 힌두교의 신학적 종합화가 이루어졌다. 그에 따라 베다의 신들은 새로운 신에 자리를 양보하게 되었다. 새로운 신이 바로 브라흐마, 비슈누, 쉬바이다. 이 중에서 브라흐마는 중요한 위치를 차지하지 못하였고, 비슈누와 쉬바가 힌두교의 2대 신으로 등장하였다. 여기에다 일부 토착민의 여신女神들이 비슈누와 쉬바의 배우자로 힌두교의 만신전(萬神殿: 판테온)에 편입되고 독자적 세력을 형성하게 되었다. 그래서 힌두교에서는 3대 종파, 곧 비슈누파, 쉬바파, 여신 신앙 샥티Śakti가 형성되었다.

기원후 4~5세기 무렵에는 다양한 신들과 관련된 이야기를 종파적으로 체계화하려는 시도가 일어났다. 그래서 생겨난 것이 방대한 신화집이라고 할 수 있는 『푸라나Purāṇa』이다. 그렇다고 해서 약화된 신이 '힌두교 만신전'에서 아주 사라진 것은 아니고 지위가 낮은 신으로 받아들어졌다. 그리고 새롭게 지위를 얻은 신들을 중심으로 많은 지역 신들이 '힌두교 만신전'에 흡수되었다.

인도에서는 최근까지도 신과 신화를 만들어내는 경향이 있다. 19세기에는 고대의 모신母神 개념이 바라트마타(Bharatmata: 母神 인도)로 개념화되고 형상화되어 민족주의 운동의 상징이 되었다. 바라나시는 힌두교 순례자가 찾아오는 성스러운 곳이다. 또한 불교에서 보자면, 바라나시는 초전법륜初轉法輪, 곧 불교의 가르침을 처음 편 곳인데, 쉬바를 모신 사원이 만 개도 넘는다고 할 정도로 많다. 여기에 '바라트마타', 곧 어머니 '신'인 인도를 모신 사원도 추가된다. 이는 인도 전체를 어머니로 보고 그것을 모셔 놓고 예배하는 사원이다. 이 사원에는 인도 전체의 지형도가 모셔져 있을 따름이고 다른 것은 없다. 여기에는 인도 지식인들의 인도민족주의를 고취하기 위한 고민이 서려 있기도 하다. 왜냐하면 인도의 문화가 매우 다양하기 때문이다. 우선 인도의 면적을 보자면 한반도의 20배가 넘고, 그래서인지 거리 감각도 한국 사람과는 다르다. 자동차로 100킬로미터 정도를 가려면 약 3시간 정도 걸리는데. 인도 사람은 바로 저기라고 말한다. 기차 여행도 마찬가지다. 인도 수도 델리에서 마드라스(지금의 첸나이)까지 가는 데 초특급은 38시간이 걸리고, 특급은 48시간이 소요된다. 인도 사람은 이틀 정도의 기차 이동 생활에는 적응해서 그런지 그렇게 피곤해하는 기색을 보이지 않는다. 이처럼 지리적으로 넓은 데다 역사적으로도 오래되었기 때문에 인도의 지역적 다양성은 매우 심하다고 할 수 있다. 여러 가지 언어가 존재하고 다양한 전통과 풍습이 생겨났다. 이런 인도의 다양성에 직면해서 인도의 지식인들이 민족주의를 전파하기 위해 마련한 대안이 바로 어머니 신 인도이다.[6] 또한 최근 1960년대에는 여신 산토쉬마타Santoshimata를 다룬 영화가 큰 성공을 거두면서 특히 북부 인도에서는 산토쉬마타가 다시 부활하였다.

희랍신화가 비교적 짧은 기간인 3~4세기 동안 형성되어 호머시대에 희랍의 만신전(판테온)이 그 형태를 갖춘 다음에는 거의 변화를 겪지 않았는데, 그에 비교하면 인도 신화는 긴 역사적 변천과정 속에서도 지속적인 생명력을 나타내고 있다. 이러한 점은 힌두교의 신화가 다루는 기본개념과 주제들이 큰 변화 없이 그 틀을 유지하고 있다는 점에서도 다시 확인할 수 있다. 따라서 언어, 종족, 종파, 지역에 따라 같은 신화가 매우 다양한 형태로 나타났지만, 근본적인 통일성은 읽을 수 있다. 그러므로 『라마야나』, 『마하바라타』, 『푸라나』 등의 문헌은 지금까지도 인도인의 삶에 영향을 미치는 힌두교 신화의 보배창고라고 할 수 있다. 이 문헌들을 통해서 인도의 다양성을 하나로 통합할 수 있었다.

(2) 인도 신화의 특징: 인도인의 삶과 밀착하고 있음

현대 물질사회에서 신화는 흔히 논리적이지 못하고 유치한 옛날이야기 정도로 간주되고 있다. 희랍 신화나 북구 유럽의 신화처럼 많은 나라의 신화들이 지금은 영향력이 거의 사라지고 문화적 유산으로 자리 잡고 있는 형편이다. 그에 비교하면, 인도에서는 지금도 삶의 현장에서

---

[6] 바라트마타에 대해서는 서경수, 『인도 그 사회와 문화』(현대불교신서 23, 1992), 116~121쪽 참고.

신화를 만난다. 인도인들의 일상적 대화, 수많은 축제, 일상의례에서 신화와 접하게 되고, 나아가 격언, 노래, 춤, 민담, 민속극, 영화, TV시리즈물 등에서도 신화가 중요한 역할을 하고 있다. 교육을 받지 못한 계층이라 할지라도 가정과 그들이 속한 집단을 통해서 신화를 자주 접한다.

이러한 현상은 힌두교가 신앙의 체계라기보다는 삶과 밀착한 삶의 방식이라는 점과 연결되어 있다. 힌두교에서는 인도 신화를 통해서 인도 사상의 추상적인 개념을 인도인에게 쉽게 전달할 수 있었다.[7]

2) 중국 신화

인도 신화와 비교해볼 때, 중국 신화의 특징은 인간적 측면이 강조되는 데 있다. 그래서 자연과 투쟁을 통해서 승리한 인물이 신화의 주인공으로 등장하고, 부족의 전쟁에서 승리한 영도자, 생활문화를 창조한 영도자, 덕치를 실천한 인물 등이 신화 속의 주인공으로 나타난다. 그러면 그 자세한 내용을 알아보자.

(1) 우주(천지) 개벽과 인류의 탄생: 인간적 측면이 강조됨

대개의 민족들이 천지개벽과 인류탄생에 관한 신화를 가지고 있는데, 그중에서 중국의 천지창조와 인류탄생에 관한 신화는 인간적이고, 인간의 노동에 의해서 이루어졌다고 할 수 있다. 전국시대의 굴원屈原은 "누가 천지를 창조했으며, 그것을 어찌 알 수 있는가?"라는 질문을 던지고 있다. 『회남자淮南子』에서는 "혼돈 속에서 음陰과 양陽 두 기운

---

7 류경희, 『인도 신화의 계보』(살림, 2004 2쇄), 3~8쪽.

(氣)의 신묘한 조화로 천지가 나타났다"라고 말한다. 여기서는 '음'과 '양'이라는 철학적 사유의 단서를 읽을 수 있다.

삼국시대 서정徐整의 『삼오역기三五歷記』에서는 "반고盤古의 인간적 힘에 의해서 하늘과 땅이 형성되고 굳어졌다"라고 한다. 그리고 인류의 시조와 탄생에서 복희伏羲와 여와女媧를 말하고 있다. '복희'와 '여와'는 인간을 신격화한 존재이다. 다시 말해서 인간적 신에 의해서 인간이 태어났다고 주장한다는 것이다. 또한 '여와'가 오색의 돌을 가지고 무너진 하늘을 고치고, 자라의 네 발을 가지고 땅을 바로잡고 넘치는 물을 막았다는 이야기가 있는데, 이 전설에서 인간이 노동으로 하늘과 땅을 안정시켰음을 읽을 수 있다.

(2) 자연과 투쟁하기와 인간의 승리

자연의 위협을 극복하고 인간적 승리를 확고히 한 사람, 생활문화를 건설하는 데 기여한 사람, 그 중에서도 두드러진 위대한 사람들이 신화의 주인공으로 등장한다. 예를 들면 다음과 같다. 『산해경山海經』에는 태양과 달리기 경주를 한 과보夸父의 이야기가 있으며, 동해의 바닷물이 넘치지 못하게 몸을 희생한 새의 화신인 염제炎帝의 딸 정위精衛의 애절한 이야기도 있다. 그리고 홍수를 막은 곤鯀과 우禹에 대한 신화도 있다. 『회남자』에는 대지를 타게 하는 것, 곧 아홉 개의 태양을 쏘아 떨어뜨리고, 사람을 해치는 맹수들을 죽인 활의 명수 후예后羿의 전설도 소개되어 있다.

(3) 부족 간의 싸움에서 승리한 영도자

인구가 증가함에 따라 부족이 형성되고, 부족 간의 싸움에서 승리를 한 영도자가 신화의 주인공으로 추앙받는다. 전욱顓頊과 싸워서 패배한 공공共工이 화가 나서 부주산不周山에 부닥쳐서 천주天柱를 꺾었다는 전설도 부족 간의 싸움을 소재로 한 것이다. 황제(黃帝, 皇帝)와 치우蚩尤의 치열한 싸움도 부족사회에서 민족사회로 넘어가는 과도기에 벌어진 것이다. 황제는 네 개의 얼굴을 가졌고 그래서 동시에 동서남북을 볼 수 있었다. 황제는 천상천하의 악한 신이나 귀신들까지도 가차없이 응징하고 형벌을 내렸다. 치우는 천상의 악신으로 알려졌으나 실은 남쪽의 포악하고 호전적인 거인족을 대표하는 추장인데, 그는 황제의 통치에 대해 반란을 일으켰다.

(4) 생활문화를 창조한 영도자

인간의 생활문화를 발전시키는 데 공헌한 공로자가 신화의 주인공으로 등장한다. 그 대표적 인물이 신농神農이다. 신농은 부족적 집단생활을 전후해서 인류에게 농업경작과 수렵, 목축, 어업 등을 가르쳐서 식생활을 풍요롭게 하였고, 불을 인공적으로 일으키게 해서 인류에게 화식火食을 알게 하였으며, 약초와 의술의 지혜도 가르쳐서 건강을 유지하게 하였다. 또한 신농은 정오에 맞추어서 사람들이 저자에 모여서 산물을 교역하는 제도를 만들어 주기도 하였다. 한편, 불의 사용을 가르쳐 준 신으로 수인燧人을 들기도 하고, 나무에 집을 짓고 사는 기술을 전수한 '신'으로는 유소씨有巢氏를 거론하기도 한다.

(5) 덕치와 선양의 성제聖帝

덕치사상은 중국의 전통이자 이상이었다. 이는 태고 때 요堯와 순舜이 실천했던 것이다. '요'와 '순'은 신화에서 높이 숭앙되는 오제五帝의

마지막 두 인물이다. 황제-전욱-제곡에 걸쳐서 민족을 통일하고
국토를 안정시키고 민족의 공동체인 국가의 기초를 다진 다음에는
이 민족국가를 어떻게 다스려야 할지 고민하게 된다. 이 고민에 답한
인물이 바로 '요'와 '순'이다. '덕치'는 무위자연無爲自然의 천도天道에
따라서 만물이나 만백성들을 자유롭게 살고 번식하게 하며 발전하게
해주는 것이다. 임금이 자기 욕심을 채우기 위해서 자연을 파괴하고
백성을 괴롭히고 착취해서는 안 된다. 이것을 실천한 임금이 '요'이다.
'요'는 효성이 지극하고 슬기롭고 총명한 '순'을 평민에서 발탁해서
여러 가지로 시험한 끝에 천하를 '순'에게 선양했다. '선양'은 천하의
통치권과 천자의 자리를 적임자에게 물려주는 것이다.[8]

3) 한국 신화

인도와 중국에 비교해볼 때 한반도에는 신화가 풍부하지 못하다. 그래
서 여기서는 왕권신화王權神話에 주목해서 한국인의 사고유형의 단서
를 엿보고자 한다. 한반도에 등장한 고대의 왕권신화는 두 가지로
구분된다. 하나는 천손하강신화天孫下降神話이고, 다른 하나는 난생신
화卵生神話이다. '천손하강신화'는 특정한 신화적 인물이 천신天神의
자손으로 하늘에서 인간 세상에 내려온다는 형식을 취하는 것이다.
'난생신화'는 특정한 종족이나 가계家系의 시조始祖 또는 특정한 신화적
인물이 천신天神의 개입 없이 '알'이나 '알과 같은 모양'의 것에서 출현한
다는 형식을 나타내는 것이다.

　이 두 가지 신화는 그 유형이나 분포권, 문화 배경이 다르다. '천손하

---

8 장기근, 『중국의 신화-천지개벽과 삼황오제』(범우사, 1997), 17~24쪽.

강신화'는 주로 시베리아, 동북아시아 지방의 샤머니즘 문화를 중심으로 생겨난 것이고, 이는 수렵 유목사회의 신화에 속하는 것이다. 그에 비해 '난생신화'는 북방北方에는 거의 없고 동남아시아 지역의 농경사회에 주로 나타나는 것이다. 미시나 아키히데(三品彰英)는 50여 편의 난생신화를 분류하고 소개한 다음에 이 신화의 분포권이 인도네시아, 인도지나반도, 중국의 연안 지역, 대만이라고 하면서 한국의 난생신화도 남방 해양의 여러 민족과 연관을 가진 것이고, 특히 대만과 밀접한 관계가 있다고 주장한다.

이런 분포는 한반도에도 적용된다. 북쪽 내륙지방에서는 '천손하강신화'가 우세하고, 남쪽에서는 '난생신화'가 힘을 쓴다. 또한 '천손하강신화'는 전국적으로 퍼져 있는 데 비해서, 난생신화는 김해평야와 경주분지에 몰려 있다. '천손하강신화'로 들 수 있는 것은 단군신화와 주몽朱蒙신화의 해모수解慕漱신화이고, 남쪽인 신라의 박혁거세 신화 등은 '난생신화'이다. 물론 신라의 신화에 천손하강신화가 없다는 것은 아니다. 예컨대, 사로육촌장斯盧六村長설화는 천손하강신화이다. 그렇지만 형성 시기로 구분하자면, 박혁거세 신화가 먼저 형성되었고, 그 다음에 사로육촌설화가 추가되었다고 볼 수 있다. 이 점은 주몽신화에도 적용될 수 있다. 주몽신화의 해모수신화가 먼저 형성되었고, 그 다음에 난생신화가 전해져서 해모수신화와 결합하였다고 할 수 있다.[9]

이러한 내용을 볼 때, 한반도의 문화는 북방문화와 남방문화가 서로 융합된 것이라고 판단할 수 있다. 이상의 한반도 신화 속에서는 한국인

---

9 장지훈, 『한국고대 미륵신앙연구』(집문당, 1997), 171~172쪽.

의 정체성이 분명하게 드러나지 않는 감이 있다.

3. 힌두교의 신화

이 글에서는 힌두교의 3대 신과 그 배우자 신, 그 밖의 힌두교의 신과 관련된 신화를 소개하고자 한다. 여기서 힌두교의 3대 신은 브라흐마·비슈누·쉬바이다. 이 가운데 '브라흐마'는 브라만교의 신들이 일반 신앙을 잃어가면서 정통 브라만계(Brahmaṇa)의 최고의 실재이자 '중성의 원리'의 '브라흐만Brahman'이 남성신男性神인 '브라흐마'가 되면서 창조신으로 인격화된 것이다.

일반적으로 브라흐마·비슈누·쉬바의 '삼신일체'를 말할 때, 브라흐마가 세계 창조를 담당하고, 비슈누가 세계를 유지하고, 쉬바가 세계를 파괴하는 역할을 한다고 한다. 그러나 쉬바파派와 비슈누를 숭배하는 바가바타파派에서는 견해를 약간씩 달리하는 경우도 있다.

그리고『마하바라타』와『푸라나』에는 브라흐마·비슈누·쉬바의 관계가 일정하게 묘사되어 있지 않다. 우선『마하바라타』에서는 브라흐마가 비슈누와 쉬바보다도 높은 위치에 있는 경우도 있고, 비슈누·쉬바와 나란히 자리 매김 되는 때도 있었으며, 비슈누·쉬바가 브라흐마에게 절을 받는 경우도 있었다. 또한『푸라나』에서도 쉬바를 최고신으로 하고 그 아래에 비슈누·브라흐마를 두는 경우도 있고, 비슈누를 중심에 두고 브라흐마·쉬바를 바라보는 입장 등의 여러 관점이 있었다. 그렇지만, 일반적으로는 브라흐마보다 비슈누와 쉬바에 대한 신앙이 강조되었다고 보아도 무방하다.[10]

1) 브라흐마Brahmā : 창조의 신

브라흐마는 4개의 머리와 4개의 손에 물항아리·활·널빤지·베다성전을 들고 있고, 백조(또는 거위)를 탄 모습으로 그려지고 있다. 여기서 4개의 머리는 4가지 베다와 4가지 유가(Yuga: 시대)와 4가지 카스트를 상징하는 것이다.

이론상으로는 '삼신일체'라고 하지만, 실제 힌두교에서는 브라흐마가 비슈누와 쉬바의 그늘에 가려져 있어, 이 브라흐마를 섬기는 사원은 아주 드물다. 브라흐마가 이렇게 약화된 이유에 대해서는 일단 창조가 이루어지면 창조된 것의 유지와 해체가 중요해지기 때문에 유지와 해체를 담당하는 비슈누와 쉬바의 중요성이 커졌다고 보는 주장도 있다.[11]

창조주 브라흐마는 낮에 우주를 창조하는데, 이 우주는 43억 2천만 년 동안 계속된다. 이 기간이 지나서 밤이 되면 브라흐마가 잠자리에 들어가게 되는데, 이때 세계는 물에 의해 차례로 파괴되고 전우주가 그의 몸으로 흡수되어서 우주는 43억 2천만 년 동안 잠재적으로 존재하게 된다. 이러한 우주의 생성과 파괴가 브라흐마의 생애가 다할 때까지 되풀이되는데, 브라흐마의 생애는 100브라흐마 년 동안이라고 한다. 이 기간이 끝나면 우주는 5가지 요소(불, 물, 공간, 바람, 흙)로 해체된다. 이것이 우주의 궁극적 해체의 단계인 프랄라야pralaya이다. 이러한 내용은 『푸라나』에 소개된 것이다.

우주가 존속하는 시간은 브라흐마의 낮 시간, 곧 43억 2천만 년이고,

---

10 스가누마 아키라 저, 문을식 역, 『힌두교 입문』(여래, 1994 2쇄), 40쪽.

11 류경희, 『인도 신화의 계보』, 18쪽; 스가누마 아키라 저, 문을식 역, 『힌두교 입문』, 40~41쪽.

이것이 칼파(kalpa, 劫)이다. 이 칼파는 1,000마하 유가mahā-yuga로 구성되고, 마하 유가는 4가지 유가로 이루어져 있다. 4가지 유가는 크리타 유가(사티야 유가), 트레타 유가, 드바파라 유가, 칼리 유가이다. 이 4가지 유가는 점진적인 쇠퇴 기간이라고 할 수 있다. 크리타 유가 kṛta-yuga는 '진리의 시대'라고 할 수 있는데, 삶에 부정적이고 고통스러운 것이 전혀 없는 축복의 시대이다. 트레타 유가tretā-yuga와 드바파라 유가dvāpara-yuga에는 정의正義가 점점 줄어든다. 그래서 드바파라 유가에서는 선善이 쇠퇴하고 질병과 욕망과 재앙이 들이닥친다. 칼리 유가kali-yuga는 암흑의 시대이다. 이때 고통과 근심과 기아와 공포가 널리 퍼진다. 이 칼리 유가의 말기에는 홍수와 불로 인해 세상이 파괴된다. 1칼파는 이 4가지 유가의 순환이 1,000번 되풀이되는 것인데, 이 1칼파가 지나면 우주는 해체되어 같은 기간 동안 휴지기를 맞이한 후에 브라흐마는 다른 우주를 창조한다고 한다.

그리고 브라흐마의 신화에서 분명하게 서술되고 있지는 않지만, 순환적인 시간관 뒤에는 업과 윤회사상이 깔려 있다. 업(業, karma)은 행위에 토대를 두는 우주의 인과법칙이고, 우주를 운행하는 자연법칙이자 인간의 도덕적인 행위에 대해 엄격한 보상과 처벌을 부여하는 도덕률이기도 하다.[12] 브라흐마는 불교에 수용되어 범천梵天이라고 불린다. 불교에서 범천은 불법佛法을 수호하는 역할을 한다.[13]

---

[12] 류경희, 『인도 신화의 계보』, 19~23쪽.
[13] 이은구, 『인도의 신화』(세창미디어, 2003), 319쪽.

2) 사라스바티Sarasvatī: 학문과 음악과 예술의 여신

사라스바티

브라흐마의 배우자 신은 사라스바티이다. 사라스바티는 지혜·학문·언어·음악·예술의 신으로, 피부색이 희고 우아하며, 팔은 2개 또는 4개이고, 손에 언어와 학문과 연결되는 책(베다)과 악기 '비나'(비파의 원형이라고 추정됨)를 들고, 연꽃 또는 백조 위에 앉아 있는 모습이다. 사라스바티는 『베다』에서는 '강'의 여신으로 정화와 풍요의 기능을 담당하였지만, 뒤에는 언어와 학문과 문화의 여신이 되었다.

신화에서는 사라스바티가 브라흐마의 마음에서 태어나서 브라흐마의 배우자가 된 것으로 표현되지만, 뒤에 학문과 음악의 아름다움과 관련되는 처녀신으로 남게 되었다. 그렇지만 인도에서 결혼이 여성의 의무적인 규범으로 되자, 사라스바티가 브라흐마와 결혼한 것으로 신화 제작자가 이야기를 만든 것으로 보인다. 사라스바티의 가장 대중적인 모습은 백조 위에 앉아 있는 흰 얼굴빛의 처녀상이다. 사라스바티는 흰 피부의 아름답고 젊은 숙녀로서 학문의 정결함을 상징하는 존재이다. 사라스바티는 집착이 없는 여성의 이미지로 신화 속에서 등장한다.

사라스바티는 인도인이 신성한 언어로 받아들이는 산스크리트를 창조하였고, 그 글자를 창조한 여신으로 숭배되고 있다. 또 사라스바티의 머리에서 『베다』가 나왔다고 받아들여지고 있다. 그래서 모든 종류의 학습과 연구에 들어갈 때, 사라스바티를 먼저 숭배한다. 사라스바티의 숭배는 『베다』와 경전에 의해 대표되는 모든 지식을 숭배함을 의미하는 것이다.

일부 신화에서는 쉬바가 모든 음악적 소리의 근원이자 저장고로 설명되지만, 대개의 경우 사라스바티를 음악의 여신으로 받아들이고 있다. 사라스바티가 들고 있는 악기 '비나'는 음악의 기원으로 설명되고 있다. 또한 사라스바티는 모든 예술을 주재하는 '신'이자 음악, 춤, 문학, 드라마의 여신이기도 하다. 창조예술에서 사라스바티는 창조예술 속에 고유한 내재적 기쁨을 상징하는 존재이다. 그리고 사라스바티는 긍정적이고 고귀한 속성만을 지니고, 부정적인 속성을 전혀 지니고 있지 않다. 이는 힌두교의 여신 가운데서 사라스바티의 독특한 점이다.[14] 사라스바티는 불교에서 수용하여 변재천辯才天이라고 하고, 묘음천妙音天 또는 미음천美音天이라고도 한다.[15]

3) 비슈누Viṣṇu: 유지와 보존의 신

비슈누는 피부색이 검고 몸에 황색 옷을 걸쳤으며, 손에 곤봉(철퇴)·소라 고동(고동)·원반·연꽃을 들고 있고, 잘생긴 남성의 상像이다. 여기

---

14 류경희, 『인도 신화의 계보』, 24~28쪽.

15 이은구, 『인도의 신화』, 321~322쪽.

비슈누

서 '소라 고동(고동)'은 우주를 구성하는 5가지 요소의 근원이자 생명의 근원을 의미하고, '원반'은 우주의 질서를 위협하는 모든 악마의 머리를 베는 무시무시한 무기로 사용된다. '연꽃'은 정결함과 평화와 미美와 생식 충동을 상징하고, 곤봉(철퇴)은 원초적 지식을 상징한다.

비슈누의 또 다른 모습은 대양 위에 떠 있는 뱀 위에서 잠자는 형상이다. 이 비슈누는 '가루다Garuda'라고 부르는 새를 타고 있다고 한다(쉬바는 황소 난디를 타고 다닌다). 이 가루다는 독수리인데, 가루다도 때때로 신으로 숭배되곤 한다. 가루다는 악마에 대항해서 인간을 돕는 존재인데, 가루다가 인류에게 준 선물 중에 가장 큰 것은 '소마'라고 한다. 소마는 가루다가 신들에게서 훔친 불멸의 감로주다.[16] 또한 비슈누는

---

16 리처드 워터스톤 지음, 이재숙 옮김, 『인도』(창해, 2005), 50쪽; 류경희 『인도 신화의 계보』, 30~31쪽.

'바이크시타'라는 거처에서 배우자 신 락슈미와 함께 살고 있다고 한다.

비슈누는 원래 『리그베다』에 나오는 신이었다. 『리그베다』에는 태양이 광명으로 비추는 작용(光照作用)을 신격화하여 비슈누로 삼았고, 제사를 보호하며, 인간에게 안전과 넓은 거주처를 제공해주고, 자비가 충만한 신으로 묘사되어 있다. 한편, 『리그베다』에서는 비슈누가 차지하는 위치가 그다지 높지 않았는데, 서사시 『마하바라타Mahābhārata』에서는 쉬바와 함께 주요한 신으로 화려하게 등장한다. 물론 비슈누를 유일한 최고신으로 삼는 일신교적인 경향은 『브라흐마나』에서 발견되기도 하지만, 서사시 『마하바라타』에서 비슈누가 여러 차례 나라야나Nārāyaṇa와 바수데바(크리슈나)와 동일한 신으로 설명되고 있다. 이와 같은 과정을 거쳐서 비슈누는 최고신으로 자리를 잡았다.[17]

비슈누 신앙이 일반적으로 보급되게 된 또 다른 이유는 아바타라(avatāra, 化身·權化) 사상 때문이라고 할 수 있다. 이는 비슈누를 유일신으로 하고, 다른 신은 그의 나타남에 지나지 않는다는 사상이다. 또한 이는 『바가바드기타』 등에 분명하게 서술되어 있는 내용이기도 하다. 아바타라 사상의 뼈대는 정의와 도덕(dharma)이 쇠퇴하게 되면 비슈누가 다시 나타나서 정의와 도덕을 일으킨다는 것인데, 여기에다 옛 '신'과 민간 신앙 속의 신화적 동물·인물이 첨가되어서, 비슈누가 경우에 따라 각기 다른 모습으로 나타난다고 한다. 이러한 화신化身 개념은 다른 문화권에서도 발견되는데, 기독교의 '성육신'도 하나의 예이다.

이러한 아바타라 사상은 불교의 과거불過去佛 또는 자이나교의 조사祖師에 영향을 받았다고 주장하는 학자도 있다. 아바타라의 숫자는

---

17 스가누마 아키라 저, 문을식 역, 『힌두교 입문』, 41~43쪽.

많을 때에는 22종류를 열거하는 경우도 있지만, 일반적으로는 10가지를 들고 있다. 그것은 물고기·거북이·멧돼지·사람사자(절반은 인간이고 절반은 사자의 모습)·난쟁이·파라슈라마(Paraśurāma, 도끼를 가진 라마)·라마(Rāma, 라마야나의 주인공)·크리슈나·붓다Buddha·칼키 (Kalki, 미래의 구세주)이다.

① 물고기(Matsya)

이 신화의 기원은 『브라흐마나』의 홍수신화이다. 인류의 시조 마누 (Manu)가 어느 날 아침 손을 씻는데 작은 물고기가 손안으로 들어왔다. 작은 물고기는 마누에게 도움 받은 것에 대한 대가로 조만간에 발생할 대홍수에서 마누를 구해주겠다고 약속하였다. 마누는 이 물고기를 길러서 '자사'라는 거대한 고기가 되자 바다에 놓아주었다. 이윽고 예언했던 대로 큰 홍수가 생겼다. 마누는 미리 준비해둔 배를 타고 이 큰 고기의 뿔에 매달려서 웃타리기리(히말라야)의 가장 높은 봉우리에 도착하였다. 물이 빠진 뒤에 마누는 산에서 내려와 제사를 지내고 다시 인류를 창조하였다.(『샤타파타 브라흐마나(Śatapatha-brāhmaṇa)』 8.1~10) 이 홍수 신화에서 물고기가 마누를 구제한다는 전설은 '서사시' 나 『푸라나』에 전수되어 비슈누의 화신이 되었다.

② 거북이(Kūrma)

거북이 화신도 그 기원은 프라자파티가 거북이 모습으로 세계창조를 하였다는 『브라흐마나』의 신화이다.(『샤타파타 브라흐마나』 7.5.1) 『푸라나』에 따르면, 세계가 파멸할 때 큰 홍수가 나서 신들은 많은 보물을 잃어버렸다. 이때 비슈누는 거북이가 되어서 바다 밑으로 잠수하여 그 '등'에 만다라 산을 짊어지고 대지를 지탱하였다. 신들은 이 산의 주위에서 우유의 바다를 휘저어서 감로수(甘露水, amṛta) 등의 보물을 만들어내었다.

③ 멧돼지(Varāha)

멧돼지는 『브라흐마나』에서 대지를 지탱하는 것으로 나타난다.(『샤타 파타 브라흐마나』 14.1.2) 이것이 '서사시'와 『푸라나』에 전수되어서 대지大地가 히라냐야크샤(Hiranāyakṣa, 황금의 눈)라는 악마에 의해 깊은 물속에 잠길 때 비슈누는 멧돼지가 되어 어금니로 대지를 지탱하여 인류를 구제했다고 전해 온다. 이 멧돼지 전설은 『브라흐마나』에 기원을 둔 것이지만, 아리아 계통이 아닌 원주민의 신성한 돼지 숭배를 통해서 발전한 것이다.

④ 사람사자(Nṛsiṁha)

비슈누가 절반은 인간이고 절반은 사자의 모습인 사람사자로 나타나서 악마 히라니야카쉬푸Hiraṇyakaśipu를 퇴치하는 모습이다. 이 악마는 브라흐마의 은총에 의해 신·인간·야생동물의 어느 것에도 살해되지 않는 힘을 부여받고 있었는데, 그의 아들 프라흘라다Prahlada가 비슈누를 신앙한다고 해서 아들을 살해하려고 하였다. 이때 비슈누는 절반은 사람이고 절반은 사자의 모습으로 돌기둥의 중앙에서 나타나서 이 악마를 퇴치하였다.

앞에서 소개한 이상의 네 가지 화신은 우주가 파괴되는 시기인 칼리 유가kali-yuga에 나타나서 사티야 유가(satya-yuga: 크리타 유가)를 맞이한다.

⑤ 난장이(Vāmana)

우주의 제2기 트레타 유가tretā-yuga에 악마 다이티야 발리Daitya Bali가 3계를 지배하였다. 이때 비슈누는 난장이가 되어서 발리가 제사를 집행하는 곳에 갔다. 발리는 난장이의 매력적인 모습에 반해서 어떤 요구도 들어주겠다고 하였다. 이에 난장이는 발리에게 세 걸음만큼의 땅을 달라고 요구하였다. 발리의 스승은 이 난장이가 비슈누일지도 모른다고 의심해서 요구를 거절하라고 충고하였다. 발리는 이미 약속한 것을 어길 수는 없다고 하면서 난장이의 요구를 허락하자 난장이(비슈누)는 거대한 모습으로 변화하여 걸었다. 이 내용은 『리그베다』의 찬가에 이미 소개되어 있는 것인데, 이것이 『브라흐마나』를 거쳐서 '서사시'와 『푸라나』에 반영되었다.

⑥ 파라슈라마Paraśurāma

'파라슈마라'는 도끼를 가진 라마라는 뜻이다. 트레타 유가에 비슈누는 브라만인 자마다그니Jamadagni의 다섯째 아들로 태어났다. 그의 집에는 어떠한 소원도 이룰 수 있는 황소가 있었는데, 이를 크샤트리아의 왕 카르타비리야Kartavirya가 빼앗아 버린다. 이에 파라슈라마는 왕의 군대와 싸워서 왕과 그의 군대를 모두 죽이고 황소를 다시 찾아온다. 그러자 왕의 아들들이 복수를 하기 위해서 파라슈라마의 아버지를 살해한다. 마침내 파라슈라마는 크샤트리아를 모두 없애겠다고 맹세하고 21회의 전투를 해서 크샤트리아의 모든 남자를 전멸시켰다고 한다. 원래 파라슈마나는 『마하바라타』의 바라파르반에서 활약하는 영웅이기도 하다. 이 신화에서는 브라만과 크샤트리아의 대립을 읽을 수 있다.[18]

⑦라마Rāma: 이상적인 남성이자 완성된 인간의 상징

라마(람)는 『라마야나』의 주인공이다. 인도 문화에서 라마는 이상적인 왕의 상징이고, 인간 속에 있는 신성神性을 실현한 완전한 인간의 상징으로 받들어지고 있다. 특히 라마는 북인도에서 가장 유명한 비슈누의 화신이다. 기원전 4세기 무렵의 전설적 인물인 발미키Vālmīki에 의해서 저술되었다는 『라마야나』는 문학, 연극, 텔레비전, 회화 등의 주제로 지속적으로 다루어져 왔고, 뛰어난 도덕성의 모범으로 인도인의 삶에 큰 영향을 끼쳐 왔다. 또한 『라마야나』는 인도네시아, 태국, 미얀마 등의 동남아 지역에도 전해져 그곳에 변형된 형태로 남아 있다.[19]

라마 시타 하누만

인도의 역사에서 라마와 시타Sītā는 이상적인 남녀의 전형으로 받아들여지고 있다. 남편에 대한 시타의 절대적인 순종과

---

18 스가누마 아키라 저, 문을식 역, 『힌두교 입문』, 48~52쪽.

19 동남아시아의 『라마야나』에 대해서는 김장겸, 「동남아문학에 나타난 인도서사시」와 서행정, 「인도의 라마야나와 동남아의 라마야나」, 『동남아 인도문화와 인도인사회』(한국외국어대학교 출판부, 2001)를 참조.

변함없는 충절은 이상적인 여성의 자질로 찬양되고 있고, 오늘날까지도 시타는 가장 이상적인 여성의 모습으로 제시되고 있다.

라마는 여러 가지 이상적인 자질을 가지고 있다. 그것은 남성적 강함과 충실함이고, 자기희생과 충실한 자기의무의 준수이며, 흔들림 없이 정도正道를 걸어가는 단호함과 자신에게 불이익을 가져다주는 사람에 대한 관대함이고, 어떤 상황에서도 평정함을 유지하는 것이며, 곤경 속에서도 위엄을 유지하는 것이다. 이는 라마의 인격에 부정적 측면이 없음을 보여주는 것이다.

물론 라마가 왕비 시타에게 시련을 준 것이 종종 비난의 대상이 되기도 한다. 하지만 이는 한 남자가 아니라 나라를 통치하는 왕의 입장에서 보면 다르게 볼 수도 있는 일이다. 『라마야나』의 여러 다른 본본을 보면 라마에게 재혼의 압력이 많았다. 라마가 부인과 함께 행해야 하는 '말 희생제'에는 더욱 그랬다. 그런데도 라마는 시타의 금상을 만들어서 이 의례를 수행했다. 이런 점에서 보자면, 라마는 왕으로서 통치를 위한 엄격한 규범을 세우기 위해 아내를 희생시킨 것임을 알 수 있다. 따라서 라마는 사회의 이상적인 규율과 규범을 상징하고 있는 존재라고 할 수 있다.

또한 『라마야나』를 통해서 가장 중요하게 등장하는 주제는 우주와 사회질서의 토대가 되는 다르마의 준수이다. 이는 라마의 생애를 통해서도 잘 나타나지만, 『라마야나』에 소개되는 여러 가지 이야기를 통해서도 확인된다. 라마가 악마 라반에 의해 랑카로 납치된 그의 부인 시타를 구하기 위해서 인도의 남단에 도달했을 때 바다를 건너야 했다. 라마는 바다를 건널 수 있게 바다가 갈라지도록 요구했다. 그렇지만 바다는 마른 땅 사이의 파인 곳을 채우는 것이 자신의 '다르마'라고 하며, 원숭이 부대를 이용해서 다리를 놓도록 권하였다. 물론 바다는 라마가 신의 화신임을 알았지만, 자연의 법칙에 어긋나는 것에 대해서는 따르지 않았다. 이러한 점은 누구도 자연의 법칙에서 벗어날 수 없고, 신도 자연의 법칙의 우위에 설 수 없음을 보여주는 것이라고 해석할 수 있다.

또 강변의 한 수행처(아쉬람)에서 한 성자가 제자들과 수행하고 있었다. 어느 날 성자가 목욕의례를 하기 위해 강으로 가고 있었는데 마침 물가 쪽으로 기어가는 전갈을 보았다. 전갈은 헤엄을 치지 못하므로 성자는 오른손으로 그 전갈을 잡아서 높은 바위에 놓았는데, 전갈은 성자의 오른손을 물었다. 이 성자가 목욕의례를 하고 돌아가던 길이었는데, 바위에서 내려와 강으로 가는 전갈을 또 발견하였다. 성자는 이 전갈을 살리기 위해서 이번에는 왼손으로 잡았는데, 전갈은 그 왼손마저 물어버렸다. 이 광경을 보고 있던 제자들이 스승에게 왜 두 손을 물려가면서 전갈을 구해주느냐고 물었다. 이에 스승은 "전갈은 전갈의 다르마를 따른 것이고, 나는 나의 다르마를 따랐을 따름이다. 위협을 느낄 때 무는 것은 전갈의 본성이고, 인간의 진정한 본성은 생명체를 구하는 것이다"라고 대답하였다. 이 이야기에서도 다르마는 모든 존재의 자연적 본성으로 제시되고 있다.

다르마와 관련된 또 다른 주제는 모든 생명체에 대한 존경, 인간과 자연의 상호조화와 공존이다. 인간과 동물 사이에 동료관계를 나타내는 것은 『라마야나』에서 라마와 원숭이 하누만의 관계이다. 라마는 악마를 물리치는 데 여러 동물의 도움을 받는데, 특히 원숭이 하누만의 도움을 많이 받는다. 이는 자연(생명체)과 상호의존적이고 조화로운 관계없이 인간의 최고목표를 달성할 수 없다는 것이고, 신·인간·자연

이 하나의 유대관계를 맺고 있음을 보여주는 것이다.[20]

　그리고 '다사라'라는 축제가 있다. 이는 라마가 악마의 왕 '라바나'와 그의 군대를 물리친 것을 경배하는 축제이다. 인도에서는 이 축제의 9일 동안 금식을 하고, 금식이 끝난 다음날부터 10일 동안 『라마야나』의 이야기를 인도의 전역에 설치된 간이무대에서 공연한다. 이러한 공연을 '라마릴라(라마극)'라고 한다. 공연의 규모는 서로 다르지만, 모든 공연에는 음악, 춤, 배역에 따른 무대의상을 갖추고 있다. 연극이 9일째가 되면, 라마가 시타를 구해내는 절정에 이른다. 10일째 되는 날에 사람들은 라바나와 라바나의 동생 쿰바르나, 라바나의 아들 마가나다의 인형을 만들어 멀리서도 볼 수 있게 해둔다. 이 세 인형의 속에는 폭죽이 들어 있다. 라마의 인형으로 이 세 인형에 불을 붙이면 세 인형은 즉시 현란한 색채를 내뿜으며 폭발한다.[21]

⑧ 크리슈나Kṛṣṇa : 신성한 사랑의 상징

라마가 덕성을 보여주고 수단과 목적을 아울러 중요시하는 존재로서 삶의 긍정적인 부분을 상징하고 있다면, 크리슈나는 삶의 전체적인 부분을 나타내는 존재이다. 크리슈나는 인도의 대서사시 『마하바라타』의 영웅으로서 긍정적인 측면과 부정적인 측면을 모두 가진 존재로 표현된다.[22]

　크리슈나는 『마하바라타』에서 마투라 지방을 본거지로 하는 야다바 Yādava족에 속하는 브리슈니Vṛṣṇi족의 영웅으로 설명되고 있다. 그는

20　류경희, 『인도 신화의 계보』, 40~49쪽.
21　리처드 위터스톤 지음, 이재숙 옮김, 『인도』, 52쪽.
22　류경희, 『인도 신화의 계보』, 49~50쪽.

바라타족의 대전쟁 때, 아르쥬나 왕자 등 다섯 왕자의 군대에 참여하였는데, 그와 동시에 비슈누의 화신으로 신격화되어 최고신 나라야나와 같은 신이 되었다. 크리슈나는 일반적으로 실재 인물이라고 보는데, 이 실재 인물이 신격화되어 최고신 비슈누의 화신으로 변모하였다.

원래 크리슈나는 야다바족의 신앙의 대상에 지나지 않았는데, 크리슈나를 바가바트(Bhagavat, 世尊)로 모시는 사람들은 실천 도덕적인 측면과 신에 대한 신애(信愛, bhakti)를 한층 강화하고, 샹키야학파와 요가학파의 사상을 받아들여 철학적 내용을 보강하였다. 그 결과 크리슈나에 대한 신앙은 민간에까지 그 세력이 확장되었다. 이 과정에는 브라만교(바라문교)의 입장과 바가바타파派의 입장이 서로 잘 맞물리게 된 것에 주목해야 한다. 브라만교에서는 바가바타파를 자신 안으로 끌어들이려고 하는 경향이 있었고, 바가바타파에서는 자신의 입장을 정통화하려고 했는데, 이 두 흐름이 서로 조화를 잘 이룬 셈이다.

이상과 같이, 야다바족에서 출발한 바가바타파는 이런 과정을 거쳐서 힌두교 속에 흡수되었다. 힌두교의 최고 성전이 된『바가바드기타』는 이 바가바타파의 성전이었는데, 이것이『마하바라타』에 편입되어 오랫동안 전수되어 왔다.

이와 같이 크리슈나와 비슈누를 같다고 본 것은 기원전 4세기쯤인데, 그 뒤 여러 가지 민간 요소를 흡수하여 '크리슈나 전설'이 형성되었다. 비슈누 신앙이 인도 전역에 널리 퍼지게 된 것은 오히려 크리슈나 전설에 힘 입은 바 크다고 할 수 있다. 이 크리슈나 전설이 일반인에게 친숙한 형태로 정리된 것은『마하바라타』의 부록『하리방샤』와『푸라나』문헌이다. 그중에서도 바가바타파 신자에게 큰 영향을 끼친 것은『바가바타 푸라나』10권에 문학적으로 아름답게 소개되어 있는 크리슈

나의 생애이다.[23]

　크리슈나가 초인적인 힘을 보여준 유명한 일화가 있다. 그것은 고바르다나Govardhana의 언덕을 들어 올린 일이다. 이 언덕은 구름과 비의 '신' 인드라Indra를 숭배하는 브라즈Vraj 사람들이 모시는 대상이었다. 크리슈나가 자신의 동포에게 인드라를 숭배하지 말고 언덕을 더 돌보지 말라고 하자, 인드라가 분노해서 브라즈 지역에 거대한 물줄기를 쏟아 붓기 시작하였다. 그러자 크리슈나는 작은 손가락으로 언덕을 들어 올려 비를 막는 보호처를 만들었다. 이로 인해 사람들은 안전했고, 인드라의 분노가 사람에게 아무런 영향을 미치지 못하였다. 이러한 크리슈나의 행동으로 인해서 많은 찬양자가 생겨났고, 크리슈나는 젊은이들 가운데 영웅이 되었다. 이 이야기는 시대적 변화에 따라서 신앙 간에 갈등이 생기는 것과 신앙 대상이 변화하는 것을 신화적으로 묘사한 것으로 해석된다.

　크리슈나는 목동의 아름다운 아내인 고피Gopī들과 사랑한 것과 아름다운 피리의 연주로도 유명하다. 신화에 의하면, 크리슈나는 샤라드 푸르니마(Sharad Purnima, 11월 즈음의 만월)에 즐겨 찾는 숲속의 장소에 가서 피리를 불기 시작하였다. 그 신성하고 달콤한 선율이 마을 목동의 아내나 딸인 고피의 귀에 들어가고, 그러면 이들은 집안일, 우는 아이, 토라진 남편들을 남기고서 음악소리를 따라서 야무나 강둑으로 달려간다. 그리고는 밤새도록 크리슈나와 열정적인 춤을 빙빙 돌면서 춘다. 크리슈나는 모든 고피들의 춤 파트너가 되어 춤을 추었다. 그래서 고피들은 크리슈나가 많은 형태를 취할 수 있다고 믿었다.

---

23 스가누마 아키라 저, 문을식 역, 『힌두교 입문』, 43~45쪽.

이 춤을 보기 위해서 신들과 죽은 사람도 지상으로 내려왔다. 크리슈나는 이 황홀한 춤의 절정 무렵에 사라지곤 하였다.

크리슈나는 모든 고피와 가까웠지만 크리슈나가 가장 좋아한 고피는 결혼한 여성인 라다Rādhā였다. 라다와 크리슈나는 영원한 연인의 상징이 되었다. 고대부터 현대에 이르기까지 많은 시인들은 크리슈나와 라다의 아름다운 사랑 이야기를 시로 썼고, 이 사랑의 주제는 노래와 회화로도 만들어졌다. 신에 대한 헌신적인 사랑을 강조하는 인도의 신애(박티)사상에서 보면, 크리슈나의 신봉자들은 크리슈나의 연인이라고 할 수 있다.[24]

⑨ 붓다Buddha

불교의 창시자 붓다가 힌두교 비슈누의 9번째 화신이 되었다. 이는 불교와 힌두교의 타협이라고 볼 수 있다. 힌두교 쪽에서는 비슈누가 왜 붓다로 태어났는지, 그리고 왜 비슈누가 '칼키'로서 10번째 출현이 필요한지에 대해 다음과 같이 설명한다.

오래 전에 신들과 아수라가 전투를 하여 신들은 아수라에게 패하였다. 신들은 "도와주소서! 도와주소서!"라고 이슈바라Īśvara에게 구원을 요청하였다. 그래서 이슈바라는 정반(淨飯, śuddhodaṇa) 왕의 아들로서 이 세상에 태어났다. 그는 악마 다이티야를 속여서 베다의 종교를 버리도록 하였다. 악마 다이티야들은 불교도가 되어서 다른 사람에게도 베다의 종교를 버리도록 하였다. 이슈바라는 아라한(阿羅漢, arhat)이 되었으며, 다른 사람도 그를 아라한이라고 불렀다. 그리하여 사람들

---

24 류경희, 『인도 신화의 계보』, 52~53쪽.

은 베다의 종교를 버리고 파쟌딘(베다를 존중하지 않는 이단자)이 되었다. 그래서 칼리 유가가 끝날 무렵에는 모든 카스트에 혼란이 일어났다. 도덕을 버렸던 다슈들이 널리 퍼져 종교의 가면을 쓰게 되었고, 종교에는 없는 것을 말하기도 하고, 왕처럼 잘 차려입은 무렛차(야만인)가 사람을 잡아먹기도 하였다. 이때 비슈누는 비슈메야샤의 자식 칼키로서 출현한다. 그래서 야만인을 멸망시키고, 카스트와 4단계의 아슈라마(āśrama, 생활단계)를 확립시키고, 사람들을 참된 종교의 길로 인도한 뒤에 칼키·하리의 모습을 버리고 하늘로 되돌아갔다. 그 뒤 크리타 유가가 예전대로 시작되자 카스트와 아슈라마는 확립되었다.

⑩ 칼키Kalki

칼키는 니슈카란카라고도 한다. 칼리 유가가 끝날 무렵에 출현해서 악한 자를 멸망시키고 정의(dharma)를 재건하여 사티야(satya, 크리타 유가) 유가의 법에 따르는 자를 구원한다. 칼키는 일반 민중에게 미래의 구세주로 모셔지고 있고, 손에 번쩍이는 칼을 들고 백마를 타고 혜성처럼 난다고 한다.[25]

4) 락슈미Lakṣmī: 부와 풍요의 여신

락슈미는 비슈누의 배우자 신인데, 인도에서 가장 인기 있는 여신이다. 락슈미는 정숙함, 덕스러움, 미美를 상징하고, 번성함, 복지, 부富, 풍요, 행운, 성공을 가져다주는 신으로 받들어지고 있다. 초기의 락슈

---

25 스가누마 아키라 저, 문을식 역, 『힌두교 입문』, 53~54쪽; 류경희, 『인도 신화의 계보』, 40~41쪽.

미는 성장과 풍요의 여신이었던 것으로 추정되는데, 후기 서사시 시대의 4세기 이후에는 비슈누의 배우자 신으로 등장하였다. 이때부터 순종적으로 남편을 섬기는 아내, 곧 전형적인 힌두의 아내를 상징하게 되었다. 그러면서 세상을 유지하는 비슈누의 기능을 돕는 역할을 맡게 되었다. 비슈누는 세상의 질서를 보호하고 유지하기 위해서 필요할 때마다 자신의 모습을 지상세계에 나타내는데, 이때 락슈미도 비슈누를 돕기 위해서 여러 가지 여신의 모습으로 나타난다. 예를 들자면 비슈누의 7번째 화신인 라마의 부인 '시타'와 8번째 화신인 크리슈나의 부인 '라다' 등이 락슈미의 화신이라고 한다.

락슈미의 주요 기능은 '부'와 '풍요'를 가져다주는 것이다. 사람들은 누군가 부유해지면 "락슈미가 그와 함께 있다"라고 말하고, 빈곤해지면 "락슈미의 버림을 받았다"라고 말한다. 이러한 락슈미는 힌두교도 전체에게 숭배 받는 대상이지만, 특히 상인계층이 주요 신앙 대상으로 받아들이고 있다. 그래서 상인들의 축제인 디왈리Diwali 때 특별히 숭배된다.

여러 신화에서 락슈미는 바다에서 나타난다고 한다. 락슈미는 보통 두 팔(가끔 4개의 팔)을 지니고 연꽃 위에 앉아 있는 아름다운 여인으로 묘사된다. 팔이 둘인 경우에는 양손에 부富를 상징하는 연꽃을 들고 있으며, 4개의 팔인 경우에는 양손에는 연꽃을 들고 있고 아래로 편 손으로는 금화를 쏟아 붓고 있다. 락슈미와 함께 다니는 동물은 '비'를 상징하는 코끼리다. 락슈미를 모시는 독자적인 사원은 없지만, 많은 사원에서 락슈미는 비슈누의 배우자 신으로 등장한다. 이 경우에는 미소 짓고 있는 모습과 다정하고 행복한 한 쌍의 모습으로 나타나는 때가 많다. 이는 만족한 결혼생활, 가정의 질서, 남녀 간의 만족스러운 협동과 상호의존을 의미한다고 해석된다. 또한 락슈미는 모든 노력에 대한 궁극적 보상을 상징화한 존재이기도 하다. 신화 속에서 락슈미는 신들과 악마들의 노력에 대한 보상으로 구체화된다.[26] 락슈미는 불교에 수용되어 길상천吉祥天이라고 하고, 길상천녀吉祥天女 또는 공덕천功德天이라도 한다.[27]

5) 쉬바Śiva: 파괴와 재생의 신

쉬바는 인도의 토착적 문화 요소와 아리아인의 문화적 요소가 섞여서 형성된 것이다. 인도의 토착적 문화의 요소로 제시할 수 있는 것은 인더스문명의 도시인 모헨조다로에서 발굴된 것으로, 술을 마시며 동물에 둘러싸인 형상인데, 이것을 파슈파티Paśupati, 곧 '가축의 주인'이라고 하고, 이것이 쉬바의 원형이라고 일반적으로 인정하고 있다.

아리아인의 문화적 요소는 『리그베다』에 등장하는 폭풍의 신 루드라Rudra에서 발견된다. 『리그베다』에서 쉬바는 폭풍의 신 루드라에게 사용된 존칭이었는데, 그때의 의미는 길하고 상서롭다는 '길상吉祥'이었다. '루드라'는 몬순기후의 강력한 파괴력과 그 뒤에 오는 상쾌감에 바탕을 둔 신이라고 한다. 그리고 폭풍우의 신 '마루트'의 아버지이기도 한데, 폭풍우의 신은 강렬하고 무서운 파괴력을 가진 것으로 표현되고 있다. 그렇지만 '루드라'는 의술을 통해 은총을 베푸는 현명하고 관용적인 신이라는 좋은 평가를 받기도 한다. 또 쉬바는 불교에 수용되어 대자재천大自在天이라고 한다.[28] 여기서는 쉬바에 대해 4단락으로 나누

---

26 류경희, 『인도 신화의 계보』, 37~39쪽.

27 이은구, 『인도의 신화』, 322~323쪽.

28 불교에서는 대자재천의 위상은 낮아진다. 주로 신중탱화에서 다른 신들과 함께

어서 접근하고자 한다. 첫째
는 쉬바가 양면적 성격을 가지
고 있다는 것이고, 둘째는 이
것이 춤의 왕 '나타라자'로 상
징화되었으며, 셋째는 쉬바
가 링가로 나타난다는 점이
고, 넷째는 쉬바의 화신에 관
한 것이다.

쉬바 파르바티 가네샤

(1) 쉬바의 양면적 성격

쉬바 신앙은 굽타 왕조 이후
특히 북인도에서 발전하였
다. 쉬바의 모습은 여러 가지
이지만, 그것은 부정적 모습과 긍정적 모습으로 구분할 수 있다.

우선 『리그베다』의 '루드라'에 그 기원을 두고 있다는 점에서 파괴와
공포의 신으로 민중에게 다가간다. 쉬바는 짐승의 껍질을 허리에 두르

등장한다. 29위, 33위, 104위를 묘사하고 있는 대부분의 신중탱화에서 대자재천은
중심이 되고, 동진보살童眞菩薩과 함께 묘사될 때는 중앙에 나란히 그려진다. 또는
불교의 세계관에서 최고의 천天인 색구경천色究竟天에 머물기도 한다. 한편, 인도에
서 쉬바의 남근을 숭배하는 신앙이 있는데, 한국과 일본에서도 이러한 경우를
찾아볼 수 있다. 한국의 경우에는 속리산 산신제가 대표적 예이다. 『동국여지승람』
에서 매년 10월 속리산 대자재천왕사에서 신을 법주사에 모셔다가 제사를 지내고
나무를 깎아서 남근을 만들어서 붉게 칠하여서 속리산 여신에게 바쳤다고 전한다.
이 신앙은 본래 민간신앙이었는데 나중에 불교에서 수용한 것으로 추정된다.(이은
구, 『인도의 신화』, 325~326쪽)

고 있다는 점에서 '가죽옷을 입은 자(Kṛtti-vāsas)'라고 말해지기도 하고, 창·활·도끼·삼지창으로 악마를 무찌르고 악마의 요새를 파괴하기도 한다. 쉬바는 세계의 종말이 올 때, 만물을 파괴하는 자(Hara)이고, 죽음을 관장하는 자(Kāla)이며[29], 무서운 형상을 가지고 있다고 해서 '뱀을 머리에 두른 자(Nāgakuṇḍala)'와 '해골을 머리에 쓴 자(Muṇḍamālā)'라고 불리고, 묘지에서 살면서 시체를 태운 재를 몸에 바르는 것을 좋아하며, 파괴를 즐기는 '두려운 살상자(Bhairava)'이고, '악귀의 주(Bhūteśvara)'이기도 하다. 또한 쉬바는 많은 이름으로 불리고 있는데, 이는 이 쉬바의 신앙이 많은 토착적 요소와 혼합되어서 형성되었기 때문일 것이다. 쉬바의 이러한 모습은 힌두교의 한 측면을 보여주는 것이다. 힌두교에서는 다신교적 요소를 가지고 있으면서도, 그것을 하나의 신으로 통일하려는 경향이 있기 때문이다.

그리고 쉬바가 부정적인 모습으로만 나타나는 것은 아니다. 쉬바는 창조·지속·파괴·재생을 관장하는 자이고, '위대한 신'과 '가축의 주'와

---

29 칼라는 불교에 수용되어 대흑천大黑天 또는 암야천暗夜天이라고 한다. '대흑천'은 7복신福神의 하나로서, 그 형상은 두건을 두르고 왼쪽 어깨에 큰 자루를 걸치고 오른손에는 요술방망이를 가지고 있으며 쌀가마니 위에 앉아 있는 모습이다. 정월에 이 신이 집에 들어오면 운수가 좋다고 한다. 불교의 밀교에서 대흑천은 비로자나불의 화신이라고 한다. 몸은 검은색이고 머리카락은 거꾸로 서 있고 격노한 형상으로 여섯 개의 얼굴에 여섯 개의 팔이 있다. 7세기경에 인도를 여행한 의정은 대흑천이 사원의 식당에 모셔졌다고 한다. 나중에는 대흑천은 사원만이 아니고 민간의 식당에서도 식량을 관장하는 호법신으로 받들어졌다. 또한『대흑천신법大黑天神法』에서는 대흑천은 대자재천의 화신으로서 사원에 모셔지고, 대흑천에게 매일 공양하면 승려가 많아져서 모두 일천 명의 승려가 길러진다고 한다. 나아가 일반인도 대흑천에게 공양하면 세간의 재보財寶를 얻을 수 있다고 해서 서민들이 많이 믿었다.(이은구, 『인도의 신화』, 320~321쪽)

'은총을 베푸는 자'라고 말해지기도 하며, 주로 남성 성기 모양으로 숭배의 대상이 되곤 한다. 이를 '링가liṅga'라고 하는데, 이 점이 특기할 만한 것이다. 또한 이러한 점이 대립되는 것을 일원론적인 관점에서 수용하는 힌두교 종교 문화의 특징을 잘 보여주는 것이기도 하다. 그래서 파괴의 신에게 주어진 이름이 '상서로운 자'와 '좋은 자'라는 의미의 '쉬바'이다.

쉬바의 양면적 성격은 쉬바가 세속에 관심이 없고 해탈을 위해 요가수행에만 몰두하는 '마하요기Mahāyogī'라는 점에서도 구체화된다. 구체적으로 말해서, 히말라야의 카일라사 산에서 고행을 하고 있는 '위대한 고행자'라고 불리기도 하고, 고행자의 수호신으로 존경을 받기도 하는데, 쉬바는 천 년 동안 한 발로 선 채 수행을 계속하였다고 한다. 쉬바의 신화에서 쉬바는 금욕적 가장으로 묘사된다. 쉬바는 결혼에 관심이 없으면서도 쉬바의 숭배자 때문에 결혼을 승낙한다. 이러한 쉬바의 신화는 『푸라나』에 소개되어 있는 것인데, 『푸라나』가 세상에 나온 시기는 종교적 가치(해탈)와 사회적 의무(다르마)의 조화를 추구하려는 때였다. 쉬바의 신화에서 쉬바가 금욕적 가장으로 묘사된 것은 종교적 성취와 사회적 의무를 조화하려는 대표적 예라고 볼 수 있다.[30]

(2) 춤의 왕, 나타라자Naṭarājā

또한 앞에서 말한 쉬바의 양면적 성격은 '나타라자'로 상징화되는 데서

---

[30] 스가누마 아키라 저, 문을식 역, 『힌두교 입문』, 56~59쪽.; 류경희, 『인도 신화의 계보』, 59~60쪽.

나타난다. 이는 우주의 창조와 해체에 적극적으로 참여하는 존재를 상징화한 것이다. 예를 들자면, 남인도 타밀 지방에서는 '춤의 왕'으로 숭배하고 있고, 술에 취해 여신 우마Umā와 함께 격렬한 춤을 추는 자로 알려져 있기도 하다.

'나타라자'의 상像은 4개의 팔과 2개의 다리로 역동적인 춤동작을 하고 있다. 이러한 쉬바의 우주적 춤은 쉬바의 창조와 유지와 파괴 행위를 상징하는 것이다. '나타라자'는 위 오른손에 들고 있는 작은북의 일정한 리듬에 맞추어서 춤을 추는데, 이를 통해서 우주를 창조하고 균형을 유지한다. 위 왼손의 반달 포즈는 세계를 파괴시키고 나서 우주의 물로 꺼지게 되는 불꽃을 잡고 있다. 그래서 오른쪽의 북을 잡고 있는 손과 왼쪽의 불을 잡고 있는 손이 창조력과 파괴력의 균형을 이루고 있는 것이다.

또한 '나타라자'의 상에서 방출되는 거대한 불꽃 광휘는 삶과 죽음의 지속적인 과정을 상징하는데, 이 지속적인 과정은 춤추는 신의 거대한 에너지에 의해 유지되는 것이다. 또한 '나타라자'의 몸을 휘감고 있는 코브라는 풍요의 상징이다. '나타라자'의 상에서 '호랑이 가죽으로 된 허리에 걸친 옷'은 힘을 상징하는 것이고, '이마에 있는 눈'은 정신집중을 상징하는 것이며, '많은 팔' 등은 창조된 질서를 유지하는 쉬바의 임무를 의미하는 것이다. 나아가 아난다 탄다바Ānanda tāṇḍava로 알려진 이 춤에서 삶이란 선과 악, 삶과 죽음의 지속적인 과정이 역동적으로 균형을 이루고 있는 것임을 의미하고 있는데, 여기서 말하는 선과 악 등은 서로 대립되면서도 상호의존적인 것이다.[31]

---

31 류경희, 『인도 신화의 계보』, 61~62쪽.

앞에서 말한 내용을 더욱 구체적으로 알아보자. '나타라자'가 상징하는 것은 신의 5가지 행위이다. 이는 우주를 창조하고, 우주에서 창조한 것을 보존하며, 4가지 유가의 마지막에는 사라지고, 신격神格의 본성을 감추며, 참된 지식을 주는 것이다. '나타라자'의 춤추는 자세와 균형은 우주의 창조와 파괴의 원심력을 보여주는 것인데, 이는 '타마스'와 연결된다. 타마스는 상키야 철학에서 말하는 3가지 구나(성질) 가운데 하나이다. 쉬바로 상징되는 타마스(어두움)는 만물의 지속적인 탄생과 만물의 변화와 죽음을 나타내는 것이다. 그에 비해 보존의 신 비슈누로 표현되는 사트바(고요함)는 모든 존재의 입자를 지탱해주는 성질이다. 타마스와 사트바가 우주의 입자를 붙잡아 두고 분해하는 작용을 하는데, 이 가운데서 충돌이 생겨나고 이는 '라자스'로 이어지는 것이다. 또한 이러한 충돌작용은 브라흐마로 상징된다.

그리고 쉬바가 우주의 춤을 추었다는 신화적 장소가 치담바람 Chidambaram이다. 치담바람은 쉬바파 신앙의 중심인데, 이곳은 1,000년 이상의 역사를 가지고 있다고 한다. 이곳에 세워진 거대한 사원은 10~16세기에 번영하였던 남인도 왕국들이 춤의 신 쉬바를 위해서 지은 것인데, 바로 이곳이 쉬바가 배우자 파르바티의 몸 안에서 춤을 추었다는 신화적 장소라고 한다. 쉬바가 춤을 추고 있는 상像은 우주 분자의 핵과 중심을 상징한다는 황금 홀에 모셔져 있다. 이 사원은 특히 『우파니샤드』, 『베다』, 『푸라나』와 그 밖에 힌두교의 성스러운 문헌을 상징하는 독립적인 건물로 이루어져 있다. 따라서 사원 전체가 힌두교 지혜의 총체적인 모습을 상징하고 있는 셈이다. 그리고 매년 12월에는 쉬바가 파르바티의 몸 안에서 춤춘 것을 기념하는 축제가 열린다.[32]

(3) '링가'로서 쉬바

『링가푸라나』에서는 쉬바의 링가를 숭배하는 것에 관한 내용을 다음과
같이 설명한다. 아주 오랜 옛날에 우주가 어둠으로 덮여 있었고, 세상은
물로 넘쳐나던 때였다. 비슈누와 브라흐마가 각기 자신이 신 가운데
가장 뛰어나다고 주장하였는데, 이때 갑자기 거대한 불기둥이 물속에
서 뛰어나왔다. 불기둥은 너무 높이 서 있어서 끝이 없는 것처럼 보였다.
비슈누와 브라흐마는 이 불기둥의 높이와 깊이를 알아보고자 하였다.
비슈누는 돼지 화신으로 변해서 물속으로 들어갔고, 브라흐마는 백조
로 모습을 바꾸어서 오를 수 있는 데까지 올라갔다. 그렇지만 비슈누와
브라흐마는 기둥의 끝부분을 보지 못하였다. 이때 쉬바가 나타나서
이 불기둥은 링가의 우주적 형태이며, 쉬바의 화려한 권능을 나타내는
세속적 상징이라고 말해주었다.

그리고 쉬바의 링가를 숭배하는 것에 대한 또 다른 신화도 있다.
숲에서 여러 명의 성자가 고행을 하고 있었는데, 이 성자들은 쉬바의
위대함을 알지 못하였다. 이 성자들을 일깨우기 위해서 쉬바는 나체로
고행 중인 요가수행자의 모습으로 나타나서 성자들의 부인을 유혹하였
다. 이에 분노한 성자들은 쉬바를 잡아서 쉬바의 성기를 거세하였다.
그런데 쉬바의 성기가 땅에 떨어지는 순간에 우주가 어둠 속으로 잠겨
들어갔다. 성자들은 그때서야 쉬바의 힘을 깨닫고 쉬바에게 빛을 돌려
달라고 하였고, 쉬바는 자신을 링가의 형상으로 숭배하라는 조건을
내세우고 빛을 돌려주었다고 한다.

이러한 링가는 대개 돌로 만들어지지만, 모래, 자갈, 개미집 등이

---

32 리처드 워터스톤 지음, 이재숙 옮김, 『인도』, 134~135쪽.

쉬바의 링가

자연적으로 링가의 형태로 변한 경우도 많다. 특히 아마르나트 링가는 얼음이 자연적으로 링가의 형상으로 만들어진 것이다. 이는 스스로 모습을 드러낸 링가라는 의미의 '스바얌부 링가'라고 한다. 링가를 숭배할 때는 링가에 우유와 버터를 붓고, 과일, 사탕, 나뭇잎, 꽃 등을 바친다.[33]

(4) 아이야판·무루간: 쉬바의 화신

남부 인도의 타밀나두와 케랄라에서는 '아이야판(Ayyappan, 또는 아예 나르 Ayenār)'과 '무루간Murugan'이 쉬바의 권능을 발휘하는 화신으로 숭배되고 있다. '무루간'은 타밀나두의 서부 지역에서 대단히 대중적인 신이라고 한다. 무루간은 쉬바의 아들인 전사 스칸다Skanda와 동일한

---

33 리처드 워터스톤 지음, 이재숙 옮김, 『인도』, 66~67쪽.

신으로 받아들여지곤 한다. 북인도에서 받아들여지고 있는 스칸다와 같이 무루간도 항상 창이나 삼지창을 가지고 있다. 무루간은 다산多産 의 신에서 출발했을 가능성이 있다. 왜냐하면 무루간에 대한 숭배의식 이 끝나면 술을 마시고 춤을 추는 행사가 기다리기 때문이다.

'아이야판'은 얼마 전까지만 해도 케랄라 지방, 특히 타밀나두와 경계를 이루는 팜바 강의 숲속 지역에서만 숭배하는 신이었다. 1950년 에는 1,000명의 순례자가 아이야판이 머물고 있다는 숲속 사원 사바리 말라를 순례하였다고 한다. 그런데 1988년에는 40만 명의 순례자가 이 사원을 다녀갔다. 아이야판은 숲속의 악마를 죽이는 마을의 신이었 기 때문에 지역적인 신이었지만, 이제는 마드라스(지금의 첸나이), 뭄바이, 캘커타(지금의 콜카타)로 신봉자가 번져 나가고 있다. 아이야 판은 세속적인 차원에서만이 아니고 영적인 변화와 발전을 상징하는 신이 되었고, 나아가 궁극적인 성공을 상징하는 신이 되었다. 숲에서 사바리말라의 사원 입구까지 올라가는 과정에 금으로 된 18계단이 있는데, 이는 도덕적·정신적인 성공으로 이끌어감을 상징하는 것이 며, 동시에 18계단은 각기 다른 죄를 상징한다고 한다. 매년 순례자들은 이 18계단을 밟으면서 죄가 사라지기를 바란다. 이 18계단 자체가 영적으로 해탈하는 '자이쿠카'의 과정을 상징한다고 한다.

아이야판의 이야기는 다타와 릴라의 결혼에서 출발한다. 다타는 결혼한 지 얼마 되지 않아 릴라에게 물소 머리를 한 악마로 태어나리라 고 저주를 하고서 '릴라'라는 여인을 버린다. 물소 머리를 한 악마 마히쉬Mahiṣī로 다시 태어난 릴라는 고행을 통해서 신들에게서 초능력 을 부여받았다. 한편, 신들은 릴라가 남자와 여자 사이에서 태어나지 않고 두 명의 남자 사이에서 태어나서 인간의 몸으로 12년 동안 살아온 아이를 만나야 저주에서 풀려날 것이라고 말해주었다. 마히쉬는 초능력이 있었기 때문에 신들을 정복하고 우주를 통치하였다. 그런데 아이야판이 바로 두 명의 남자에서 태어난 아이였다. 두 명의 남자는 쉬바와 비슈누였다. 부모가 남자였기 때문에 비슈누가 여성의 몸을 취했다. 그래서 '여성에게서 나지 않은 자'라는 의미의 '아이야판'이라는 이름을 얻게 된 것이다. 이러한 점은 예수와 석가모니가 남녀관계를 통해서 태어난 것이 아니라는 주장과 서로 통한다고 필자는 생각한다. 다시 말하자면, 예수가 동정녀 마리아에서 태어났다고 하는 점과 석가모니가 도솔천에서 마야부인의 모대에 들어갔다고 주장하는 점과 그 정신이 서로 통한다고 할 수 있다.

아이야판은 태어나자마자 강가에 버려지지만, 왕에게 발견되어서 12년 동안 후계자로 살았다. 그런데 왕비가 자신의 자식을 낳게 되자 이번에는 아이야판을 저주하였고, 왕비는 자신의 병을 핑계로 해서 숲속에서 표범의 젖을 구해 오라고 아이야판에게 명령을 내린다. 이는 아이야판이 맹수에게 죽기를 바란 것이다. 아이야판은 숲속에서 마히쉬를 만나게 되는데, 이 아이야판이 바로 마히쉬의 저주를 풀어줄 사람이었던 것이다. 아이야판은 마히쉬를 죽이고 결과적으로 릴라를 저주에서 풀어나게 해주었다. 아이야판은 숲의 악마를 이겼다는 것을 나타나기 위해서 표범을 데리고 호랑이의 등을 타고 성으로 돌아갔다.[34]

6) 쉬바의 배우자 신

쉬바의 여신(Devī)은 우마Umā이다. 락슈미와 우마가 각각 비슈누와

---

34 리처드 워터스톤 지음, 이재숙 옮김, 『인도』, 76~77쪽.

쉬바의 배우자 신으로 인정된 것은 『마하바라타』이고, 여신 숭배는 특히 굽타 왕조 이후 인도의 민중 신앙에서 점차 중요한 요소로 자리 잡았는데, 이러한 여신숭배는 드라비다 문화 등의 모계존중의 유산 가운데 하나이다. 쉬바가 여러 다른 이름을 가지고 있었던 것처럼, 쉬바의 여신도 많은 다른 이름을 가지고 있다.

여신은 일반적으로 아름다움·온화함과 격렬함·공포라는 2가지 측면을 가지고 있는데, 쉬바 여신의 여러 이름 중에 '우마'와 '파르바티'는 쉬바의 배우자 신으로서 즐겁게 살 때의 밝은 면을 상징하고 있다. '우마'는 『케나 우파니샤드Kena-upaniṣad』에서 "가장 아름다운 히말라야의 딸"이라고 불리고 있고, 이런 점에서 파르바티 산의 딸이라고도 말해진다. 그래서 산악 민족이 숭배했던 여신이었을 것으로 추정된다.

이에 비해서 '두르가Durgā'와 '칼리Kālī'는 쉬바 여신의 어둡고 캄캄한 면을 나타낸다. '두르가'는 매우 광란적이고 악랄한 성격을 가지고 있는데, '빈디야 산에 사는 여신'이라고 하듯이 원래는 빈디야 산의 주민이 숭배하였던 처녀신이었다. '두르가'는 악마 마히샤mahiṣa를 죽이기도 하고 술·고기·짐승들이 희생으로 바쳐지는 것을 좋아한다고 한다.[35] 여기서는 '두르가'와 '칼리'에 대해 자세히 알아보고, '여신의 이중적 성격'에 대해 검토하고자 한다.

(1) 두르가Durgā: 강력한 여전사

두르가는 힌두교의 여신 가운데 가장 숭배 받는 여신이라 할 수 있다. 소수의 여신을 제외하고 모든 여신들은 두르가의 여러 형태라고 받아들

---

[35] 스가누마 아키라 저, 문을식 역, 『힌두교 입문』, 59~61쪽.

여지고 있다. 두르가는 많은 형태로 나타나는데, 이중에서 9가지 형태
가 중요하다. 그 가운데 몇 가지를 보면, 가우리Gaurī는 조용하고
우호적인 방식으로 나타나는 존재이고, 안나푸르나Annapurna는 음식
을 주는 자이고, 찬디Chaṇḍī와 칼리Kālī는 무시무시한 형태로 나타나는
존재이고, 타라Tārā는 용서해주는 자이다. 특히 두르가는 아삼, 벵골,
데칸의 지역에서 주요 모신母神으로 숭배되지만, 인도의 전역에서
두르가의 상이나 이미지들이 발견된다. 그만큼 두르가에 대한 신앙은
지역적인 것을 넘어서 있다.

신화 속에서 두르가는 우주의 안정을 위협하는 악마들을 물리친다.
그래서 두르가는 많은 손에 무기를 들고 사자 위에 앉아 있는 '전쟁신'으
로 표현된다. 신화 속에서 두르가는 남신들이 악마를 물리치지 못해
우주가 위기에 빠진 상황에서 여신이 지닌 강력한 힘으로 악마를 제압한
다. 두르가는 전쟁터에서 싸울 때, 많은 여성 보조자를 창조해 낸다.
그중 가장 대표적인 인물이 칼리이다. 두르가는 남신들의 도움 없이
여성들의 힘만으로 늘 승리를 거두는 것으로 표현된다.

두르가는 악마로 상징되는 존재, 곧 인간의 삶에 있는 모든 부정적
존재를 파괴하는 여신이다. 그래서 사람들은 어려움과 위험에 처해
있을 때 두르가에게 구원을 청한다. 이런 두르가는 여러 가지 측면에서
전통적인 힌두교의 여성 이미지와는 다르다. 남신에게 복종적이지도
않고 가사를 돌보지도 않는다. 두르가는 자신의 목적을 수행하기 위해
서 남신의 힘을 이용하기도 한다.

이처럼 두르가는 남성의 보호와 지도에서 벗어나 독립적으로 자신의
임무를 이행하는 존재이고, 이는 두르가가 전통적인 힌두교에서 말하
는 순종적인 여성의 이미지와는 다르다는 걸 말해준다. 따라서 두르가

는 새로운 여성의 모습을 드러낸다. 실제로 힌두교 근본주의 단체에서는 두르가를 그들 운동의 상징으로 사용하고 있는데, 이 힌두교 근본주의 단체에서는 현대 인도에서 강력한 여성의 모습을 추구하고 있으며, 또한 일부 여성단체에서도 두르가의 화신 칼리를 상징으로 활용하고 있다.[36]

1세기 이후 두르가는 인도 전역에서 물소의 모습을 한 악마 마히샤수라mahiṣāsura를 죽이는 여신으로 숭배 받았다. 「두르가의 업적」에 나오는 이야기는 힌두교 신화 가운데서도 유명한 것이다. 그 내용은 다음과 같다. 엄청난 힘의 소유자인 마히샤수라가 지독한 고행苦行을 해서 대단한 힘을 가지게 되자, 마히샤수라는 물소의 모습이 되어서 하늘의 문을 들이받았다. 이런 상황에서 마히샤수라를 제압하기 위해서 신들은 두르가를 만들었다. 신들이 모든 힘을 한 곳에 모아서 모든 능력을 가진 한 명의 여신을 탄생시켰다. 이 무적의 여신이 악마의 군대를 모두 전멸시키고, 마침내 마히샤수라마저도 목을 벤다.

두르가 푸자는 벵골 지역에서 행해지는 축제 가운데 가장 대중적이고 정성을 들이는 것이다. 두르가 신자들은 9일 동안 금식을 한다. 그리고 떨어져 사는 가족은 조상 대대로 살아온 곳, 곧 가족이 모두 모여 사는 집에 모인다. 그리하여 축제의 마지막 날에 사람들은 두르가 여신의 거대한 신상神像을 끌고 거리를 행진하다가 강으로 가서 물속에 가라앉히는 의례를 행한다. 이 두르가 푸자가 끝나면 파르바티가 쉬바의 거주처인 카일라사 산으로 돌아가는 것처럼, 결혼한 딸들은 시집으로 돌아간다고 한다.[37]

---

36 류경희, 『인도 신화의 계보』, 63~68쪽.

(2) 칼리Kālī

2000년 초 인도 남부의 어느 조그마한 마을에서 일어난 일이다. 마을 외곽에 있는 힌두교의 신을 모시는 사당에서 끔찍하게 목이 잘린 여성의 시체가 발견되었다. 경찰이 조사해본 결과 마을에 사는 두 명의 청년이 한 짓으로 밝혀졌다. 살인동기에 대해 이 두 청년은, 잠을 자는 데 꿈에 신이 나타나서 말하기를 "너희가 3명의 여자 목을 잘라서 신에게 바치면 상상하기 어려운 큰 보물이 숨겨있는 곳을 알려주겠노라"고 하였다는 것이다. 그래서 이 두 명은 곧장 집을 나가서 눈에 띄는 여자를 사당으로 끌고 가서 죽음의 신 칼리 여신상 앞에서 작두로 목을 잘라 제사지냈다. 그리고 나서 나머지 2명의 희생자를 물색하다가 이상하게 생각한 주민들에 의해 잡혀 오게 된 것이다.[38] 이것은 비록 극단적이긴 하지만 현대 인도의 한 모습을 보여주는 예이다.

앞에서 말한 죽음의 신 '칼리'는 두르가의 맹렬하고 사나운 측면이 인격화된 것이다. 칼리는 두르가의 이미지로서 인도의 동부 지방, 특히 벵골 지방에서 널리 숭배되고 있다. 칼리는 남신과 무관한 독립된 신으로 취급되지만, 남신과 관련되는 경우가 있다면 그 대상은 쉬바이다. 이때에도 파르바티와 구분되는데, 왜냐하면 파르바티는 쉬바의 반사회적이고 파괴적인 경향을 누그러뜨리고 사회와 가정의 영역으로 끌어들이기 때문이다. 칼리는 쉬바가 위험스럽고 파괴적인 행위를 하도록 자극하는 경우가 많다. 여러 신화에서 악마를 물리치는 점에서 칼리의 맹렬하고 파괴적 성격은 쉬바를 능가한다.

---

37 리처드 워터스톤 지음, 이재숙 옮김, 『인도』, 80쪽.

38 남상욱, 『인도, 21세기 새로운 강자로 떠오르고 있다』, 307쪽.

칼리 여신

『푸라나』에 따르면, 칼리는 악마 슘바Śuṃbha 및 니슘바Niśuṃbha와 전투를 해서 악마를 물리치고 승리한 뒤에 너무나 즐거워서 죽음의 춤을 추기 시작하였다. 살인적인 황홀경 속에서 칼리는 계속 파괴적인 행위를 하였다. 모든 신이 간청을 했지만 칼리를 조용하게 할 수는 없었다. 이에 칼리를 설득할 길이 없음을 안 쉬바는 살해된 악마들의 시체 위에 누었다. 칼리는 자신이 남편의 몸 위에서 춤을 추고 있음을 알고서는 슬픔과 놀라움으로 혀를 밖으로 내놓았다. 칼리는 놀라서 이런 자세로 한참 동안이나 있었다. 이것이 칼리가 붉은 혀를 내밀고 있는 모습으로 표현되고 있는 이유이다.

칼리는 무시무시한 외모로 표현된다. 칼리의 일반적인 모습은 4개의 팔을 가졌고, 검은색 여성의 모습이다. 칼리는 한 발은 누워 있는 쉬바의 가슴에 두고, 다른 발은 쉬바의 허벅지에 두거나 땅에 둔다. 칼리는 검은색 피부에 벌거벗은 채 긴 머리를 내려뜨리고 있고, 악마를 살해하고서 얻은 악마의 머리들로 목걸이를 만들어서 걸고 있으며, 악마들의 손으로 만든 허리띠를 두르고 있다. 경우에 따라서는 아이들의 시체로 귀고리를 하기도 한다. 칼리는 손이 4개로 표현된다고 했는데, 그중에서 하나는 축복을 표시하는 것이고, 나머지 손은 굽은 칼, 악마의 머리, 무기(흔히 창) 등을 들고 있다. 게다가 핏빛 혀를 쭉 내밀고 있고, 혀에서 몸으로 피가 흐르고 있다. 칼리는 주로 전쟁터나 화장터에 나타난다. 칼리는 노획물의 뜨거운 피를 마신다고 알려졌다. 실제로 칼리 신봉자는 칼리에게 희생제물을 바친다.[39]

인도의 조직적인 암살단(Sthagas)은 300년 이상 여행객들을 죽여 왔다. 암살단은 혼자 다니는 여행자를 돕는 척하면서 접근해서 목을 졸라 죽이곤 하였는데, 암살단은 칼리 여신의 이름으로 이런 일들을 한다고 주장하였다. 이 암살단은 1830년대 영국의 식민통치 동안에 단속을 당해서 현재에는 이름만 남아 있는 상태이다.[40]

캘커타(콜카타)에 칼리 사원으로 유명한 곳이 있다. 칼리 여신은 벵골 지방의 수호신의 위치에 있다고 할 수 있다. 갠지스 강의 지류에 위치한 칼리 사원은 캘커타의 중심지에서 벗어난 교외에 있고, 많은 참배객으로 붐비는 곳이다. 참배객은 사원의 정문부터 신과 양말을 벗고 맨발로 들어가야 한다. 이 칼리 사원의 주요한 신은 '칼리'지만 다른 신들도 함께 모시고 있다. 이 사원에서 2~3분 정도 걸어가면 강이 나오고, 거기에 돌계단이 있는데 이를 '칼리 가트'라고 한다. '가트'는 힌두교도가 목욕재계하는 성스러운 곳이다. '캘커타'라는 지명도 이 칼리 가트에서 유래한 것이라고 한다. 이 가트 위로 순례자를 위한 2층 건물이 있고, 이 건물 앞에 조잡하게 만든 인형들이 널려

---

39 류경희, 『인도 신화의 계보』, 68~70쪽.

40 리처드 워터스톤 지음, 이재숙 옮김, 『인도』, 81쪽.

있다. 이 인형들이 사티, 곧 남편이 죽으면 과부가 된 아내도 같이 화장을 하는 제도에서 과부 대신 죽는 역할을 해준다. 이 인형들은 죽은 남편과 함께 태워진다.[41]

(3) 여신의 이중적 성격

"여성은 약하지만 어머니는 강하다"라고 한다. 이는 여성에게 이중적 모습이 있다는 것이고, 이러한 점은 인도 사회의 여성에도 적용된다. 인도 사회에서 처녀가 정결한 존재라면 월경과 출산기간에 있는 여성은 부정不淨한 존재이고, 순종적인 아내가 이로운 동반자라면 결혼하지 않은 여성, 과부, 관능적인 여성은 파괴적 존재이자 위험한 존재이다. 또한 아이를 출산하고 양육하는 어머니는 자애로운 존재이지만, 자율성과 독립성을 지닌 여성은 강력한 존재이자 위험한 존재로 인식된다. 이러한 이중적 관점은 아내와 어머니의 역할을 구분하는 데서 나타난다. 아내의 역할은 남성에 의해 통제되는 순종적인 것이고, 어머니의 역할은 위험한 것이자 통제가 되지 않는 것이다. 남성 중심적인 문헌에서는 순종적인 역할, 곧 아내의 역할을 여성의 규범으로 강조하고 있다. 그에 비해 대중에게 친숙한 민속과 구비전승에서는 어머니 역할을 주로 강조하고 있다. 이러한 여성에 대한 이중적 관점은 힌두교 여신 개념에도 그대로 나타난다.

따라서 힌두교 여신의 상징체계에서 여신은 두 가지 범주로 나타난다. 그것은 배우자 여신과 독립적 여신이다. '배우자 여신'은 남신과 결혼하여 배우자가 된 것이고, '독립적 여신'은 결혼을 했느냐 안 했느냐

---

41 서경수, 『인도 그 사회와 문화』(현대불교신서 23, 1992 재판), 101~103쪽.

에 관계없이 독립성을 강하게 나타내는 것이다. 대부분의 학자가 힌두
교 여신을 이처럼 두 범주로 구분하고 있지만, 그들이 사용하는 용어는
여러 가지다. 배우자 여신(Spouse Goddess)과 데비(Devī, 여신)라고
하기도 하고, 산스크리트화가 된 여신(Sanskritic Goddess)과 산스크리
트화가 되지 않은 여신(non-Sanskritic Goddess)으로 구분하기도 하며,
정통 여신과 비非정통 여신으로 나누기도 한다.

힌두교 사상에 따르면, 여신은 우주의 창조력이자 생명에너지인
샥티śakti가 구체화된 존재이다. 여신이 남신의 배우자로서 남신의
통제 아래에서 협조적인 역할을 담당할 때는 인간이 원하는 바를 주는
존재, 곧 풍요롭고 자애로운 존재로 인식된다. 그 예로서 쉬바의 아내
'파르바티', 비슈누의 아내 '락슈미', 브라흐마의 아내 '사라스바티' 등이
있다. 그와 반대로 '두르가'와 '칼리' 등은 쉬바의 아내이긴 하지만
독립성이 강한 도전적 존재이고, 또 '두르가'와 '칼리'는 강력한 존재이
지만 위험한 존재로 받아들여진다. 인도 문화에서 여성의 힘은 강력하
고 신성한 것이면서 동시에 두려움의 대상이 된다.

이처럼 이중적 여신의 상징체계가 형성되게 된 것은 힌두교가 이루어
진 과정과 관련이 있다. 구체적으로 말해서 아리아인에 의해 만들어진
브라만교(바라문교)는 가부장적인 성격이 강했고, 그에 반해 토착민의
여신신앙 전통에는 여성원리가 중심적 역할을 하였는데, 이 브라만교
와 토착민의 여신신앙 전통이 지속적으로 상호작용을 하면서 이중적
여신상징체계가 만들어졌다는 것이고, 이는 많은 학자들이 주장하는
것이다. 이것을 '힌두교 신학적 종합화'라고도 한다. 다시 말하자면
아리아인이 인도에 들어와서 자신의 종교 문화를 이루어가자, 그에
따라 토착민의 여신신앙은 주변으로 밀려났고, 종합화 시기(기원전

4세기~기원후 4세기: 이 시기에 대해서는 여러 견해가 있다)에 주변으로 밀려난 여신신앙이 힌두교 남신의 배우자 신이 되는 과정을 통해서 힌두교 만신전(Pantheon)에 새롭게 편입되었다는 것이다.

'배우자 여신'은 상층 카스트 여성에 의해 받아들여졌고, '독립적 여신'은 낮은 카스트 여성에 의해 수용되었다. 상층 카스트 여성은 그 역할이 가정에 국한되었지만, 낮은 카스트 여성은 상대적인 평등성을 누리고 가정이나 사회적 행위에서 남편과 역할을 교환하기도 한다.

하지만 '배우자 여신'은 이로운 존재이고, '독립적 여신'은 '두려운 존재이면서 악의적인 존재'라고 구분하는 것은 지나친 주장이다. 실제로 현지조사를 해보면, 인도인은 '배우자 여신'과 '독립적 여신'을 대립적으로 구분하기보다는 여성원리가 서로 대립되면서도 보완되는 측면으로 이해하고 있음을 알게 된다.[42]

7) 하누만Hanumān: 신을 헌신적으로 모시는 존재

중국 4대소설의 하나인 『서유기』의 손오공은 원숭이이고, 인도 서사시 『라마야나』에서 중심적 활동을 하는 하누만도 원숭이 형상을 하고 있다. 하누만은 원래 부족신이었다가 시대의 필요에 따라 아리아인에게 받아들여진 것으로 추정된다. 하누만의 상像은 전체가 붉은 칠로 칠해졌는데, 이는 아리아인의 것이 아니고 토착민의 관행이기 때문이다. 하누만은 『라마야나』에서 자신이 섬기는 신 '라마'가 어려움에 처할 때마다 가장 헌신적으로 봉사한다. 이 때문에 하누만은 신에

42 김주희·김우조·류경희, 『인도여성-신화와 현실』(한국외대 출판부, 2005), 18~30쪽.

대한 헌신적인 사랑, 곧 '박티'의 구체화된 존재이고 희생적인 봉사의 상징이라고 할 수 있다.

하누만

또한 하누만은 모든 악의 세력을 막아 주는 보호자로 받아들여진다. 그래서 하누만은 어떤 새로운 시도를 할 때 모셔지는 존재이며, 건강과 성공을 위해서 모셔지는 존재이다. 이와 관련해서 하누만은 '상카트 모찬Sankat-Mochan'이라고 불리는데, 이는 '모든 장애를 제거하는 자' 또는 '모든 문제에서 구해주는 자'라는 의미이고, 이 이름은 하누만의 특성을 잘 보여준다. 신화 속에서 하누만은 '모든 악을 파괴하는 자'이고 '모든 고난을 추방하는 자'로 묘사된다. 그래서 인도의 많은 학생이 시험에 앞서서 하누만의 숭배일인 화요일과 토요일에 하누만의 상 앞에서 예배를 드린다고 한다.

하누만은 영웅 신화의 하나이다. 원래 하누만은 산스크리트 문헌에서는 지능 있는 존재로 서술되었으며, 신으로까지 모셔지지는 않았다. 신으로서는 중세시대에 그 중요성을 얻었다. 툴시다스(Tulsīdās, 1532~1624)는 힌두교의 비슈누파와 쉬바파의 대립을 없애기 위해서 하누만을 강조하였다. 힌두교의 비슈누파와 쉬바파는 인도의 북부와 중부에서 대중에게 큰 영향을 미치면서 2대 종파를 형성하고 있었는데,

이 두 종파의 경쟁으로 인해서 유혈사태가 생기기도 하였다. 툴시다스는 이러한 분쟁을 막기 위해서 하누만의 존재를 부각시켰다. 툴시다스의 『슈리라마차리트마나스Śrīrāma-carit-mānas』에서 하누만은 샹카르(쉬바)의 아들로 태어났지만, 아버지를 만난 적이 없고 계속해서 라마(비슈누)에게 봉사를 하는 존재로 묘사된다. 이는 쉬바파와 비슈누파를 통합하려는 의도라고 할 수 있다.[43]

하누만과 유배 중인 원숭이 왕 수그리바Sugrīva가 숲속에 있었는데, 어느 날 '라마'와 라마의 동생 락슈마나Lakśmaṇa를 만난다. 라마는 악마의 왕 '라바나'가 자신의 아내 '시타'를 납치해 갔고, 시타를 구하기 위해서 라바나의 왕궁으로 간다고 말하였다. 하누만은 라마의 이러한 열정에 감동하였고, 그리하여 라마를 곁에서 섬기는 것이 자신의 운명이라고 느끼고, 군대를 동원해서 시타를 찾아 나선다. 원숭이 군대는 라바나와 시타를 찾는 데 성공하지는 못했지만, 하누만은 랑카에 있는 라바나와 시타를 찾아낸다. 하누만은 악마의 강력한 군대를 피하기 위해서 평범한 원숭이로 변해서 라바나의 화려한 궁전에 몰래 들어간다. 하누만은 악마의 시녀들에 의해 둘러싸인 시타를 찾아내고는 자신의 본래 모습을 나타내고 시타를 위로한다. 시타는 말하는 원숭이를 보고 기절하지만, 하누만은 라마에게 받아온 반지를 보여주면서 진정시킨다. 하누만은 자신을 소개하고 라마가 시타를 잃은 후에 무척 괴로워하고 있다고 전해준다. 그리고는 하누만은 시타에게 자신의 등을 타고 하늘로 날아서 궁전에서 탈출할 것을 제안한다. 하지만 시타는 자신이 다른 사람에 의해 구출되면 라마의 명예를 손상시킬

---

43 류경희, 『인도 신화의 계보』, 71~76쪽.

것이라고 하면서 거절한다. 본격적인 전쟁은 아니지만, 하누만은 라바나를 조롱하면서 성벽을 무너뜨리고 악마의 호위병 몇천 명을 전멸시킨다. 그러자 그것에 대한 보복으로 라바나는 하누만을 잡다가 꼬리에 불을 붙인다. 그러나 하누만은 일부러 잡힌 것이고, 그 다음에 엄청나게 큰 원숭이가 되어 성안을 뛰어다니면서 온 도시를 불바다로 만들었다. 그리고 나서 하누만은 시타의 전갈을 가지고 라마에게 돌아간다. 라마는 하누만과 원숭이 군대를 이끌고 쳐들어가서 랑카를 파괴하고 라바나를 없앤다. 그리하여 시타는 마침내 라마와 만나게 된다.

그런데 하누만의 헌신은 『라마야나』의 마지막 장에 잘 나타난다. 원숭이 군대가 랑카를 없애고 승리를 축하하면서 라마의 왕궁을 떠날 준비를 할 때였다. 하지만 하누만은 라마의 왕궁에 남아서 라마와 시타를 모셔 오겠다고 선언한다. 원숭이 왕 '수그리바'가 하누만에게 라마와 시타에 대한 마음을 증명해 보이라고 하자, 하누만은 자신의 가슴을 열어 그 안에 있는 라마와 시타의 형상을 보여주었다고 한다. 이것이 바로 유명한 '하누만의 심장'이다.[44]

8) 가네샤Gaṇeśa: 장애를 제거하는 신

인도에서 동물의 형상으로 숭배되고 있는 신 가운데 널리 알려진 것이 원숭이 신 하누만과 인간의 몸에 코끼리의 머리를 하고 있는 가네샤이다. 흔히 '가나파티Gaṇapati'라는 이름으로도 불린다. 가네샤는 쉬바와 파르바티의 첫 번째 아들이라고 하며, 쉬바와 관련된 신 가운데 가장 유명하다.

---

[44] 리처드 워터스톤 지음, 이재숙 옮김, 『인도』, 54~55쪽.

가네샤

가네샤는 '새로운 시작의 신'이고 '장애를 제거하는 신'으로 받아들여지고 있다. 그래서 힌두교도는 모든 예배와 의식과 다른 세속의 일, 곧 사업, 여행, 집짓기 등의 일을 처음 시작할 때 가네샤에게 예배드린다. 또 가네샤는 지혜와 부富의 신으로도 숭배된다. 현재 힌두교의 거의 모든 종파에서 가네샤를 숭배하고 있으며, 사원, 가정 사당, 특히 기업의 건물 등에서 가네샤를 주요한 신으로 모시고 있고, 가네샤가 주요한 신이 아닌 경우에도 다른 신들과 함께 모셔지고 있다.

가네샤는 아리아인이 인도에 들어오기 이전부터 거주하고 있었던 토착민의 신으로, 아리아인이 인도에 정착하는 과정에서 힌두교에 편입되었다. 아리아인은 초기에는 가네샤를 악하고 해로운 존재로 보다가 나중에는 가네샤의 성격이 '악의가 있는' 존재에서 '장난기 있는' '온화한' '상서로운 길조'의 존재로 바뀌고 있는데, 이는 가네샤가 처음에는 아리아인의 신이 아니고 토착민의 신이었음을 보여주는 하나의 증거이다.

가네샤는 배가 불뚝 나온 사람의 몸에 코끼리의 머리를 하고 있고, 일반적으로 팔이 네 개인 형상을 하고 있다. 이러한 가네샤의 형상이

함축하고 있는 상징적 의미를 다음과 같이 해석할 수 있다. 코끼리의 거대한 머리는 모든 영적인 지혜를 담고 있다는 의미이고, 코끼리의 길고 굵은 코는 지성을 의미한다. 이는 유연한 지성을 의미하는데, 진리와 거짓을 구별하는 능력에 기초해서 주어진 상황에 대응하는 것이다. 가네샤의 불뚝 나온 큰 배는 마음의 안정을 의미한다. 4개의 손 중에서 3개의 손에는 밧줄, 도끼, 스위트를 들고 있고, 펴고 있는 한 개의 손은 축복의 표시를 하고 있다. 여기서 '밧줄'은 삶의 즐거움에 대한 인간의 집착이 자신을 속박함을 의미하고, '도끼'는 그 속박의 밧줄을 끊는다는 의미이며, '스위트'는 최고의 기쁨인 자유를 의미한다. 한편, 가네샤는 힌두교의 신 가운데 가장 무게가 무거운 신이면서도 작은 쥐를 탈 것으로 한다. 가네샤의 탈 것인 '쥐'는 욕망으로 흔들리는 마음, 곧 변덕스러운 마음을 의미한다. 그렇지만 마음은 일정한 수행을 통해서 영적인 자유를 얻을 수 있는 매개이기도 하다. 그리고 이 '쥐'는 쪼그리고 앉아 있는 모습을 취하고 있다. 쥐와 가네샤의 크기의 차이는 유한한 마음과 무한한 영적 지혜의 차이를 의미한다.

가네샤의 모습, 곧 인간의 신체와 동물의 신체가 결합되어 있는 반인반수半人半獸의 모습은 신과 인간과 자연이 동일 연속체임을 보여주는 것이고, 모든 생명체의 근본적 통일성을 강조하는 힌두교의 사상을 상징하는 것이다. 또한 가네샤의 신화를 통해서 토착민의 신앙 대상이 힌두교 쪽으로 수용되어 가는 과정을 읽을 수 있다.[45]

---

45 류경희, 『인도 신화의 계보』, 77~82쪽; 그리고 중국과 서양의 반인반수신화에 대해서 다음과 같은 지적이 있다. 서양에서 기독교가 발생하면서부터 동물·식물과 인간이 동등한 위치를 차지하는 변신신화는 자취를 감추고 말았지만, 중국에서는 동물은 숭배의 대상이면서 사냥의 대상이고 또한 인간을 생존케 하는 존재로 받아들여졌다.

가네샤의 탄생에 대한 신화는 여러 가지가 있고 조금씩 다르기는 하지만 대체로 다음과 같다. 파르바티가 목욕을 하는 중에 자기 다리에서 때를 벗겨 약초에 섞어서 사람의 형상을 만들었다. 파르바티는 그 형상에 생명을 불어넣었다. 그리고는 자신이 목욕을 하는 동안에 밖에서 누구도 들어오지 못하게 감시하도록 하였다. 남편 쉬바가 오랜만에 집에 돌아와 보니 처음 보는 사람이 집을 지키는 것이었다. 쉬바가 문을 통과해서 안으로 들어가려고 하자 가네샤는 쉬바를 막고 안으로 들어가지 못하게 하였다. 그러자 쉬바는 화가 나서 가네샤의 목을 잘라버렸다. 그리고 나서 쉬바는 가네샤가 파르바티의 아들이라는 것을 알게 되었다. 쉬바는 자신의 정예부대원을 불러 숲 속으로 가서 처음 만나는 사람의 머리를 가져오라고 지시를 내렸다. 쉬바의 부하들이 처음 만난 생물이 코끼리였기 때문에 부하들이 코끼리의 머리를 가지고 왔다. 쉬바는 이 머리를 가네샤의 어깨에 붙여서 다시 생명을 찾게 하였다. 가네샤는 쉬바와 파르바티의 환영을 받으면서 함께 신神이 되었고, '정예부대의 주인'이라는 의미에서 가네샤라는 이름을 받았다고 한다.

가네샤 축제는 음력으로 바드라파다(양력 8~9월)의 제4일에 열리는데, 이때 가네샤의 탄생을 기린다. 마하라슈트라의 주도州都 뭄바이에서는 거대한 가네샤의 상像을 만들어서 거리를 행진하곤 한다. 이 축제는 이 지역에서 상당히 중요하기 때문에 몇 천 명의 지역 주민이 모여든다고

그래서 중국에서는 동물에 대한 이러한 태도와 인간의 영혼이 불멸한다는 관념이 서로 만나서 반인반수의 형상을 한 신들이 생겨났고 인간이 동물로 변하는 이야기가 나타났다.(김선자, 『변신이야기』, 살림, 2004 2쇄, 19~20쪽)

한다.[46] 가네샤는 불교에 수용되어 환희천歡喜天이라 불린다.[47]

9) 강가Gaṅgā: 인도 문화의 상징, 강의 여신

야무나 강江은 인도 수도 뉴델리 근처를 흐르는 큰 강이다. 이 야무나 강은 힌두교에서 성스럽게 여기는 강 가운데 하나이다. 야무나 강은 종교적으로는 신성한 강이지만, 현실적인 눈으로 보자면 지독한 공해로 썩어 가는 강이라고 할 수 있다. 1999년 말에 야무나 강변에 많은 사람이 몰려들었다. 야무나 강기슭에 있는 흙에서 향기가 난다고 소문이 났기 때문이다. 이처럼 흙에서 향기가 나는 것은 힌두교 여신의 상징이라고 믿었다. 다시 말해서 여신이 향기로 나타난 것이라고 사람들은 받아들인 것이다. 이에 경찰이 조사해본 결과 야무나 강 인근에 있는 향 제조공장에서 향을 만들고 남은 화학쓰레기를 이 야무나 강기슭에 몰래 버렸기 때문임이 밝혀졌다. 경찰이 이렇게 발표하였지만 사람들은 받아들이지 않았다. 한번 퍼진 소문은 쉽게 사그라지지 않았다. 하루의 일과를 끝낸 샐러리맨들도 귀갓길에 강변에 들러서 향기가 난다는 흙을 집으로 가지고 갔고, 어린아이들도 아버지와 어머니를 졸라서 와보는 이상한 성지聖地가 되었다.[48]

　이처럼 인도인은 '강'을 신성하게 여기는데, '강가'가 특히 그러한 존재이다. 인도아대륙에 있는 강 가운데 7개의 강이 신성하게 여겨지는데, 특히 '강가', 곧 갠지스 강은 가장 신성한 존재라고 믿어지고 있다. '강가'는 천상에서 유래된 성스러운 물줄기이고, 인도인의 심성을 형성

---

46 리처드 워터스톤 지음, 이재숙 옮김, 『인도』, 72~73쪽.

47 이은구, 『인도의 신화』, 323쪽.

48 남상욱, 『인도, 21세기 새로운 강자로 떠오르고 있다』, 306쪽.

하는 문화적 흐름, 곧 인도의 영원한 유산이자 움직이는 역사이다. '강가'는 신비하고 고요한 인도 문화의 특성, 그리고 모든 것을 받아들여 용해시키는 인도 문화의 특성을 그대로 간직하고 있는 상징물이라고 할 수 있다.

'강가'는 생명력과 정화력의 원천이고, 천상과 지상을 연결시켜 주는 곳이다. 또한 인도 종교에서 말하는 윤회, 곧 생사의 지속적인 흐름을 상징하는 것이기도 하다. '강가'는 복합적인 의미를 지닌 문화적 상징이다. 힌두교도는 '강가'의 물에 몸을 담그면 모든 오염과 죄를 씻을 수 있고, '강가'에서 죽음을 맞이하면 천상이나 해탈에 이를 수 있다고 믿고 있다. 그래서 '강가'는 천상에 이르는 계단으로 불리기도 한다. 그리고 '강가'가 흐르고 있는 주요한 지점에 신성한 도시가 건설되었다.

'강가'는 히말라야에서 시작해서 하리드와르Haridwār에서 평야지역에 접어들고, 지금의 알라하바드Allahabad 근처 프라야그Prayāg에서 야무나 강과 만난다. 이 합류점, 곧 상감saṅgama이 특히 신성시된다. 지금도 길일이면 수많은 힌두교도들이 목욕의례를 하기 위해 전국에서 이곳으로 모여든다. 쿰바멜라Kumbhamelā 축제가 바로 이 시기이다. 12년마다 돌아오는 대大 쿰바멜라 축제가 2001년 1월에 열렸는데, 이때 약 8천만 명이 이곳에 모였다고 한다.[49]

---

49 류경희, 『인도 신화의 계보』, 83~89쪽.

5장 카스트제도

1999년 10월 인도 동부해안에 있는 오리사 주에 태풍이 불어서 1만
명 이상의 주민이 죽고 수십만 마리의 가축이 없어지는 큰일이 발생했
다. 태풍이 지나간 지 며칠 뒤에야 복구 작업이 시작되었다. 그런데
사람과 가축의 시체를 처리하는 데 문제가 생겼다. 시체를 그냥 놔두면
전염병이 발생할 가능성이 있는데도, 주민들은 시체 치우는 일에 나서
기를 꺼려하였다. 힌두교 관습에 따르면 사람의 시체를 치우거나 화장
을 하는 일은 카스트 가운데 가장 낮은 계급이 해야 하는데, 태풍으로
인해 생긴 엄청난 수의 시체를 처리할 장례전문 카스트를 찾을 수
없었다. 가축의 시체를 치우는 일은 더 문제가 되었다. 가축의 시체를
치우는 일은 사람의 시체를 치우는 계급보다 더 낮은 계급이 해야
되는데, 그러한 낮은 계급의 수효는 사람의 시체를 치우는 계급의
수효보다도 더 적기 때문이었다. 그래서 가축담당 카스트를 모두 다

동원한다고 해도 수십만이 넘는 동물의 시체를 단시간에 처리할 수는 없었다. 더구나 가축 가운데 소는 신성한 동물이기 때문에 별도의 절차가 필요했다.

그러자 오리사 주 정부는 카스트 구분 없이 모두 시체를 처리하는 데 동참할 것을 촉구하였지만, 주민들의 반응은 싸늘했다. 왜냐하면 주민들은 전염병이 퍼지는 것보다 자신의 카스트 신분에서 할 수 없는 천한 일을 해서 자신의 카스트를 잃는 것이 더 두려웠기 때문이다.[1] 이것이 카스트제도의 한 모습을 보여주는 좋은 예이다.

그런데 카스트의 개념은 단순한 것이 아니다. 일반적으로는 '카스트' 와 '바르나'와 '자티'가 거의 같은 의미로 쓰이고 있지만, 차이점도 존재한다. 바르나가 계급(사성계급)을 의미한다면, 자티는 사회적 기능단위(친족과 길드의 분류)를 지칭한다. 바르나제도가 먼저 형성되었 고, 그 바르나제도에 기초해서 더 세분화된 것이 자티이다. 따라서 바르나제도는 고대에 형성되었고, 자티는 중세 후기 이후에 이루어진 것이다.[2]

자티는 인도 전역에 4,000개 이상이 있다고 추산된다. 지역에 따라 자티 집단의 명칭이나 성격이 다르고 집단 사이에 위계서열을 정하는 방식도 다르다. 자티 집단의 규모는 크게는 수천만 명에서 작게는 수백 명에 이르기까지 여러 가지이다. 그래서 브라만, 라즈푸트Rajput, 야다브Yadav, 차마르Chamar처럼 여러 주에 걸쳐 있는 거대한 자티가 있는가 하면, 마라타Maratha, 링가야트Lingayat, 자트Jat, 나마슈드라

1 남상욱, 『인도, 21세기 새로운 강자로 떠오르고 있다』(일빛, 2000), 301쪽.
2 이광수 외, 『카스트』(소나무, 2002), 24쪽.

Namashudra처럼 한두 개의 주에만 집중되어 있는 자티도 있고, 아주 좁은 지역에서만 볼 수 있는 자티도 있다.[3]

또한 바르나는 인도 전역에 적용되는 기준이 되지만, 자티는 바르나만큼 인도 전역에 적용되지는 않는다. 자티는 촌락들이나 군郡 단위 지역이 모여 있는 광역(region)에서 영향력을 발휘한다. 바르나와 자티의 관계에 대해서 여러 가지 견해가 있지만, 메리어트의 주장에 따르면 일반적으로 인도인은 익명성이 보장되는 대도시에서는 '바르나'로서 자신을 드러내고, 동일한 문화적 범주이거나 언어적 범주인 광역 범위에서는 '자티'를 중요시하며, 촌락의 범위에서는 영속집단인 '종족'이나 '씨족'으로서 자신을 나타낸다고 한다.[4]

많은 카스트 집단은 자신의 카스트를 특정한 바르나와 연결시킨다. 이 때문에 바르나 체계는 여러 지역의 서로 다른 카스트 집단이 접촉할 때 서로 다른 위계를 비교하는 공동의 기준이 된다. 북인도의 '야다브'와 남인도의 '링가야트'가 서로 별개의 카스트 체계에 속해 있는 것이지만, 바르나 체계에서 보자면 야다브와 링가야트가 슈드라 바르나 상층부에 속한다. 이를 근거로 해서 야다브와 링가야트에서는 서로에 맞는 태도를 조정할 수 있다. 또한 크샤트리아 바르나에 속하는 북인도의 라즈푸트가 생전 처음 만나는 남부의 대표적 불가촉천민인 파라이얀Paraiyan을 자기보다 열등한 존재로 취급해도 상대방 쪽에서 받아들이는 것도 바르나라는 공동의 기준을 가지고 있기 때문이다.

---

3 정채성, 「현대 인도 사회의 변화와 갈등: 카스트를 중심으로」, 『인도의 오늘』(한국외대 출판부, 2002), 207쪽.

4 김경학, 「인도의 카스트제도」, 『내가 알고 싶은 인도』(한길사, 1997 2쇄), 106~107쪽.

하지만 수천 개의 카스트 집단이 모두 4개의 바르나에 들어맞는 것은 아니다. 특정한 바르나에 속한다고 판단하기 어려운 카스트 집단도 적지 않다. 더욱이 자신이 주장하는 바르나 지위와 다른 사람이 인정하는 바르나 지위에 차이가 있는 경우도 많다. 예를 들면 북인도의 카야스트Kayasth와 부미하르Bhumihar는 자신들은 브라만이라고 주장하지만, 다른 사람은 '크샤트리아'나 '슈드라'라고 간주하는 경우도 많다. '야다브'나 '마라타'도 자신은 '크샤트리아'라고 주장하지만, 다른 사람은 '슈드라'라고 취급하는 경우도 많다. 대개 하나의 카스트 집단이 경제적·정치적 힘을 배경으로 해서 높은 바르나 지위를 주장하면 그 주장이 통용되지만, 그 경우에도 일상생활에서 다른 카스트 집단과 상대적 지위를 정하는 일에서는 여러 가지 마찰음이 생긴다.[5]

그리고 바르나는 위로부터 일어난 카스트 현상이라고 할 수 있고, 자티는 바르나에 기초해서 밑에서 발생한 카스트 현상이라고 할 수 있다는 것이 야마자키 겐이치(山崎元一)의 주장이다.

1. 카스트제도란 무엇인가

인도 사회를 특징짓는 것 중의 하나가 카스트caste제도이다. '카스트'라는 말은 포르투칼어 카스타(casta; 種別)에서 나온 것이다. 기원후 16세기에 들어온 포르투칼인이 인도인이 명확한 종성種姓으로 신분을 엄격히 구분하는 것을 보고 이렇게 이름 붙인 것이다. 그러나 고대의 인도문헌에는 카스트가 바르나varṇa로 기록되어 있다. '색깔'을 의미하

---

5 정채성, 「현대 인도 사회의 변화와 갈등: 카스트를 중심으로」, 『인도의 오늘』, 209쪽.

는 '바르나'는 힌두쿠시 산맥을 넘어온 흰 피부의 아리아인이 피부색이 검은 인도 원주민과 구별하기 위해서 사용한 말이다. 검은 피부를 가진 원주민을 악마·야만인을 의미하는 '다사dāsa'라고 불렀고, 이는 나중에 노예를 의미하게 되었다. 이것을 볼 때 카스트가 성립하는 데는 인종적인 요소가 정복자와 정복된 사람의 구분과 맞물려서 작용하였음을 알 수 있다. 여기서는 카스트제도의 특징, 카스트 사이의 분업적 관계 곧 자즈마니 체계, 카스트제도의 장점과 단점에 대해 알아보고자 한다.

1) 카스트제도의 특징

카스트의 특징으로는 다음의 4가지를 들 수 있다. 첫째, 족내혼族內婚의 엄수이다. 카스트는 폐쇄적 집단이므로 자신이 속한 카스트 이외에 다른 사람과 결혼하는 것은 엄격히 금지된다. 그러나 같은 카스트 안에서도 같은 공동가족을 의미하는 '고트라gotra'끼리는 결혼이 금지되고, 사핀다Sapiṇḍa라고 부르는 친족 사이에도 결혼은 금지된다. '사핀다'는 아버지 쪽으로 7촌이고, 어머니 쪽으로 5촌 이내의 친족을 가리킨다. 이 때문에 고대에는 알맞은 배우자를 찾기 힘들었고, 인도 특유의 조혼풍습은 이로 인해 생겨났다고 한다.[6] 그러나 족내혼에도 예외의

---

6 인도 가족제도의 특징은 부부 혹은 자식을 단위로 하는 것이 아니고, 가족 몇 개가 모여서 가족집단을 이루는 데 있다. 이와 같은 가족형태를 일반적으로 '공동가족 (gotra)'이라고 부른다. 이 공동가족에서는 자식이 결혼하더라도 부모와 세대를 따로 구성하지 않고, 부모의 집에서 형제·가족과 함께 생활한다. 공동가족에서 아버지는 가장으로서 모든 가족을 통제하지만, 여기에서는 가족회의가 최고의 권위를 가지고, 식량·재산·가옥은 가족 모두가 공동으로 소유한다.

경우가 있다. 상위 카스트의 남자가 하위 카스트의 여자와 결혼하는 순모혼順毛婚은 관대하게 인정된다. 순모혼을 허용하기 때문에 상위 카스트에서 미혼여성이 늘어나게 되었고, 상위 카스트에서 과부의 재혼을 금지한 일이나 결혼지참금을 요구하는 것은 이러한 순모혼에 의해 생겨난 것이라는 주장도 있다.

둘째, 전통적인 직업의 세습이다. 각 카스트에는 조상 대대의 직업이 있고 그것을 세습할 의무를 가지고 있다. 이때 단순히 직업의 높고 낮음이 문제가 되는 것이 아니고, 직업에 따른 깨끗함과 더러움이 분명하게 나타난다. 더러움으로 간주되는 직업은 생물을 죽이는 것, 죽음, 인간의 배설물, 피혁, 알코올, 음료 등에 관한 것이다. 그리고 더러움의 정도도 다양하고, 그 정도에 따라 깨끗하게 하는 방법을 설명하고 있다.

셋째, 음식물에 관한 금기이다. 각 카스트에는 음식물에 대한 엄격한 금기사항이 있다. 이때에도 깨끗함(淨)과 더러움(不淨)이라는 종교적 관념과 연결되어 있다. 인도에서는 원칙적으로 다른 카스트 사람과 식사하는 것을 금지하고 있으며, 하위 카스트에게 물이나 음식물을

이 공동가족제도는 고대의 인도에서 토지를 함께 소유하고, 공동으로 경작해야 했던 필요성에서 나온 것이다. 이 토지를 자손에게 물려주어 많은 가족 구성원에게 혜택이 돌아가게 하였다. 이 공동가족제도는 이 제도를 지탱하게 해주었던 경제적 요인이 사라졌음에도 인도에서 영향력을 발휘했다. 그래서 이슬람의 지배와 영국의 지배에서도 이 공동가족제도는 끈질기게도 살아남았는데, 최근에 들어서서 이 공동가족제도가 급속히 사라지고 있다. 다만 농촌사회는 급격하게 변하지 않아서 오늘날에도 농촌에는 이 공동가족제도가 남아 있다고 한다. 이 공동가족제도가 카스트와 힌두교의 사회를 지탱해주는 큰 원동력이었다.(스가누마 아키라 저, 문을식 역, 『힌두교 입문』, 여래, 1994 2쇄, 25~26쪽)

받는 것도 금지하고 있다. 이 가운데 물에 관한 규제는 북인도에서는 조금 완화되어 있다. 북인도에서는 브라만이 슈드라의 상위 카스트에 속한 사람의 그릇에서 자신의 그릇으로 물을 따라서 마실 수 있다. 왜냐하면 그릇에서 그릇으로 물이 옮겨질 때 공중에서 정화된다고 생각하기 때문이다. 하지만 남인도에서는 물에 관한 예법이 엄격하다. 예를 들면 정거장이나 역에서 식수판매인은 모두 브라만 출신이라고 한다. 브라만에게서는 모든 사람이 물을 받아 마실 수 있기 때문이다.

음식물에 관한 예법은 물에 관한 예법보다 더욱 엄격하다. 특히 '누가 조리한 것인가'가 문제가 된다. 브라만이 요리한 것은 누구나 먹을 수 있기 때문에 레스토랑의 요리사도 브라만 출신이 많다고 한다. 우유와 기름으로 조리한 음식물(pakkā)에 관한 예법은 물로 조리한 음식물(kachchā)에 관한 예법보다 덜 엄격하다. 그래서 우유와 기름으로 조리한 음식물의 경우에는 하위 카스트가 주는 것도 먹을 수 있다. 상위 카스트로 올라갈수록 터부의 음식물이 늘어난다. 그래서 브라만의 서브 카스트 가운데는 달걀이나 생선도 먹지 않는 완전한 채식주의자도 있다고 한다. 근대에 들어서 직업의 세습이나 음식물에 관한 금기는 지켜지지 않는데도 깨끗함과 더러움이라는 종교적 관념은 여전히 남아 있다. 특히 불가촉천민不可觸賤民에 대해서 힌두교도는 강한 거부의식을 가지고 있고, 이것이 현재 인도 최대의 문제로 부상하고 있다.

넷째, 카스트는 자치기능을 가진 배타적 집단이다. 카스트의 장로회의나 카스트 구성원의 집회에서는 카스트의 관행을 위반한 사람에게 제재를 내린다. 이미 힌두 법전에서 국왕은 카스트의 관행을 중요시하고 카스트의 내부문제에 간섭하지 말라고 하였다. 이러한 위정자의 태도는 이슬람교 지배 시대, 영국의 식민지 시대를 통해서도 지켜졌다.

물론 지역사회 전체의 안녕에 관한 문제이거나 카스트 사이의 싸움 등에는 촌락의 장로회의나 지역사회와 국가의 권력이 개입하여 문제를 해결하였다.

카스트 장로회의나 집회에서 취급하는 위반사항은 다양하다. 그것은 식사, 결혼, 남녀관계, 직업에 관한 것이고, 힌두교 신앙에 관한 것이며(소를 도살하는 것, 브라만이나 다른 신을 모독하는 행위), 교제나 예의범절에 관한 것, 경제적 이해관계에 속하는 것 등이다. 제재 방법으로 가장 많이 채택되는 것은 카스트 밖으로 추방하는 것이다. 추방기간에는 자신이 속한 카스트와 교섭하는 것이 완전히 단절되고, 다른 카스트 사이에 맺어져 있는 사회·경제적 관계도 단절되는 경우가 많다. 일시적 추방의 경우에는 속죄행위나 정화의례를 한 뒤에 동일 카스트로 복귀할 수 있지만, 영구 추방된 사람은 다른 카스트에서 받아 주는 일도 없으며 가족도 돌보지 않는다.

위반사항이라고 하는 것이 우리의 눈으로 보면 아주 사소한 사건이 많다. 이는 카스트의 단결을 공고히 하고 카스트의 명예를 지켜서 다른 카스트에게 멸시당하는 일이 없게 하기 위해서이다. 이러한 조치는 다른 카스트와 비교해서 자신의 카스트의 상대적 지위를 유지하고자 하는 것이다. 일반적으로 낮은 카스트 조직일수록 또한 지리적으로 한정된 범위에서 이루어진 카스트일수록 결합이 강하고 조직도 튼튼하다. 따라서 인도인은 카스트 밖으로 영구히 추방되지 않는 한, 성공이나 실패에 상관없이 일생동안 자기의 카스트에서 벗어날 수 없다. 카스트 제도 아래에서 개인의 생활은 세부에 이르기까지 규제되어 있으며 개인의 선택의 자유는 엄격히 제한되어 있다. 그렇지만 반대급부도 존재한다. 카스트에 속한 직업, 곧 조상대대로 내려온 직업에 종사하는

한 최저의 생존은 보장되었다.[7]

2) 자즈마니 체계: 카스트 사이의 분업적 관계

카스트 사이의 분업적 관계를 자즈마니 체계(jajmani system)라고 한다. 이 체계는 지주와 농민과 장인 카스트와 서비스업에 종사하는 카스트의 경제 관계를 말한다. 다시 말하면, 자즈마니 체계는 지주와 농민 등 농업에 종사하는 사람(자즈만, jajman)과 이들에게 필요한 물품과 서비스를 제공하는 장인 카스트와 서비스업에 종사하는 카스트(카민, kamin) 사이에 전개되는 경제적 관계이다. 물품과 서비스를 제공하는 카스트인 목수, 대장장이, 토기공, 직조공, 이발사, 세탁하는 사람, 죽은 가축을 치우는 사람, 청소하는 사람 등은 대대로 단골관계를 맺고 있는 농민에게 관습적으로 규정된 물품 또는 서비스를 제공하고, 이에 대한 대가로 농민은 관습적으로 규정된 분량의 곡식을 제공한다. 이러한 자즈마니 체계는 넓은 의미의 후원자와 후원받는 사람의 관계의 한 유형으로 간주된다. 인도 농촌에서 현금 경제가 자리 잡기 전에는 현물로 거래되었고, 현재도 오지奥地에서는 현물 거래가 이루어지고 있다.

이처럼 카스트를 토대로 해서 전개되는 전통적 경제방식에 대해 학자 사이에 해석이 다르다. 일부 학자는 자즈마니 체계의 상호의존적 측면을 강조하고, 다른 학자는 농민, 특히 지주층이 물품을 만드는 장인 카스트와 서비스를 제공하는 카스트의 노동력을 착취하는 것이라

---

7 스가누마 아키라 저, 문을식 역, 『힌두교입문』(여래, 1994 2쇄), 28~29쪽; 山崎元一 著, 전재성·허우성 역, 『인도 사회와 신불교운동』(한길사, 1983), 201~208쪽.

고 주장하기도 한다.[8]

3) 카스트제도의 긍정적 부분과 부정적 부분

카스트제도에는 긍정적인 부분과 부정적인 부분이 다 담겨져 있다.

[8] 김경학, 「인도의 카스트제도」, 『내가 알고 싶은 인도』, 112쪽.
　　자즈마니 체계의 상호의존적 성격을 강조한 학자는 와이저(Wiser, 1936년)이다. 그는 자즈마니 체계가 촌락공동체의 평등을 실현하기 위한 서비스의 상호교환이라고 보았다. 굴드(Gould, 1958년)는 자즈마니 체계는 친척관계와 비슷하다고 주장하며, 듀몽(Dumont, 1988년)은 자즈마니 체계가 모든 카스트를 통합하는 기능이 있다고 한다. 스리니와스(Srinivas, 1955년)도 자즈마니 체계는 촌락공동체를 통합시켜 주는 기능을 한다고 주장한다.
　　반면, 착취적 측면을 강조한 학자는 루이스(Lewis, 1958년)이다. 루이스는 1950년대 미국 포드(Ford)재단의 후원으로 인도 사회의 빈곤을 퇴치하기 위해서는 어떠한 사회적·경제적 요소가 중요한지 연구하러 인도에 왔다. 루이스는 델리(Delhi) 근처의 람푸르(Rampur)라는 촌락에서 현지연구를 하였는데, 그는 자즈마니 체계가 지주 카스트에게 안정된 노동력을 제공하기 위한 제도라고 보았다. 농촌사회에서 토지의 소유는 권력관계의 근원이기 때문에 대지주인 지배적 카스트는 하층 카스트가 옮겨가는 것을 방지하여 농업노동력의 안정적 확보를 위해서 자즈마니 체계를 활용하고 있다고 지적한다.
　　이러한 시각은 루이스의 제자 바이델만(Beidelman, 1959년)에게 이어졌고, 바이델만은 속박이 자즈마니 체계의 특성이라고 주장하였다. 따라서 이 자즈마니 체계에는 봉건적 특성이 많다고 하였다. 이러한 시각에 동의하는 베레만(Berreman, 1963년)은 히말라야 산간 지방의 시칸다(Sikanda)라는 촌락을 연구해서 자즈마니 체계의 착취적 성격을 검토하였다. 베레만은 브라만과 라즈푸트(Rajput: 바르나 모델에서는 크샤트리아에 속함)에게 토지와 지위가 있기 때문에 하위 카스트는 상위 카스트에게 착취당한다고 한다. 더욱이 하층 카스트는 물품과 서비스를 제공하는 '카민'의 인구가 증가하고 공산품이 촌락 안으로 들어옴에 따라 고객이 줄어들고, 그래서 고객 확보를 위해서 '카민' 사이에 갈등이 심하게 발생한다고 지적한다.(김경학, 『인도문화와 카스트 구조』, 전남대출판부, 2001, 89~95쪽)

물론 필자가 보기에는 긍정적인 부분보다는 부정적인 부분이 훨씬 많다고 생각되지만 말이다. 우선 긍정적인 대목에 대해 말하자면, 인도아대륙이 역사적으로 그리스, 흉노, 이슬람교도 등에 의해 많은 침략을 받았지만 토착 문화와 종교를 보존하는 데 큰 기여를 하였다는 점이고, 또한 계급 사이에 결혼을 금지한 것이 인도 안에서 여러 민족의 혈통을 지켜주는 역할을 했다는 점이다.

그에 비해 부정적인 측면은 다음의 3가지로 정리할 수 있다. 첫째, 카스트제도는 인도 사회를 지나치게 세분화하고, 계급 사이에 갈등을 일으키고 반목을 만들었기 때문에 국민적 단합을 방해하는 역할을 하였다. 외부의 침략을 당해도 이를 대적하는 일은 전사계급인 크샤트리아의 임무이고, 나머지 일반 대중은 관심이 없었다. 그래서 역사적으로 여러 차례 다른 민족의 지배를 받아야 했다. 둘째, 상층과 하층의 관계를 지나치게 엄격히 단절하였기 때문에 계층 사이의 교류와 협력이 원천적으로 가능하지 않았고, 그에 따라 국민적 역량을 모으는 데 장애가 되었다. 나아가 하나의 국가 안에서 여러 사회가 따로 살아가는 격리화 현상도 나타나게 되었다. 셋째, 카스트제도의 민주적이지 못한 측면은 인도 사회가 결합하는 것을 방해하였고 개인의 자유도 억압하였다. 또한 카스트제도가 정치적·사회적 탄압의 도구로 악용되어서 나라의 발전과 인권의 성장에 장애요인이 되었다.

이러한 카스트제도에 대해 인도 사회에서도 바로 잡으려는 노력이 있었다. 기원전 6세기(또는 기원전 5세기)에 성립한 불교와 자이나교에서는 평등을 주장하면서 카스트제도에 반대하였고, 인도를 정복한 이슬람 군주도 카스트제도를 받아들이지 않았다. 하지만 카스트제도는 힌두교와 밀접한 관련을 맺고 있어서 카스트에 대한 도전이 강하면

강할수록 오히려 카스트의 생명력은 더욱 강해졌다. 이처럼 강력한 생명력을 지닌 카스트제도도 인도가 독립한 이후로 점차 변화의 조짐을 보이고 있다. 최근의 결혼 풍속도를 보면, 상대방의 조건이 좋다면 카스트를 묻지 않겠다는 구혼자도 종종 등장하고 있다. 다음의 이야기는 달라지고 있는 인도의 모습과 그 한계상황을 잘 보여준다.

오리사 주의 한 시골 마을에서 장례식이 거행되었다. 이는 딸 사비타의 장례식이다. 부모와 친척이 상복을 입고 인근 힌두교 사원의 성직자가 힌두교 의식에 따라 장례식을 거행하였다. 그런데 딸 사비타가 실제로 죽었느냐 하면 그런 것은 아니다. 사비타는 남편 수담과 어린 아들과 함께 옆 마을에서 살고 있다. 사비타와 수담은 대학에서 회계학을 전공한 인텔리로 좋은 직장을 가지고 있어 중산층의 생활을 하고 있고, 결혼도 합법적으로 이루어져 법적으로는 전혀 문제될 것이 없다. 문제는 사비타가 자신의 카스트보다 훨씬 낮은 하층 카스트의 수담과 결혼했기 때문에 생겼다. 사비타가 집안의 반대에도 결혼을 하자 사비타 집안은 일가친척과 힌두교 사원으로부터 상위 카스트계급을 박탈당하였다. 이제 사비타 부모가 카스트를 되찾는 길은 딸과 모든 인연을 끊는 길밖에 없다. 그래서 딸이 죽었다고 선언하고 고명한 힌두교 성직자를 불러서 성대한 장례식을 거행해야만 했던 것이다.

서로 다른 카스트 사이의 결혼은 10년 전만 해도 상상할 수 없는 일이었다고 한다. 그러나 이제 인도의 여러 곳에서 다른 카스트 사이의 결혼이 늘고 있다. 이런 추세는 대도시에서 뚜렷이 나타나고 있다. 대도시에서는 누가 누군지 알 수 없고, 카스트보다는 개개인의 능력이나 경제적 득실이 중요하게 평가받고 있기 때문이다.[9]

2. 노예제·카스트·신분제·계급의 비교

카스트제도의 의미를 알기 위해서 그와 유사한 사회계층의 분류, 곧 노예제, 신분제, 계급과 비교하는 일이 필요하다. 계급은 노예제와 신분제, 카스트제도와 다른데, 그 요점은 사람의 신분이 태어나는 것과 함께 주어진 것이 아니고, 종교나 법에 의해서 규정된 것도 아니라는 점이다. 노예제와 신분제가 카스트제도와 다른 점은 노예제와 신분제는 개인의 노력에 의해서 개인의 신분상승이 가능하지만, 카스트제도에서는 개인의 신분상승은 있을 수 없고 그 개인이 속한 카스트 전체가 신분이 상승하는 것이 가능하다는 점이다. 이 점에서 보면 카스트제도가 중세적 신분질서 가운데서도 가장 폐쇄적인 제도라는 것을 알 수 있다. 좀 더 자세한 내용을 살펴보기로 한다.

1) 노예제

노예제(slavery)는 불평등의 극단적인 형태라고 할 수 있다. 여기서 노예는 다른 사람의 재산으로 소유된다. 18~19세기의 미국과 남미, 서인도 제국에서 노예들은 대부분 농업노동자 또는 집안의 종으로서 일하였다. 이와 반대로 고대 아테네에서는 노예들이 여러 가지 일에 종사하였는데, 경우에 따라서는 노예가 중책을 맡기도 하였다. 노예노동이 사라지게 된 데는 노예들의 저항과 반발이라는 요인도 있지만, 경제적이거나 여러 가지 다른 동기들에 의한 요인도 존재한다. 그만큼 노예제는 효율적인 방법이 아니었다.

---

9 남상욱, 『인도, 21세기 새로운 강자로 떠오르고 있다』, 303~305쪽.

2) 카스트제도

카스트제도는 인도 문화, 곧 윤회를 믿는 힌두교의 믿음과 긴밀한 관련이 있다. 전생에 자신이 속한 카스트의 예의나 의무를 지키지 않은 사람은 다음에는 더 천한 카스트에 태어난다고 하는 것이다. 하지만 인도의 카스트제도가 고정적인 것만은 아니다. 비록 개인이 카스트의 신분을 바꿀 수는 없지만, 전체집단으로서 그 지위가 바뀔 수 있고, 실제로 카스트 위계 안에서 집단의 위치는 계속 변화해 왔다.

한편 카스트라는 개념이 인도에서만 사용되는 것은 아니다. 미국 남부에서 노예제가 사라졌을 때 백인과 흑인의 분리는 여전히 남아 있었고, 남아프리카에서도 얼마 전까지 흑인과 백인의 분리가 엄격하고 상호간의 결혼이나 성관계가 법적으로 금지되어 있었다. 이런 예도 카스트제도의 범주에 속한다고 할 수 있다. 이처럼 인종의 순수성과 집단 사이의 결혼 금지 같은 금기가 존재하는 곳에 카스트제도가 독버섯처럼 자라고 있다.

3) 신분제

신분제(estates)는 유럽 봉건제의 한 부분에 속한 것이었지만, 여러 전통문명권에서도 존재하는 것이었다. 봉건적 신분제도는 서로 다른 의무와 권리를 가지는 여러 계층으로 이루어진다. 유럽의 경우 가장 높은 신분은 귀족과 신사 집단이었다. 성직자는 귀족과 신사 집단보다는 낮은 지위였지만, 여러 가지 특권을 누리면서 하나의 신분을 형성할 수 있었다. 뒤에 제3신분으로 불린 신분 집단에는 농노農奴, 자유농自由農, 상인, 장인 등이 있었다.

신분제를 카스트제도와 비교하면, 신분제 아래서는 서로 다른 계층간에 결혼이나 개인적 신분 이동이 어느 정도 가능했다. 예를 들면 군주에게 특별히 충성한 평민은 작위를 받을 수 있었고, 상인들은 경우에 따라서는 돈을 주고 신분을 사기도 하였다. 영국에는 이러한 신분체계의 흔적이 많이 남아 있다. 대대로 물려받은 작위가 아직도 인정받고 있고, 사업가나 공무원도 공로의 대가로 작위를 받는 경우가 있다.

4) 계급

계급(class)은 여러 가지 점에서 노예제, 카스트제도, 신분제도와 다르다. 이것을 4가지로 정리할 수 있다. 첫째, 계급은 법이나 종교에 의해서 세워진 것이 아니다. 계급의 체계는 다른 체계에 비해서 유동적이고 계급 사이의 구분도 명확하지 않다. 서로 다른 계급 사이의 결혼도 공식적으로 아무런 제한이 없다. 둘째, 한 개인이 속한 계급은 태어나면서 주어진 것이 아니라 부분적으로 성취된 것이다. 계급구조 안에서 상승하거나 하강하는 일은 다른 불평등체계보다 많이 나타난다. 셋째, 계급은 집단 사이의 경제적 차이에 의해 결정된다. 계급 사이의 불평등은 소유와 물적 자원을 통제하는 능력에 의해 생겨나는 것이다. 다른 사회계층의 분류(노예제, 카스트제도, 신분제도)에서는 경제적 요인 이외의 것이 더욱 중요하다. 예를 들면 카스트제도에서는 힌두교가 미친 영향이 자못 크다고 할 수 있다. 넷째, 다른 사회계층의 분류에서 불평등이 일어나는 것은 개인 사이의 의무 관계로 나타난다. 예를 들자면, 농노와 영주의 관계, 노예와 주인의 관계, 낮은 카스트와 높은 카스트의 관계에서는 개인 사이의 의무가 존재한다. 이와 반대로 계급관계에서는 개인적 관계가 아닌 광범위한 연계가 이루어지고 있다.

계급은 공통된 경제적 자원을 가진 사람들의 큰 집단이라고 말할 수 있다. 이러한 자원을 소유한다는 것은 삶의 방식에 강한 영향을 미친다. 직업과 경제력을 동시에 가진다는 것은 계급적 차이의 중요한 기반이 된다. 서구사회에서 존재하는 주요계급은 상층계급, 중간계급, 노동자계급이다. 상층계급(upper class)은 부자, 고용주와 산업가, 최고 행정 관료들인데, 이들은 생산자원을 소유하거나 직접적으로 통제할 수 있다. 중간계급(middle class)은 대부분의 화이트칼라와 전문인이다. 노동자계급(working class)은 블루칼라 또는 육체노동자들이다. 산업화된 나라 가운데 프랑스나 일본의 경우에는 제4의 계급인 농민계급(peasants)이 상당히 중요하다. 제3세계에서는 아직도 농민이 가장 많은 비중을 차지하고 있다.[10]

3. 카스트제도의 성립과 전개

여기서는 카스트제도의 성립과 전개에 대해 알아보고자 한다. 카스트제도 속에 불가촉천민도 포함되지만 논의의 편의를 위해서 불가촉천민 부분은 따로 떼어서 서술하고자 한다. 먼저 카스트제도의 기원에 관한 여러 견해를 알아보고, 그 다음에 카스트제도의 성립과 전개과정에 대해 검토하고자 한다.

---

10 앤터니 기든스 지음, 김미숙 외 옮김, 『현대사회학』(을유문화사, 2001 3판 5쇄), 246~250쪽.

1) 카스트제도의 기원에 관한 여러 견해

18세기 말 30여 년 동안 남인도에서 전교활동을 하였던 아베 듀보아 Abbe J.A. Dubois는 카스트제도는 모든 사람을 필요에 따라 분배한 교묘한 제도라고 평가하고, 이 제도는 총명한 브라만의 법률 제정자가 자기의 이익을 위해서 만든 인공적 제도라고 주장하였다. 그렇지만 카스트제도(바르나와 자티를 합친 것)와 같은 복잡하면서도 유기적인 사회제도가 일부 사람에 의해서 만들어진 것, 그것도 위에서부터 인위적으로 만들어진 것이라고 생각할 수는 없다. 카스트제도의 기원에 대해서는 19세기부터 많은 사람들이 논의해 왔지만, 학자 수만큼의 기원론이 있다고 할 정도로 기원설도 여러 종류이다. 여기서는 그 가운데 중요한 몇 가지만을 거론하고자 한다.

① 바르나 사이의 잡혼설

『리그베다』에 따르면 인간은 처음부터 4가지 바르나로 구분된다고 한다. 하지만 현실사회에는 여러 종류의 혈연집단과 직능집단과 민족이 존재한다. 이러한 현상에 대해 브라만은 바르나 사이의 잡혼과 바르나의 의무 불이행(타락)에 의한 것이라고 설명한다.

　예를 들면 불가촉천민 찬달라candāla는 기피해야 할 역모혼逆毛婚, 곧 상위 바르나 여자가 하위 바르나 남자와 결혼하는 것 가운데서도 가장 나쁜 혼혈, 곧 브라만의 여성과 슈드라 남성의 혼혈에 의해 발생하였다고 본다. 또한 리차비족[11]과 드라비다족 등은 타락하여 바르나의

---

11 원래 브라만이나 크샤트리아에 속했는데 베다의 의식을 이행하지 않아서 하층계급으로 떨어졌다.

특권을 상실한 크샤트리아로 본다. 혼혈과 타락, 곧 옛 관습을 무시하고
새로운 관습을 채택하는 것이 사회집단을 분화시키는 데 일정 부분
작용하였다고 인정할 수 있다. 그렇지만 4가지 바르나를 절대적인
것으로 간주하는 브라만의 주장은 모든 집단의 기원을 혼혈과 타락이라
는 두 가지 기준으로만 설명하는 모순에 빠진다. 이러한 설명으로는
'바르나'와 '자티'의 전반적인 모습을 설명할 수 없다고 필자는 생각한다.

② 직업 중시설

미개사회에서 문명사회로 들어가면 직업이 분화되고, 같은 직업을
세습하는 사람들의 집단이 성립된다. 이러한 직업 집단에서 카스트제
도의 기원을 찾는 사람 가운데 유명한 사람이 19세기 말에 북인도의
카스트제도를 조사한 네스필드Nesfield이다.

이러한 '직업 중시설'은 인종과 종교문제를 무시하거나 경시하고
있으며, 따라서 '직업 중시설'에서는 결혼과 식사의 금지, 카스트 사이
의 의례적인 상하관계를 설명하지 못하는 단점이 있다. 그렇지만 새로
운 직업과 새로운 기술이 채택됨에 따라 새로운 카스트나 서브 카스트가
생기고 있으며, 공통의 직업에 종사하는 사람이 모여서 카스트를 이루
는 경우가 많이 있으므로 '직업 중시설'을 완전히 무시할 수는 없다.
이런 관점에서 보자면, '직업 중시설'은 '자티'를 설명하는 데 의미가
있지만 '바르나'를 설명하는 데는 부족하다고 필자는 생각한다.

③ 인종 중시설

19세기 말 벵골에서 카스트의 형질인류학 조사를 실시한 리스레이
(Risley)가 이 주장의 대표자이다. 그는 피부색이 희고 코가 높은 아리아

인이 피부색이 검고 코가 낮은 선주민先住民을 정복하고서 자신의
혈통의 순수성을 지키기 위해 만든 내혼법內婚法에서 카스트제도의
기원을 찾았다. 정복한 사람과 정복당한 사람이 같은 인종이라면 얼마
지나지 않아서 이 양자는 완전히 융합할 수 있을 것이다. 그렇지만
인도의 아리아인의 경우처럼, 피부색이 다른 경우에는 피정복자의
여인을 부인이나 첩으로 맞이할 수는 있겠지만, 얼마 지나지 않아서
내혼법을 만들어서 혼혈을 막는다. 이러한 현상은 시간이 흐르고 정복
한 지역이 확대됨에 따라 되풀이되고, 결국 여러 개의 내혼집단이
형성되었다는 것이다.

이러한 '인종 중시설'에는 유럽인이 인종차별적 관점을 가지고 인도
의 고대를 접근하고 있다는 점에서 문제가 있고, 또 카스트제도의
특색의 하나인 식사금지와 직업문제를 충분히 설명하지 못하는 단점이
있다. 그러나 아리아인이 선주민을 정복한 데에서 바르나제도가 생긴
점에 주목해서 리스레이의 주장을 일부 수정해서 받아들이는 연구자가
적지 않다. 이들은 아리아인이 인도에 침입해서 토착민과 만나게 되어
혼혈하게 된 점에서 카스트제도의 기원을 찾는다. 그리고 '인종 중시설'
은 '바르나'를 설명하는 데는 유효한 측면이 있지만 '자티'를 설명하는
데는 부족하다고 필자는 생각한다.

④ 아리아인의 가족제도 기원설

프랑스의 인도고대학자 스나르Senart는 인도문명의 진보에 결정적인
영향을 끼친 것은 아리아인의 요소이고 원주민의 요소는 단지 보조적이
고 부분적인 영향을 주는 데 그쳤다고 생각한다. 그는 이러한 관점을
카스트제도의 기원설에도 적용한다. 그는 그리스와 로마의 가족제도와

씨족제도를 인도의 가족제도와 카스트제도와 비교해서 이 둘 사이에는 유사점이 많다고 주장한다. 그것은 결혼을 규제하는 것, 식사의 관습, 가정에서 제의를 지내는 것, 정淨·부정관不淨觀, 자치 기능 등에서 유사점이 있다는 것이다. 따라서 카스트제도라는 것은 아리아인의 고대 가족제도를 근원으로 해서 인도의 여러 환경과 접촉하면서 만들어진 것이고, 이것이 원주민과 혼혈족에게도 받아들여진 것이라고 하였다.

스나르의 이러한 주장에 대해서 인도의 가족제도와 그리스·로마의 가족제도가 서로 다른 점이 많다는 비판이 제기되었고, 또 스나르가 아리아인의 문화라고 보았던 신앙과 관습이 인도의 원주민을 포함해서 다른 민족과 인종에서도 널리 발견된다는 반론이 있다. 스나르의 주장은 아리아인의 문화만을 강조한 것이고, 현재의 힌두교 문화에 원주민(선주민)의 문화도 포함되어 있다는 점을 놓친 것이라고 필자는 생각한다.

⑤ 선주민先住民 기원설

스나르의 주장은 미개한 원주민에 대한 아리아인의 인종적·문화적 우월성이 인정되고 있던 19세기 후반 인도학의 산물이었다. 그러나 20세기에 들어와서 카스트제도의 성립에서 원주민이 어떤 역할을 했는지에 대해 다시 검토하기 시작하였다. 1921년 인더스문명을 발견한 뒤에는 이러한 경향이 더욱 강해졌다. 1955년 이후 수년간 마드라스(지금의 첸나이)에 머무른 영국의 경제학자 슬레터Slater는 아리아인에 의해 카스트제도가 만들어졌다면 이 제도는 북인도에서 더욱 강해야 할 것인데 실제로는 남인도 쪽이 강하다는 점을 지적하면서, 카스트제도는 아리아인이 들어오기 전에 고도의 문명을 발달시켰던 드라비다인에 의해서 만들어진 것이라고 주장하였다.

슬레터의 주장은 직업 기원설에다 열대기후의 특수성을 추가한 것으로 구체적인 내용을 담고 있지는 못했지만, 아리아 문화를 중심으로 인도 고대 문화를 연구하는 경향에 반성을 촉구하는 계기가 되었다. 이때부터 카스트제도의 기원을 선주민 사회에서 찾는 주장이 많이 나오기 시작하였다. 그렇지만 현재 힌두교 문화가 아리아인의 문화와 원주민(선주민) 문화가 결합된 것인데, 슬레터의 주장은 원주민(선주민) 문화의 역할만을 강조한 것으로 필자는 판단한다.

⑥종교 기원설

오랫동안 인도의 문관으로 근무하면서 미개민의 조사와 국세 조사(1931년)에 참여한 허튼Hatton은 미개민의 존재에 주목하였다. 이 미개민은 고대의 생활을 오늘날에도 전해주고 있기 때문이다. 동북부 인도의 나가Nāga족에서는 조령신앙祖靈信仰과 마력신앙魔力信仰이 강해서 결혼과 식사와 음식물에 관한 복잡한 금기(taboo)를 지키고, 주민들은 독자적 기능을 수행하는 여러 촌락에 나뉘어서 살고 있다. 허튼은 이것이 아리아인이 와서 살기 이전의 인도의 모습이라고 추정한다. 그래서 허튼은 원주민 사이에는 원시신앙에 근거한 어떤 종류의 카스트가 존재하고 있었는데, 이러한 원주민을 아리아인이 정복하면서 상하관계의 원리가 도입되어 오늘날의 카스트제도가 성립되었다고 보았다.

그러나 문제점은 허튼이 말하는 원시신앙이 인도 이외의 곳에서도 발견된다는 점이다. 그래서 왜 인도에만 카스트제도가 발달하였는지에 대해서 허튼은 많은 요소를 열거하면서 설명을 시도했지만, 크게 지지를 얻지는 못하였다.

허튼 이외에도 원시종교와 종교의례에서 카스트제도의 기원을 찾는 연구자는 많다. 막스베버는 카스트제도가 인종과 직업과 정치 등의 여러 가지 원인에 의해서 성립된 것이라고 인정하면서 그 근원에 '혈족 카리스마'의 신앙이 있다고 주장한다. '혈족 카리스마'는 카리스마가 개인에 있는 것이 아니고 혈족의 속성에 있다는 것이다. 인도 사회에서 주술신앙에 뿌리박은 혈족 카리스마가 모든 영역에서 활발하게 유지되고 있으며, 브라만과 직업 카스트가 배타적 집단을 형성할 수 있는 근거도 혈족 카리스마, 곧 자신의 능력에 근거하는 것이 아니고 브라만의 태생 또는 해당 직업의 카스트 태생에 있다는 것이다.

⑦ 절충설

인도의 역사학자 둣트Dutt는 자티와 바르나를 구별하고서, 자티는 선주민의 부족제도에 기원하는 것이고, 바르나는 선주민을 정복한 아리아인에 의해 성립된 것이라고 주장한다. 선주민 사회에도 문화가 발달한 드라비다인과 미개한 선先드라비다인 사이에 명백한 차별이 있었고, 이 차별이 나중에 천민제로 이어졌다. 그 후 백색의 아리아인이 흑색의 선주민을 정복해서 바르나제도를 성립시켰다. 아리아인은 혈통의 순수성을 지키기 위해서 혼인 규제를 발달시켰고, 그래서 순수성을 보유한 브라만이 최고의 지위를 얻었다. 또 아리아인은 노동을 부정不淨한 것으로 간주하고 이것을 정복된 선주민에게 강제하였다. 그래서 사회의 하층에 여러 가지의 직업 카스트가 성립되었다. 둣트의 이러한 주장은 원시신앙(부족제), 인종, 직업의 3가지 요인을 절충한 것이다. 둣트의 설명에는 '바르나'와 '자티'를 구분하는 장점이 있지만, 자티가 선주민에 의해 세워진 것이라는 주장에는 동의하기 어렵다고 필자는 생각한다.

이상의 주장을 종합해서 판단하자면, 인도에서만 카스트제도가 발달하였는지에 대해 설명하기 위해서는 이 여러 가지 요인을 통합하여 카스트제도가 성립하도록 이끌어간 힘이 무엇인지 밝혀야 할 것이다.[12]

2) 카스트제도의 성립과 전개

후기 베다 시대에 바르나제도가 형성되었고, 이것이 점차 자티로 발전하였다. 바르나제도는 위로부터 일어난 카스트화이고, 자티는 밑에서 발생한 카스트화이다. 물론 카스트제도에는 '불가촉천민제'도 포함되지만, 이 내용은 따로 떼어서 뒤에서 설명하고자 한다.

(1) 카스트제도의 성립: 바르나제도의 형성

바르나제도는 후기 베다 시대(기원전 1000~기원전 600경)의 도아브(Doāb: 갠지스 강과 야무나 강 사이의 지역)에서 그 형태가 이루어졌다.[13]

---

12 山崎元一 著, 전재성·허우성 역, 『인도 사회와 신불교운동』(한길사, 1983), 224~230쪽.

13 이 주장과 다른 견해도 있다. 카스트제도가 전통사회에 근거를 둔 것이라기보다는 근대화의 산물이라고 보고자 하는 것이다. 19세기는 변화의 시대였고, 이 변화의 시대에 현재의 카스트제도가 인도아대륙 전체에 뿌리를 내렸다는 주장이다. 필자는 이 주장에도 일정 부분 타당성이 있지만, 카스트제도는 역시 고대사회부터 내려온 것이고, 19세기에 일정 부분 변화를 겪었다고 보는 것이 타당하다고 생각한다. 그러면 이에 대한 자세한 내용을 살펴본다.
카스트제도는 오랜 옛날부터 존재했지만, 19세기 초반까지만 해도 그것은 일부 지역을 중심으로 행해지던 것이고, 인도아대륙에 퍼져 살던 유목민이나 수많은 부족 사이에는 찾아보기 힘든 것이었다. 18세기까지 인구에 비해 경작 가능한 토지가 남아돌았는데, 19세기에 들어와서 농경지가 크게 넓어진다. 이러한 현상은 각 지역의 많은 왕국이 서로 싸우던 상황에서 농경지 개척을 장려했던 것에도 이 시기에 대해 경제적 측면, 정치적 측면, 종교적 측면에서 검토해 보자.

경제적인 면에서 보자면, 이 시기에 아리아인은 농경사회를 완성시 켰다고 할 수 있다. 기원전 1500년경에 펀자브 지방에 들어온 아리아인 은 그곳에서 목축을 주로 하면서 농사도 지었고, 기원전 1000년경부터 언어적으로는 아리아 계통의 언어를 사용하였지만, 인종적으로는 아 리아인과 선주민의 '혼혈인'이 동쪽의 갠지스 강의 상류 지역과 중류 지역에 진출하였다. 이때부터 농업중심의 생활을 시작하였다고 할 수 있다. 철기를 사용한 것도 이 무렵이다. 농업생산이 높아짐에 따라, 농경생활에 직접 종사하지 않는 왕후(크샤트리아)와 사제(브라만)와 상인과 직공(바이샤) 등의 활동이 이루어질 수 있는 경제적 기반이 형성되었다.

정치적인 면에서 보면, 이 시기는 부족 시대가 무너지고 왕권이 강화되고, 영구적인 수도가 건설되었으며, 그에 따라 행정제도와 징세 제도가 확립되기 시작하였다. 전기 베다 시대에는 부족을 통솔하는 수장首長은 부족의 성원에 의해 선출된 '대표자'였는 데 비해, 후기

기인하는 바 있다. 이러한 과정에서 과거에는 카스트와 상관없이 살던 유목민이나 여러 부족이 힌두 사회에 편입되었고, 그에 따라 카스트는 대다수 인도인의 생활방식 을 규제하는 강력한 제도적 장치가 되었다. 따라서 인도 사회에서 힌두의 생활방식을 규제하는 카스트제도는 전통사회의 잔재가 아니고, 인도 사회가 근대화를 겪는 과정에서 지금의 모습을 갖춘 근대화의 산물이라고 할 수 있다. 19세기는 카스트제도 가 인도의 대부분 지역으로 확산되면서 각 카스트 집단 사이의 경계가 명확해지고 더욱 세밀하고 엄격한 오염의 금기에 의해서 위계서열이 갖추어졌다.(정채성, 「현대 인도 사회의 변화와 갈등: 카스트를 중심으로」, 『인도의 오늘』, 한국외국어대학교 출판부, 2002, 210~211쪽)

베다 시대의 통치자는 전제군주의 성격이 강하였다. 또한 정치와 군사에 종사하는 크샤트리아와 일반 부족민의 사이가 점점 벌어지고 있었다. 이처럼 전제국가의 길을 걸어가는 국가가 있었는가 하면, 부족제의 명맥이 남아 있는 크샤트리아 집단이 정치를 하는 국가도 있었다.

종교적인 면에서 보면, 이 시기는 브라만교의 여러 가지 성전聖典이 편찬되고, 브라만의 신분이 확립된 때이다. 전기 베다 시대에는 부족의 사제직司祭職이 전문화되었지만, 사회질서의 최고 위치를 차지하는 브라만 집단은 성립되지 않았다. 후기 베다 시대에 이르러 농경사회가 뿌리를 내리고 제식祭式의 중요성이 점점 높아지자 브라만 집단은 제식을 복잡하게 만들고 그 집행권을 독점하였다. 그러고 나서 브라만 집단은 자신들이 제식을 통해서 신을 움직일 수 있는 '인간의 형상을 한 신'이라고 주장하기에 이르렀다.

브라만 집단은 본래 여러 아리아인의 부족에 속한 세습적인 사제자司祭者의 집합체로 성립된 것이지만, 아리아인이 동남쪽으로 진출함에 따라 원주민 사이에서도 브라만 대열에 가담하는 사람이 생겨났고, 이들도 아리아인 혈통의 순수성을 가지고 있다고 주장하였다. 그에 따라 그들의 청정성을 유지하기 위해서 내혼제를 정해서 배타적인 집단이 된 것이다. 카스트제도를 뒷받침하는 업보와 윤회의 사상도 후기 베다 시대의 끝 무렵에는 확립되어 있었다.

전기 베다 시대에는 4바르나의 신분질서가 아직 존재하지 않았지만, 후기 베다 시대에는 크샤트리아와 브라만이 자기들은 일반 부족민과는 격리된 특권신분이라고 주장하기 시작하였다. 크샤트리아와 브라만은 지상권至上權을 쟁취하기 위해서 서로 분쟁을 한 적도 있었지만(비슈누의 화신 파라슈라마 참조), 일반적으로 보자면 서로를 이용하면서 바르나 사회를 성립시켰다고 할 수 있다. 브라만은 정치적·경제적으로 왕권에 종속되면서 의례적인 서열에서는 최고위를 차지하였다.

그에 비해 일반 부족민은 제3신분인 바이샤로 떨어져서 상위의 두 바르나, 곧 브라만과 크샤트리아에게 공납을 바치는 의무를 지게 되었다. 그렇지만 종교적인 면에서 보자면, 바이샤는 그다지 차별을 받지 않고 드비자(dvija: 재생족再生族)로서 베다 제식에 참여하는 권리가 주어졌다.

아리아인에 포함된 원주민들은 상위 바르나에 속하기도 하였지만 대부분의 정복된 원주민은 일부 아리아인처럼 베다 제식에 참여하지 못하는 슈드라로서 상위 3바르나에게 봉사하는 의무가 부여되었다. 슈드라는 재생족으로부터 여러 가지 경제적·사회적 차별을 받았다. 그러나 이들은 불가촉천민과는 달랐다. 슈드라는 바르나 사회의 범위 안에 위치하였다. 그리고 각각의 바르나는 원칙적으로 내혼집단이었지만, 상위 바르나 남자와 하위 바르나 여자의 결혼, 곧 순모혼順毛婚은 관대하게 허용되었다.

농경사회인 바르나 사회의 주변에 존재하고 농경사회에 동화되지 못한 미개인들은 천민으로 인정되고, 나중에는 그 속에서 불가촉천민이라고 간주되는 집단, 곧 찬달라가 나왔다. 천민층은 처음에는 슈드라의 최하위에 위치하였지만 불가촉천민제도가 성립되면서부터 그들은 '바르나를 못 가진' 존재, 다시 말해 슈드라 밑의 존재가 되었다.

따라서 바르나제도는 브라만을 최고의 청정淸淨으로 보고 불가촉천민을 최하의 부정不淨으로 하는 제도이고, 그 사이에 직능과 결부된 배타적인 내혼집단을 배열한 제도이다. 그 성격은 카스트제도와 공통되는 부분이 많아서 카스트제도의 성립에 기본이 되는 제도이다.

바르나제도의 이론은 후기 베다 시대에 이어서 다르마수트라Dharma Sutra 성립 시대(B.C. 600~B.C. 300)에 브라만의 손에 의해 다시 정리되었다. 그래서 『마누 법전』(B.C. 200~B.C. 200 성립)을 대표로 하는 여러 가지 힌두 법전이 완성되었다. 이 기간에 바르나제도는 아리아 계통의 문화가 전파됨에 따라 인도의 모든 지역에 전해졌고, 시대와 지역에 따라 강약의 차이는 있지만, 오늘에 이르기까지 인도 사회에서 그 기능이 계속되고 있다.

(2) 카스트제도의 발달: 자티의 발달

브라만에 의해 이론화되고 크샤트리아가 지지해서 바르나제도가 성립되었다. 이는 '위로부터 일어난 카스트화'라고 할 수 있다. 그러면 4개의 바르나제도와 현실적으로 지역사회에서 작동하고 있는 카스트(자티)집단의 성립과는 어떤 관계에 있는가? 다수의 카스트(자티)는 4개의 바르나가 더욱 세밀하게 나누어진 것이라고 말하고 있지만, 실제에서는 그렇게 단순하지 않다.

원래 고대사회에서는 직업, 지연地緣, 원시적 신앙 등으로 맺어진 여러 가지 형태의 배타적 집단이 있었다. 이러한 집단이 다른 지역에서는 사회의 발전에 따라 그 배타성이 완화되어 갔지만, 인도에서는 배타성이 완화되지 않았고, 사회적 역할이 고정되어 카스트(자티)로 남게 되었다. 이것이 '밑으로부터 생긴 카스트화'이다. 이 '밑으로부터 생긴 카스트화'는 '위로부터 생긴 카스트화'에 의해 촉진되었다. '위로부터의 카스트화'가 종래의 배타적 여러 규제를 카스트제도로 전환시켰고 여러 집단을 상하 질서로 구분하였다. 이 과정은 힌두교의 확대과정과 관련이 있다. 곧 브라만교(바라문교)에서 힌두교로 넘어가는 과정에서 인도 여러 지역의 원주민의 신앙이나 습관을 무너뜨리지 않고 잘 포섭하여 힌두교로 탈바꿈하였는데, 카스트제도(자티)의 발달은 이 과정과 아주 밀접한 관계를 맺고 있다.

그런데 밑으로부터 생긴 카스트화는 역사적 기록이 부족해서 일정 부분 추측할 수밖에 없다. 그 내용은 다음과 같다. 기원 전후 수세기 동안 기록된 문헌에서 내혼제를 지키는 카스트 집단이 존재했다는 것은 알 수 있지만, 촌락 안의 복잡한 카스트(자티) 간의 분업관계는 아직 성립되지 않았다. 물론 촌락 안의 분업관계가 초기 농경사회에서도 존재했겠지만, 그러한 경향이 일반화된 것은 굽타 왕조 시기(4~6세기) 또는 후기 굽타 왕조 시기 이후의 '봉건제'라고 추정된다. 이 시기에 지방분권적 통치형태나 토지경작에 의한 주종관계가 일반화하였고, 고대 상업이 몰락하고 그에 따라 도시 화폐경제가 쇠퇴하기 시작하였으며, 농촌에 지주층이 형성되고, 농노적農奴的 경작자가 형성되었다. 이처럼 인도의 봉건제도가 성립됨에 따라 종래의 카스트제도가 다시 편성되었다. 그래서 농업생산에 필요한 여러 직능을 분담하는 여러 카스트(자티)에 기초한 자급자족의 성격이 강한 촌락이 출현하였다. 촌락에서 발생한 여러 종류의 카스트(자티)는 힌두교의 정淨과 부정不淨의 관념에 기초한 상하의 신분질서 아래 놓이게 되었다.

하지만 촌락 안에서 발생한 카스트(자티) 간의 분업관계와 신분질서는 촌락 수준에서 자체적으로 발생한 것만은 아니고, 국가나 지방의 영주층의 권력이 일정 부분 간섭하였다. 왕국의 질서는 민간의 자율적 질서이면서도, 권력에 의해 보호되고 통제되며 강화된 국가질서이기도 한 것이다. 뒷시대의 경우이지만, 18세기 마라타 왕국의 공문서를 보면 국가권력이 카스트(자티)의 신분을 상실하거나 부활하는 것,

카스트(자티)에 대한 행동규범을 명시하는 것, 카스트(자티) 간의 차별을 없애고 또는 차별을 고정화하는 일에 간섭하였다는 점이 후가자와 히또시(深澤宏)에 의해서 밝혀졌다. 굽타 왕조 시대 이후 카스트(자티)의 발달에 국가권력이나 지방 지배자 층이 어떻게 관련되어 있는지는 앞으로의 연구과제이다.[14]

4. 불가촉천민의 성립과 전개

불가촉천민은 하리잔Harijan, 달리트Dalit, 지정카스트(Scheduled Caste) 등으로 불린다. '하리잔'은 간디가 불가촉천민을 '신의 사람들'이란 의미로 부른 말이고, '달리트'는 일반적으로 '핍박받는 자'를 뜻하는 말인데 오늘날 인도에서는 불가촉천민의 사회운동에서 주로 사용되고 있다. 그리고 '지정카스트'는 헌법부칙(Schedules)에 이름이 등록되어 공공부문의 취업과 교육에서 자리가 우선적으로 배정된 카스트라는 뜻이다. 오늘날에는 인도 인구의 15퍼센트가 불가촉천민에 해당한다. 여기서는 우선 불가촉천민과 부족민의 현재 모습에 대해 서술하고, 다음으로 불가촉천민제도의 기원에 대한 여러 견해를 알아보며, 그 다음으로 불가촉천민제도의 성립과 전개를 검토하고, 마지막으로 인도의 독립 이후 불가촉천민의 지위 향상에 관해서 알아보고자 한다.

1) 불가촉천민과 부족민의 현재 모습

1995년 불가촉천민 자타브(Jatav, 차마르의 다른 이름) 출신의 여성정치

14 山崎元一 著, 전재성·허우성 역, 『인도 사회와 신불교운동』, 230~237쪽.

인 마야와티Mayawati 가 인도에서 가장 인구가 많고 정치적 중요성이 큰 우타르프라데시 주의 수상으로 취임하였다. 이는 불가촉천민 여성이 주州 수상이 된 최초의 사례이고, 마야와티가 속한 정당이 불가촉천민의 이해를 공격적으로 대변하는 불가촉천민의 당(대중사회당, Bahujan Samaj Party)이라는 점에서 더욱 의미를 갖는 것이었다. 마야와티 정부는 4개월밖에 지속되지 못하였지만, 1997년 우타르프라데시 주에서 대중사회당과 인도국민당이 연립정부를 구성해서 마야와티가 다시 주 수상이 되었다.

오늘날 인도에서 불가촉천민으로 분류되는 집단의 규모는 전체 인구의 15퍼센트 정도, 곧 1억 5천만 명 정도이다. 불가촉천민은 바르나 체계에 들어가지 못하는 가장 오염된 존재이다. 하지만 불가촉천민도 하나의 동질적 집단이 아니고 지역별로 서로 다른 카스트 집단, 곧 수백 개의 카스트 집단으로 나누어져 인도 전역에 퍼져 있다. 불가촉천민도 카스트 힌두와 마찬가지로 전통적인 직업이 어느 정도 오염되었느냐에 따라 그 위계 서열이 복잡하게 구별되어 있다. 예를 들면, 죽은 소를 처리하고 가죽을 다루는 차마르Chamar, 오물과 쓰레기를 치우는 방기Bhangi, 남의 옷을 세탁하는 도비Dhobi, 화장터에서 일하는 돔Dom 등은 불가촉천민 가운데서도 특히 오염된 존재로 받아들여지고 있다. 그에 비해 오염과 뚜렷하게 연관되지 않는 일을 하는 마하르Mahār, 말라Mala, 두사드Dusadh 등은 상대적으로 지위가 높은 편이다.

같은 직업에 종사하는 불가촉천민도 위계가 나누어지는 경우가 있다. 1931년 인구조사보고서에는 도비 카스트의 한 종류인 남인도의 푸라다 반난Puada Vannan에 대해서 소개하고 있다. '도비'는 카스트 힌두의 옷을 세탁하는 카스트이지만, '푸라다 반난'은 불가촉천민의 옷을 전문적으로 세탁하는 카스트이다. 푸라다 반난은 너무나 천한 집단으로 받아들여져서 밤에만 옷을 빨고 낮에는 남의 눈에 띄지 않도록 숨어서 지내야만 했다.

불가촉천민에 대한 차별이 심했던 남인도에서는 푸라다 반난처럼 눈에 띄는 것조차 금지된 불가시천민(不可視賤民, Unseeable)이 20세기 초반까지 존재하였다. 이들이야말로 불가촉천민 가운데서도 불가촉천민이라고 할 수 있다. '불가시천민'은 길을 가다가 멀리서 카스트 힌두가 오고 있는 것을 보면 정해진 거리(해당 카스트에 따라 백 보, 오십 보 등으로 거리가 정해진다)가 되기 전에 소리를 지르고 길옆으로 숨어서 자기의 오염된 모습이 깨끗한 카스트 힌두에게 보이는 것을 피해야 하였다. 게다가 목에 딱따기를 걸고 다니다가 카스트 힌두가 사는 거리로 들어갈 때마다 딱따기를 쳐서 오염된 천민이 오고 있음을 알리는 불가촉천민도 있다. 또한 카스트 힌두가 밟는 땅에 오염된 침을 흘리지 않도록 침 받는 통을 턱 아래 걸고 다니던 불가촉천민도 있다.

물론 남인도 불가촉천민이라고 해서 모두 매우 심한 차별을 받은 것은 아니고, 북인도에서는 쓰레기와 시체를 치우는 불가촉천민 이외에는 다른 종류의 불가촉천민과 접촉하는 것이 크게 문제되지 않았다. 하지만 지역에 따라 차이가 있다. 인도가 독립한 후 1955년에 불가촉천민을 차별하는 것을 금지한 뒤에는 차별의 정도가 많이 약화되었지만, 여전히 차별의 장벽은 남아 있다고 할 수 있다.

예를 들자면, 농촌의 불가촉천민은 카스트 힌두와 같은 마을 안에서 살지 못하고 마을 바깥에서 따로 주거지를 이루어 살며, 우물도 다른 것을 사용해야 한다. 만약 불가촉천민의 우물이 없는 경우에는, 불가촉천민은 카스트 힌두가 사용하는 우물 곁에서 카스트 힌두 가운데 누군가가 물을 길어 주기를 기다려야 한다. 게다가 물을 따를 때 카스트 힌두의 그릇과 불가촉천민의 그릇이 서로 닿지 않도록 특별히 주의를 해야 하는데, 놋그릇은 불가촉천민의 그릇과 닿아서 오염이 되더라도 물로 정화를 해서 다시 쓸 수 있는 것이지만, 질그릇은 일단 오염이 되면 깨버리거나 불가촉천민에게 아예 주어버린다. 마을 찻집에서도 불가촉천민은 찻집 안에 들어가지 못하고 밖에서 카스트 힌두가 사용하는 유리컵이 아닌 것, 곧 일회용 질그릇 잔으로 차를 마셔야 한다. 또한 불가촉천민은 마을의 힌두교 사원이나 카스트 힌두의 집 내부에 들어갈 수 없다.

1970년대 중반 구자라트Gujarat 주의 농촌에서 불가촉천민에 대한 차별을 조사한 보고서가 있다. 이 보고서에 따르면, 불가촉천민에 대한 차별은 여전히 널리 행해지고 있지만, 차별의 정도는 공적인 부문과 사적인 부문이 크게 다르다. 59개 마을에서 정부에 의해 운영되는 학교, 우체국, 버스 등의 공적인 영역에서는 차별이 거의 사라졌다. 교실에서 자리를 정할 때 불가촉천민을 차별하는 경우는 한 마을에서만 발견되었고, 우체부가 편지를 배달할 때 나타나는 차별적인 태도(편지를 직접 전하지 않고 땅에 던지거나 불가촉천민의 주거지 입구에 놓고 가는 행위)도 17퍼센트에 지나지 않았다. 그에 비해 사적인 영역에서는 차별의 정도가 높게 나타났다. 카스트 힌두는 불가촉천민이 자신의 집이나 힌두교 사원에 들어오는 것을 금지하였고(90%), 상점 주인은 불가촉천민과 거래할 때 물건이나 돈을 직접 주고받지 않으며(60%), 옹기장이는 불가촉천민이 그릇을 고를 때 손으로 만지지 못하게 하였다(70%). 일상생활에서 반드시 필요한 물을 공동으로 사용할 수 있게 허락하는지가 불가촉성不可觸性을 판단하는 중요한 기준인데, 26퍼센트의 마을에서 불가촉천민에게 공동우물을 사용하도록 허락하고 있다. 이 조사를 진행한 사람은 이것이 뜻밖의 높은 수치라고 평가한다. 불가촉천민은 우물 곁에서 카스트 힌두가 물을 길어줄 때까지 기다려야 하는 마을도 여전히 남아 있었지만(10%), 대부분의 경우에는 정부가 불가촉천민이 사용할 우물을 따로 마련해주었다(64%). 이는 불가촉천민에 대한 차별을 없앤 것이 아니라, 차별이 일어나는 공간을 분리시켜 문제를 덮어둔 것이다.

위 보고서를 보면, 공공장소에서 불가촉천민에 대한 차별은 상당히 완화되었지만, 사회적 차별은 또 다른 형태로 존재하고 있음을 알 수 있다. 겉으로 보면 불가촉천민도 자신의 우물에서 물을 길어 쓸 수 있고 돈만 내면 찻집에서 차를 마실 수 있다. 이처럼 표면으로는 과거와 많이 달라진 것 같지만, 카스트 힌두의 우물이나 유리컵이 오염되지 않도록 따로 우물을 파고 일회용 질그릇 잔에 차를 담아주는 것이기 때문에 불가촉성에 대한 차별의식은 여전히 남아 있다고 할 수 있다.

도시에도 농촌과 마찬가지로 '불가촉성'에 대한 이중성이 남아 있다. 뭄바이(Mumbai, 과거의 봄베이)와 델리Delhi 같은 대도시에서는 브라만이 주위 사람이 불가촉천민인지 아닌지 따져가며 살 수 없다. 그렇지만 이렇게 따지지 않는 것이 불가촉성에 대한 차별의식이 사라졌기 때문은 아니다. 이는 도시생활의 특성을 인정하고 수용하는 태도에서 나온 것이라고 보아야 할 것이다. 왜냐하면 도시생활에서 주위에 신경을 쓰지 않던 브라만이 집이나 고향마을에서는 오염의 금기를 꼼꼼히 지키고 있기 때문이고, 대학에서 카스트 힌두의 학생과 불가촉천민의 학생의 교류가 상당히 적다는 내용의 보고서가 있기 때문이다. 15퍼센트의 자리가 불가촉천민에게 따로 배정되어 있는 공공부분 이외에 개인 기업에서 청소부와 잡일꾼 이외에는 불가촉천민을 거의 고용하고 있지 않다. 이러한 사실도 불가촉성에 대한 차별이 아직 남아 있다는 증거가 될 것이다.

1991년 인구조사 결과를 보면, 불가촉천민의 81퍼센트가 농촌에 살고 있으며, 농촌에 사는 대부분의 불가촉천민이 토지를 소유하지 못한 농업노동자(61%)이거나 분납 소작인, 소규모 경작자(31%)이다. 이런 점을 고려한다면, 불가촉성에 대한 차별은 단순히 힌두교의 오염 금기에서 생겨난 의례적 차별만이 아니다. 이는 농업의 생산관계에서 가장 하층에 속하는 집단, 곧 토지가 없는 농업노동자 가운데 특정집단 (불가촉천민)이 당하는 착취와 예속을 종교적으로 정당화하는 장치라고 할 수 있다.[15]

불가촉천민과 함께 인도에서 멸시와 배척을 받는 집단이 또 있는데, 이들은 인도에서 부족민(Tribal)이라고 부르는 토착민이다. 현재 이 토착민은 5천만 명에 이른다. 식민지를 개척하기 위해 인도에 온 영국 사람은 카스트계급에 속하지 못하고 울창한 숲속이나 산속에서 사는 이상한 부족을 보게 되었다. 그래서 영국 사람은 원시적 부족민이라는 의미에서 '부족민'이라고 이름 붙였다. 그러나 부족민은 문화적으로 미개한 원시 족속이라는 인상을 주기 때문에 '부족민'이라는 말보다는 그들 사이에 사용하던 용어인 아디바시Adivasi로 불러 주길 바라고

---

15 정채성, 「현대 인도 사회의 변화와 갈등: 카스트를 중심으로」, 『인도의 오늘』, 224~231쪽. 그리고 나레드라 자다브 지음, 강수정 옮김, 『신도 버린 사람들』(김영사, 2008 47쇄)에서는 인도 사회에서 불가촉천민이 해방을 위해 투쟁하는 삶을 생생히 서술하고 있다. 아울러 이 책에서는 인간승리의 감동을 잔잔히 전달해준다.

있다.

오늘날 대부분의 아디바시는 수십 명에서 많아야 수백 명 단위의 작은 부족사회를 이루고 사냥과 채취생활과 원시적 농업에 종사하면서 자급자족하는 생활을 하고 있다. 현재 순수한 혈통의 아디바시가 전국적으로 수백만 명이라고 하지만 정확한 숫자는 알 수 없다. 이 아디바시의 생활여건이 어려운 데에는 인도 정부의 토지정책에도 어느 정도 책임이 있다. 인도 정부는 영국의 식민지정책을 그대로 계승해서 아디바시가 조상대대로 살아오던 숲과 산을 국유화한 경우가 많았다. 그래서 아디바시는 삶의 터전을 빼앗기고 동물과 같은 존재로 대접받기에 이르렀다. 2000년 1월 인도 서부에 살고 있는 아디바시 대표들이 처음으로 아디바시 권익을 보호하기 위한 단체인 아디바시 에크타Adivasi Ekta를 조직해서 첫 회의를 라자스탄 주에 있는 한 아디바시 부락에서 가졌다. 이때 회의의 의제는 '아디바시의 전통과 문화의 보존문제'였다.[16]

2) 불가촉천민의 기원에 대한 여러 견해

불가촉천민은 어떻게 해서 생겨난 것인가? 이 문제에 대한 여러 견해가 있다. ①브라만의 주장에 따르면, 불가촉천민은 바르나 사이의 혼혈에서 생긴 것이라고 한다. 부당한 역모혼逆毛婚 중에서도 슈드라 남자와 브라만 여자 사이에서 출생한 사람이 찬달라caṇḍāla, 곧 '불가촉천민'이라고 주장한다. 그러나 이는 현실사회에서 존재하는 찬달라의 기원을 브라만의 바르나 관념에 기초해서 설명한 것이기 때문에 역사적 사실이

---

16 남상욱, 『인도, 21세기 새로운 강자로 떠오르고 있다』, 107~111쪽.

라고 할 수 없다.

　②불가촉성不可觸性의 관념은 인도 선주민의 것이었고, 이것을 아리아인이 받아들였다는 것이다. 둣트는 아리아인이 살기 전에 드라비다인이 있었고, 드라비다인은 그들보다 더 오래된 원주민 오스트로아시아Austo-asia 계열의 인종을 부정不淨한 천민이라고 보았다고 한다. 왜냐하면 드라비다인은 오스트로아시아 계열 인종의 문화가 낮은 단계라고 보았기 때문이다. 이런 관념은 드라비다인과 선先드라비다인이 아리아인에게 정복당한 뒤에도 아리아인에 의해 받아들여졌다. 이런 주장의 논거로는 근대와 현대의 불가촉천민의 차별이 북인도에 비교해서 드라비다인이 많이 거주하는 남인도에서 더 엄격하다는 점을 들고 있다. 이 주장을 평가해 본다. 세계의 아리아인 중에서 인도에 들어간 아리아인만이 불가촉천민제도를 발전시켰다. 따라서 드라비다인과 선先드라비다인이 불가촉천민이 생기고 발전하게 된 데에 일정부분 역할을 했다고 볼 여지는 있다. 그러나 그에 대한 역사적 자료를 얻을 수는 없다.

　③아리아인이 인도를 정복한 시점에서 불가촉천민제가 성립된 기원을 찾기도 한다. 이 주장을 평가해 본다. 『리그베다』에서 선주민 다사dāsa는 아리아인에게 정복당한 열등한 종족으로 표현한다. 하지만 이들은 부정不淨의 관념과 연결되어 있지 않았고, 또한 아리아인과 선주민이 인종적·문화적으로 혼합되었다. 초기 베다 시대에 아리아인은 정淨과 부정不淨의 관념을 가지고 있었지만, 그것이 불가촉천민제도에 상당할 만큼의 사회관습을 곧바로 만들어낼 정도는 아니었다.

　④허튼은 불가촉천민의 기원을 종족적·종교적·사회 관습적인 것에서 찾고 있다. 그 내용을 정리하면 다음과 같다. 첫째로 불가촉천민의

관념은 죽음과 월경 등의 '금기'와 연결된다. 둘째로 '금기'에서 나온 불가촉의 사상은 인종이 서로 다른 점과 인종 사이의 반감 때문에 더욱 강해졌다. 셋째로 성전聖典, 성스러운 짐승, 신성한 사제司祭를 포함하는 종교와 부정하게 보이는 직업이 사회적 흐름과 만나면서 불가촉천민제가 발달하였다. 이 주장을 평가해 본다. 허튼의 주장처럼 불가촉천민제의 기원이 원시적 금기, 부정의 관념과 관련이 있는 것은 분명하다. 그런데 이런 것이 어떻게 해서 제도로 발전하였는지 설명하는 것이 중요하다.

⑤아리아인의 사회와 선주민 부족의 사회를 비교해볼 때, 선주민 부족사회의 물질문명이 열등하다는 점에서 불가촉천민제의 기원을 찾는 주장도 있다. 샤르마Sharma는 브라만 사회는 금속도구와 농경지식을 가지고 도시를 발전시킨 데에 비해서, 선주민의 사회는 수렵과 채집단계에 있었다고 주장한다. 나아가 브라만과 크샤트리아 사이에 널리 퍼진 관념, 곧 원시적인 금기, 손으로 하는 일에 대한 멸시, 정과 부정의 관념이 작용해서 불가촉천민제가 성립되었다고 말한다.[17] 샤르마의 주장에는 경청할 부분도 있지만, 허튼의 주장에서 제기된 반론처럼 왜 인도에서 불가촉천민제가 매우 발달하였는지 설명하는 데는 충분하지 못하다. 따라서 이 글에서는 불가촉천민제가 발전하는 데는 브라만 이데올로기가 큰 역할을 하였다는 점을 강조하고자 한다.

3) 불가촉천민의 성립

불가촉천민은 후기 베다 시대 말기(B.C. 600년)까지는 대략 성립되어

---

17 山崎元一 著, 전재성·허우성 역, 『인도 사회와 신불교운동』, 243~245쪽.

있었다고 할 수 있다. 왜냐하면 기원전 600~300년 사이에 작성된 문헌에 따르면 불가촉성을 가진 찬달라에 대해 자주 말하고 있기 때문이다. 아리아인 사회에서 불가촉천민이 나타난 것은 아리아인이 농경사회를 발전시킨 다음의 일이다.[18]

브라만에 의해서 정淨과 부정不淨에 대한 관념이 발전하고 있었고, 이는 브라만의 정성淨性과 불가침성不可侵性을 강조하는 도구로 활용되었다고 본다. 이처럼 정성淨性를 강조하는 것은 브라만을 포함한 상위 3개의 바르나가 부정물不淨物과 접촉을 피할 것을 요구하게 되었고, 따라서 부정한 행위를 하도록 강요받은 사람은 천민으로서 사회의 맨 밑에 놓이게 되었다. 그에 따라 브라만을 가장 청정한 것으로, 천민을 가장 부정한 것으로 보고 그 사이에 바르나 사회의 성원을 정淨과 부정不淨의 정도에 의해서 배열하였다. '천민'도 부정성不淨性의 정도에 따라 다시 나누어졌는데, 가장 밑바닥에 놓인 것이 불가촉천민이다.

---

18 이 주장과 다른 견해도 있다. 불가촉천민이라는 정체성이 확인된 것은 영국의 식민지 지배 때부터라는 것이다. 이는 불가촉천민이라는 정체성을 자각한다는 측면에서 접근한 것이다. 이 내용을 소개하면 다음과 같다. 인도 역사에서 불가촉천민 집단이 확실하게 형성된 시기는 대략 2세기경이고, 그 후 불가촉천민으로 분류되는 카스트의 숫자와 규모는 지속적으로 증가하여 20세기 초반에는 전체 인구의 1/8정도를 차지하게 되었다. 그렇지만 불가촉천민은 자신이 많은 공통점을 가지고 있다는 점, 그리고 같은 사회적 범주로 분류될 수 있는 집단이라는 점을 19세기 후반까지도 인식하지 못하였다. 불가촉천민은 지역적으로 서로 다른 수백 개의 카스트 집단으로 나누어져 있고, 오염의 금기에 따라 위계가 구분되어 있다. 이러한 불가촉천민이 하나의 범주로 인식되기 시작한 것은 영국의 식민지 정부가 1871~1872년 사이에 시행한 인구조사를 통해서였다.(정채성, 「현대 인도 사회의 변화와 갈등: 카스트를 중심으로」, 『인도의 오늘』, 232쪽)

크샤트리아는 자신의 지위를 확보하기 위해서 앞에서 소개한 브라만의 이데올로기를 받아들였다. 불가촉천민의 존재는 바이샤와 슈드라 계층의 불만을 다른 곳으로 돌려서 바르나 사회의 안정을 이룰 수 있기 때문이다. 그리고 바이샤와 슈드라 계층에서도 불가촉천민을 받아들임으로써 바르나 사회에서 자신의 지위를 유지할 수 있었다. 이처럼 불가촉천민을 통해서 바르나 사회에서는 자신의 세계와 외부의 세계를 분리시켜서 바르나 사회의 계급관계를 의례적 신분질서로 고정시킬 수 있었다.

불가촉천민으로 최하의 천민에 속하게 된 부류는 다음의 사람들이다. 우선, 아리아인이 형성한 농경사회의 주변에 거주하는 미개의 부족민이다. 이들은 독자적인 언어와 습관과 풍속을 가지고 있었고, 수렵과 채집생활을 하였을 것이다. 그런데 아리아인의 농경사회가 확대되어감에 따라, 이들은 아리아인의 농경사회 주변에 살게 되었다. 이 미개의 부족민은 아리아인에 의해 부정하다고 받아들여진 천업賤業을 수행하였다. 이렇게 해서 의례적으로 보자면 바르나 사회에서 배제되었지만, 사회적으로나 경제적으로는 없어서는 안 되는 천민층이 출현하였다.

그렇다고 해서 모든 미개 부족민이 다 천민이 되었다는 것은 아니다. 인도의 역사를 볼 때, 아리아인의 문화를 받아들여서 바르나 사회의 일원이 된 선주민 부족민도 적지 않았기 때문이다. 맨 아래에 있는 불가촉천민의 호칭이 된 '찬달라'라는 이름은 아마도 한 지방의 특정한 부족의 이름에서 비롯된 것이라고 추정된다. 이들의 불가촉성이 강조됨에 따라 이와 비슷한 생활을 하던 선주민 부족도 '찬달라'라는 이름을 얻게 되었을 것으로 본다.

그 다음으로는 농경사회와 목축사회의 구성원이었지만, 그들의 관습에 의해서 그들의 존재가 부정하다고 받아들여진 사람들도 천민이 되었고, 한편으로는 아리아인 사회의 일원이었지만 여러 가지 이유(흉작·약탈·전쟁 등의 재난, 불법 결혼이나 큰 죄를 범해서 추방되는 일 등)로 인해서 자신이 살고 있던 집단에서 떠나서 촌락사회에서 비천한 노동에 종사한 사람들도 천민이 되었다. 하지만 이렇게 발생한 천민은 첫 번째 경우, 곧 미개의 부족민에 비하면 그 숫자가 적었다.

바르나 사회에서 천민제도를 쉽게 받아들일 수 있었던 것은 아리아인의 농경생활·도시생활과 부족민의 수렵생활·채집생활에는 현격한 차이가 있었기 때문이고, 또 당시에 있었던 직업 세습화 경향은 천민제를 고정시키는 데 큰 작용을 하였을 것으로 보이기 때문이다.[19]

4) 불가촉천민제도의 발달

고대의 불가촉천민제도와 근대의 불가촉천민제도의 차이점은 두 가지로 정리될 수 있다. 하나는 근대에 들어와서 불가촉천민의 종류와 숫자가 늘어났다는 점이고, 다른 하나는 새롭게 불가촉천민에 포함된 사람이 전통적인 천업賤業 이외에 농업노동에 종사하고 있다는 점이다. 기원 전후의 사료에 근거해서 추측하면, 고대의 불가촉천민의 종류와 숫자가 근대보다 많았다고 할 수 없으며 고대에서는 '찬달라' 등의 불가촉천민이 농업노동에 종사하면서 아리아인의 사회에 관계하는 일도 없었다. 또한 고대의 사료에 따르면, 불가촉천민인 '찬달라'를 포함하는 천민은 일부를 제외하고는 부족의 조직을 보존하고 하나의

---

19 山崎元一 著, 전재성·허우성 역, 『인도 사회와 신불교운동』, 243~249쪽.

집단으로서 촌락사회의 인근에 거주하고 있었다. 그에 비해 근대에는 각 촌락의 주변부에 몇 개의 불가촉천민 카스트에 속하는 사람들이 카스트 종류대로 모여서 적은 가호家戶를 이루어 거주하고 있다.

이러한 현상, 곧 불가촉천민이 늘어나는 것과 그 종류가 많아지는 것과 불가촉천민이 농경에 종사하는 것과 불가촉천민이 각 촌락에 흩어져서 살게 되는 것은 어떤 역사적 흐름에 의해서 생겨난 것인가? 이 역사적 흐름은 아마도 '인도 봉건제'의 성립 및 발달 과정과 병행해서 진행되었다는 것은 분명하다고 하겠다. 그 과정을 추정하면 다음과 같다.

첫째, 농경사회가 더욱 발달함에 따라 수렵과 채집의 장소를 잃은 부족민 가운데서 농경민이 되기에는 늦은 사람들이 있었고, 이들은 농경사회의 주변에서 농경사회에 필요한 보조적 노동을 제공하면서 생활할 수밖에 없었다.

둘째, 지방분권적인 봉건지배 체제가 성립되어 자급자족적인 경제 구조가 강화되었고, 촌락 주변에 있던 불가촉천민과 천민 집단도 이러한 변화에 맞추어서 카스트제도에 편입되었다. 강우량에 의지한 농업에서는 한정된 시기에 많은 노동력을 필요로 한다. 그에 따라 새로 들어오게 된 불가촉천민과 천민들은 천업賤業으로 받아들여진 노동에 종사하면서 농업노동도 하게 되었을 것이다.

셋째, 촌락사회의 종교를 지도하는 브라만에 의해서 정淨과 부정不淨의 관념이 더욱 발전하게 되었고, 그래서 종래에는 불가촉천민에 포함되지 않았던 천민과 일부 직공의 계층도 불가촉천민에 포함되었다. 게다가 새로 생긴 불가촉천민과 기존의 불가촉천민 사이에도 상하와 귀천의 구별이 생기게 되어 불가촉천민 카스트 사이에도 배타성이 강화되었다.

넷째, 촌락의 주변부에 불가촉천민이 존재한다는 것은 촌락사회의 불평등으로 인한 긴장을 완화시키는 기능을 하였고, 촌락의 생산력을 높이는 기능을 하였다. 불가촉천민의 관념이 확대되고 강화되는 것은 봉건영주층과 지주와 토지소유농민층의 기대에 부응하는 것이기도 하였다. 또한 이 시기에 불가촉천민제도가 발달한 것과 국가와 지방사회의 지배층이 수행한 역할과는 직·간접적인 관계가 있었다고 할 수 있다.[20]

5) 인도의 독립과 불가촉천민

인도는 독립 이후 불가촉천민제도를 폐지하였고, 불가촉천민의 권익을 보호하기 위해서 여러 가지 보호정책을 실시하였다. 그것은 교육과 관직과 선거제도의 우대정책으로 구체화되었다. 그렇지만 이러한 우대정책에 문제점이 드러나고 있다. 그 요점은 우대정책을 잘 활용하는 불가촉천민의 엘리트층과 우대정책을 활용할 수 없는 빈곤한 대중으로 불가촉천민이 나뉘고 있다는 것이다. 그 자세한 내용을 알아보자.

(1) 헌법과 불가촉천민제(범죄)법

1947년 8월에 독립한 인도에서는 1950년 1월부터 시행된 공화국헌법 속에 모든 국민에 대한 '지위와 기회의 평등'을 공약하고, 인종, 종교, 카스트, 출생지, 성별 등을 이유로 해서 공공생활과 사적생활에서 차별을 금지하고 있다. 또한 불가촉천민에 대해서는 공화국헌법 17조

---

20 山崎元一 著, 전재성·허우성 역, 『인도 사회와 신불교운동』, 249~250쪽.

에서 불가촉천민제도를 폐지하고, 어떠한 형식의 차별도 금지하였다. 이러한 헌법의 조문이 실제로 효력이 발생하도록 하기 위해서 1955년에는 '불가촉천민제(범죄)법'이 제정되었다.

인도의 중앙 정부와 주 정부는 법률을 통해서 불가촉천민의 차별행위를 단속하는 동시에, 계몽서적과 팸플릿의 출판, 영화와 라디오와 포스터의 활용, 북을 치며 돌아다니는 전통적인 방법을 통해서 불가촉천민제도의 철폐를 호소하기도 하였다. 또한 '하리쟌의 날'과 '하리쟌의 주간'을 설정하기도 하였으며, 보조금을 내어서 불가촉천민과 공동으로 식사하는 모임, 연예회, 강연회 등을 열기도 하였다. 그리고 직업훈련학교와 관직시험예비학교를 설립하였고, '전全 인도 하리쟌봉사단'을 비롯한 민간단체에 대해서 자금을 원조하였으며, 불가촉천민에 대한 차별을 없앤 마을에 포상금을 주기도 하였고, 지정카스트와 카스트 힌두 사이의 결혼에 대해서 장려금을 지급하기도 하였다. 하지만 마하라슈트라 주의 경우 1963~1969년 사이에 정부가 권장한 결혼은 17쌍에 지나지 않았다.

또한 중앙 정부에서는 대통령이 임명한 '지정카스트 및 지정부족 담당특별관'을 두고, 지위향상 정책의 실태를 조사해서 그 보고서를 대통령에게 내도록 하였다. 매년 공표되는 이 보고서에서는 정부의 정책이 표면적으로 성과를 올리고 있지만, 직장과 학교와 촌락 등 현실사회에서는 불가촉천민에 대한 차별이 뿌리 깊게 남아 있음을 지적하고 있다. 담당특별관은 말단 관리나 경찰관 가운데 헌법규정과 '불가촉천민제(범죄)법'의 존재도 모르는 사람이 있을 지경이고, 설령 안다고 해도 대부분 차별철폐 활동에는 소극적이라고 지적한다(1971~1973년 보고서). 또한 담당특별관은 불가촉천민과 카스트 힌두의 결혼,

특히 부락 거주자 사이에 이러한 결혼을 장려하는 정책을 더욱 적극적으로 전개하도록 정부에 권고하고, 그 구체적 방법으로 장기간에 걸쳐서 여러 가지 우대(공직에 우선 채용, 경지와 택지의 제공, 자녀교육의 원조)를 제안하고 있다(1973~1974년 보고서).

중앙 정부에서는 1960년대부터 불가촉천민의 차별에 대한 실태를 조사하고, 1972년에는 실효성과 벌칙을 강화하는 '불가촉천민제(범죄)법'의 개정 법안을 의회에 상정하였다. 이 법안은 여러 차례의 조사와 심의를 거친 끝에 '시민권보호법'이라는 새 명칭으로 1976년 11월부터 시행되었다. 그렇지만 이 '시민권보호법'도 그 실효성에 한계가 있다고 보아야 한다. 왜냐하면 지정카스트에 속한 사람은 촌락생활에서 적은 숫자이고, 경제적으로도 카스트 힌두에 의존하고 있어서 차별행위에 대해 문제제기를 하기 어렵기 때문이다.

(2) 지정카스트 보호정책

인도 정부는 앞에서 설명한 것처럼 '불가촉성'에 대한 차별을 철폐하려고 시도하는 한편, 불가촉천민의 경제적·정치적 향상을 도모하기 위해서 영국 식민지 정부 시대에 채택된 지정카스트 우대정책을 받아들여서 이것을 더욱 확대하였다. 세계에서도 많은 인구의 후진그룹(지정카스트, 지정 부족, 기타 후진그룹)에게 이처럼 광범위하게 우대를 한 예가 없다고 한다.

① 교육의 우대정책

가난한 사람을 돕는다고 하자. 현금을 주는 것도 필요한 일이겠지만, 공부를 가르치는 것이 제일 효과적일 것이다. 배운 것이 없으면 결국

가난을 대물림하는 경향이 있기 때문이다. 인도에서도 지정카스트를 돕기 위해서 여러 가지 조치를 하고 있지만, 가장 역점을 두는 것은 교육의 문제를 개선하는 것이라고 한다.

지정카스트의 지위 향상을 위해서 인도 정부에서는 여러 가지 지원금을 내고 있는데, 그중에서 지원금의 50퍼센트가 교육비이다. 중앙 정부에서는 불가촉천민의 자녀 가운데 고교 졸업 이상의 학생에게 장학금과 해외 유학 자금을 지급하고, 주 정부에서는 불가촉천민의 자녀가 고교를 졸업하기 전까지 장학금을 지급하며, 수업료와 시험료를 면제하고, 점심값을 원조하고 교과서와 노트를 지급하고 있다.

그러나 이러한 교육 보호정책을 실시해도 지정카스트 아동의 초등학교 취학률은 일반 아동에 비해서 낮다. 왜냐하면 대부분의 지정카스트는 매우 가난한 가정 출신이고, 이들의 학부모는 자식의 교육에 관심을 가지지 않으며, 또한 그 가운데는 생계를 담당하기 위해 일하는 아동도 많기 때문이다. 그리고 중학교와 고등학교에 올라가면 이러한 격차는 더욱 벌어진다. 1971년의 통계에 의하면, 지정카스트의 식자률識字率은 14.7퍼센트(지정부족은 11.3%)인 데 반해서 일반인의 식자률은 29.4퍼센트였다. 이로 볼 때, 지정카스트의 식자률이 일반인에 비해 크게 미치지 못한다.

또한 고등 교육에서는 지정카스트 출신자에게 장학금이 지급되고, 또 지정카스트 출신자에게 입학을 허가하는 것이 일정부분 확보(保留)되어 있다. 이러한 우대조치 아래 고등 교육을 받은 지정카스트 출신자는 늘어나는 추세이다. 그렇지만 여기서도 이상과 현실의 괴리는 드러난다. 의학부 등의 이학부에서는 학력을 이유로 지정카스트 출신자를 받아들이기 꺼려하고, 또한 대학원의 경우 영어로 수업을 하고 있기 때문에 영어를 사용할 수 없는 지정카스트 출신자가 입학을 할 수는 있지만, 중도에 포기하는 경우가 많다고 한다.

② 관직의 우대정책

한국에서 공무원 여성할당제 때문에 시끄러운 적이 있었다. 그에 비해 인도에서는 할당제가 비교적 잘 시행되고 있는 편이다. 이는 관직에서 우대조치를 한다는 것이다. 다시 말하자면, 모든 관직의 일정비율(인구 비례에 상당함)을 지정카스트 출신자에게 보유保留한다는 것이다. 1971년의 통계에 의하면, 지정카스트의 인구는 약 8천만 명으로 총인구의 14.6퍼센트를 차지하고 있다. 그렇지만 중앙 정부 고용현황을 보면, 1급직(고급행정관)의 자리에는 2.99퍼센트, 2급직(일반 행정관)의 자리에는 4.13퍼센트, 3급직(하급사무직)의 자리에는 9.77퍼센트가 지정카스트 출신자로 고용되어 있을 뿐이고, 할당된 수를 채우고 있는 것은 4급직(육체노동자)으로 그 비율은 18.61퍼센트에 이른다. 더구나 최하급으로 할당제가 없는 청소부직은 80~90퍼센트가 지정카스트 출신자로 고용되어 있다.

　지정부족민 출신자는 총인구에 대한 비율이 6.9퍼센트인데, 1급직은 0.5퍼센트, 2급직은 0.44퍼센트, 3급직은 1.72퍼센트, 4급직은 3.82퍼센트 고용된 것에 지나지 않는다. 개개의 주州에서도 중앙관서처럼 지정카스트와 지정부족을 위한 관직보유정책을 취하고 있으나, 그 목표를 제대로 이루고 있지 못하다.

③ 선거제도의 우대정책

옥玉에도 흠이 있다고 하는데, 아무리 제도를 잘 갖추어 놓아도 사람의 영악한 계산을 넘어설 수는 없는 것 같다. 선거제도에서 우대한다는 것은 중앙과 지방의회(모두 하원)의 의석에서 인구에 비례하는 비율을 지정카스트에게 보유保留한다는 것이다. 1977년의 경우, 중앙 하원의 전체의석 542석 가운데 78석(약 14%), 주 하원의 전체의석 3997석 가운데 540석(약 14%)이 각각 지정카스트에게 보유保留되어 있다. 그리고 지정 부족의 보유 의석은 중앙 하원의 38석, 주 하원의 282석이다.

이 선거제도의 문제점은 지정카스트의 다수가 추천하는 후보자가 선출된다는 보장이 없다는 것이다. 중앙 하원 선거구를 보면, 지정카스트의 보유 선거구에서 지정카스트 출신이 가장 많다고 해도 인구의 2분의 1을 넘지 않고, 경우에 따라서는 지정카스트 출신이 10분의 1 이하인 '선거구'도 있다. 따라서 보유 선거구에 출마하는 후보자가 지정카스트의 이익을 위해서 적극적으로 움직이면, 카스트 힌두의 지지를 잃게 된다. 또한 지정카스트 출신의 지도자 밑에서는 카스트의 테두리를 초월한 계급적인 연대가 생기기 어렵다고 한다. 그래서 보유 의석 선거구에서는 카스트 힌두와 그들을 대표하는 지방정계의 유력자(과거에는 국민회의파에 속하는 인물이 많았음)의 의중에 맞는 인물이 당선될 가능성이 높다.

하지만 보유의석의 선거에서 합동 선거하는 것(유권자가 지정카스트 출신 후보자에게 투표하는 선거)이 힘을 발휘하는 경우도 있다. 지정카스트 출신자 지그지완 람과 같은 실력자도 존재한다. 또한 1967년 중앙 하원 선거에서 여당인 국민회의파의 의석이 전체의 50퍼센트 이하로 떨어지자, 국민회의파의 지정카스트 의원이 결속해서 지정카스트의 보호정책을 촉진할 것에 압력을 행사하여 어느 정도 성공한 적도 있다.

④ 우대정책의 문제점

재주는 곰이 넘고 돈은 주인이 챙긴다고 하듯이, 우대정책이 어느 정도 효과가 있는 것은 분명하지만 그 열매가 고루 돌아가지 않는다는 비판의 소리가 있다. 앞에서 소개한 인도 정부의 지정카스트 보호정책을 통해서 불가촉천민(지정카스트) 사이에 교육이 향상되고, 이들이 정계와 관계에서 활약하는 기회가 현저히 향상된 것은 사실이다. 그렇지만 이러한 사회변화의 혜택을 가장 많이 누리는 쪽은 불가촉천민 가운데서도 상위에 있는 대大카스트라고 한다. 구체적으로 말하면, 정치적 세력을 가지고 있는 일부의 불가촉천민 카스트와 그렇지 못한 불가촉천민 카스트 사이에 사회적·경제적 격차가 생기고, 또한 같은 카스트 안에서도 우대조치를 이용해서 지위의 향상을 성취한 엘리트층과 빈곤한 대중 사이에 계급분화가 이루어지고 있다는 것이다.

물론 이 새로운 현상이 불가촉천민의 차별을 해소하는 과정에서 생긴 것이고, 따라서 일보 진전된 것으로 볼 수 있다. 그렇지만 일부에선 보호정책 자체에 대해서 비판의 소리가 나오고 있다.[21] 카스트 힌두의 대중 사이에 불만이 늘어나고 있고, 지정카스트 사이의 충돌도 늘어나고 있는데, 그것은 지주·부농층과 결합한 지정카스트와 정치적으로

---

[21] 불가촉천민에게 수혜를 주는 의석지정정책은 불가촉천민이 아닌 집단의 거센 반대를 일으켰다. 그래서 의석지정정책을 반대하는 운동이 전국에서 일어났다. 물론 이러한 운동이 공격하는 대상은 성공한 불가촉천민이었지, 가장 가난한 불가촉천민인 방기(Bhangi)와 같은 청소부를 대상으로 한 것은 아니다. 사실 의석지정정책으로 인해 불가촉천민의 엘리트 계층이 형성되었다. 이들은 주로 교육을 받아 다른 불가촉천민보다 좀 더 깨어 있는 사람들이었다. 이들은 정부에서 주는 혜택을 얻을 수 있었지만, 대부분의 불가촉천민은 그렇지 못하였다.(백좌흠·이광수·김경학 지음, 『내가 알고 싶은 인도』, 302쪽)

각성을 하고 자기주장을 하기 시작한 지정카스트 사이에 일어나는
충돌이다.

네오 부디스트(신新불교)의 입장에서 '쟈타와'라는 학자는 보호정책
을 다음과 같이 비판하고 있다. 보호정책 아래서 불가촉천민은 암베드
카르가 주장하는 자존심을 잃어버리고 기생寄生하는 근성에 길들여졌
다. 그 대표적인 예가 국민회의파의 꼭두각시가 된 보유保留의석 의원
이다. 이 보유의석 의원은 불가촉천민 대중의 이익을 무시하고 있다.
또한 쟈타와는 우대조치 밑에서 교육을 받고 사회적 지위가 오른 사람은
불가촉천민의 지도자가 되어야 할 터인데, 이들은 오히려 경제적으로
풍요로워지자 사회개혁의 정열을 잃어버리고, 빈곤한 불가촉천민 대
중과 결별하고 있다는 것이다. 마치 미국에서 성공한 흑인이 흑인의
거주 지역에서 벗어나려는 경향과 비슷하다고 하겠다.

그리고 보호정책은 불가촉천민 안에서 빈부의 격차를 확대하는
역할을 한 것에 지나지 않고, 대중의 빈곤상태는 개선되지 않았다는
것이다. 한편, 카스트를 지정한(지정카스트) 보호정책 아래서는 보호를
받는 카스트를 벗어날 수 없다. 그래서 보호정책이 오히려 불가촉천민
제도를 영구화하는 역기능을 하고 있다고 쟈타와는 지적한다. 결론적
으로 보유의석제도는 즉시 폐지되어야 하고, 경제적 우대조치는 카스
트와 종교를 기준으로 하지 말고, 경제적 후진성과 곤궁의 정도를
기준으로 해서 부여해야 할 것이라고 쟈타와는 주장한다.[22]

---

22 山崎元一 著, 전재성·허우성 역, 『인도 사회와 신불교운동』, 261~272쪽.

5. 현대 인도의 카스트의 모습

인도가 독립한 뒤에 공식적으로 카스트제도에 의한 차별은 없어졌다. 그렇지만 카스트제도에 의한 차별의식은 쉽게 사라지지 않았다. 문화라는 것이 하루아침에 쉽게 바뀌지는 않기 때문이다. 여기서는 현대 인도에서 카스트제도의 변화된 모습에 대해 3단락으로 간단히 서술하고자 한다.

첫째, 카스트의 의미가 정치적 의미의 동질적 집단으로 바뀌었다. 그래서 현대 인도의 정치에서 카스트주의가 득세하게 되었는데, 그것은 상층 카스트(브라만, 크샤트리아, 바이샤)와 후진계급인 슈드라의 표 대결로 구체화된다. 둘째, 카스트의 의미가 위계단위에서 생활양식 차이의 단위로 변화하였다. 그에 따라 하층 카스트가 상층 카스트의 생활유형을 모방하는 일이 자주 나타난다. 셋째, 앞의 두 가지 모습은 인도의 농촌에서도 발견된다. 인도의 봉건적 질서를 유지해주던 농촌에서도 카스트가 직업이나 경제적인 측면에서 동질적인 집단이 아니다. 인도의 농촌에서 실제적 계급대립은 부농富農과 중농中農에 대해서 농업노동자와 빈농貧農이 대결하는 양상으로 드러나는데, 카스트주의가 이러한 계급대결을 카스트 사이의 대립으로 바꾸어버리는 역할을 담당하고 있다.

1) 정치적 의미의 '민족 집단'으로 변화

한국 정치에서 상당한 영향력을 행사하는 것이 지역감정이라고 한다면, 인도 정치에서는 카스트가 유권자의 정치행위를 결정짓는 가장 중요한 요인 가운데 하나라고 할 수 있다. 다시 말해서, 특정 카스트에 속한다는 이유 때문에 지지하는 것이 정치행위의 일반적 모습이라는 것이다. 나아가 이런 정치적 행위는 유사한 지위의 카스트들이 연합해서 정치적인 집단행위로 진전되기도 하고, 경우에 따라서는 정치적인 목적을 위해서 다른 카스트들과 동맹을 맺는 것으로 이어지기도 한다. 그리고 다양한 카스트로 이루어진 정당의 경우에 입후보자를 내정할 때 카스트라는 요인이 중요하게 드러나게 되며, 카스트를 근거로 해서 정당 안에서 파벌이 이루어지는 경우도 많다. 또한 특정 정치적 엘리트와 정당은 정치적 목적을 달성하거나 인원을 동원하기 위해서 카스트를 이용하고 있으며, 반대로 특정 카스트 집단이 자신의 이해관계를 달성하기 위해서 특정 정당과 정치적 타협을 하는 경우도 있다. 현대 인도의 정치에서 카스트주의는 상층 카스트와 후진계급인 슈드라의 표 대결로 구체화되고 있다. 이제 이러한 현상이 발생하게 된 과정을 자세히 알아보자.

인도 정부는 1953년에 헌법34조에 따른 제1차 후진계급위원회를 만들었다. 이 위원회는 1955년에 보고서를 제출하였는데, 보고서 내용에는 2,399개의 공동체가 '사회 교육적으로 후진적'이라고 하였고, 이 가운데서도 837개의 공동체가 '가장 후진적'이라고 평가하였다. 그리하여 보고서에서는 이러한 후진적 공동체에 대해 정부 공무원의 고용과 교육기관의 입학에서 특혜를 줄 것을 권고하였다. 하지만 인도 정부에서는 위원회가 후진계급을 확인하는 데 객관적이지 않았다는 이유로 보고서의 내용을 채택하지 않았다.

1960년대에 들어서자 국민회의당은 남부 인도만이 아니라 북부 인도에서도 일부 후진계급의 영향력을 무시할 수 없었다. 인도 정치의 중심지인 힌디벨트(cow belt: 하원의원의 40퍼센트를 차지하는 우타르프라데시, 비하르, 마디아프라데시, 라자스탄 등의 주)에서 사회주의당 (Samajwadi Party)이 경제적 이해를 강조하면서 후진계급에 접근하였다. 그래서 1967년에 국민회의당(I)의 일당지배가 도전받게 되었다. 이에 인디라 간디Indira Gandhi 수상이 이끄는 국민회의당(I)은 1971년 구자라트Gujarat 주 선거에서 '가난 척결(Garibi Hatao)'이라는 구호를 내세우면서 후진계급에 접근하고자 하였다.

1977년 국민회의당(I)이 아닌 다른 정당의 중앙 정부가 들어서게 되었는데, 이때 민중당(Janata Party) 정부는 이전에 비하르 주의 수상이었던 만달(후진계급의 하나인 야다브 출신)을 위원장으로 하는 만달위원회를 구성하였다. 이 위원회에서는 전국적 규모로 존재하는 후진계급을 다시 발견하였고, 이 후진계급의 발전을 위한 권고안을 제시하였다. 그런데 이 위원회가 1980년 12월에 보고서를 제출할 때는 국민회의당(I)의 인디라 간디가 다시 수상이 되어 정권을 잡고 있었고, 인디라 간디의 뒤를 이은 라지브 간디Rajiv Gandhi도 이 보고서의 내용을 이행할 생각이 없었다.

1989년 총선기간 동안에 브이 피 싱V.P.Singh이 이끄는 민중당이 선거강령으로 만달위원회의 권고안을 포함시켰다. 1990년 1월에 인도 국민당과 좌파전선(Left Front)의 지지를 받아서 '싱'은 수상이 되어 중앙 정부를 장악하였다. 싱 수상은 1990년 8월에 중앙 정부의 공무원과 공공부문의 고용에서 후진계급에게 27퍼센트를 할당하라는 만달위원회의 권고안을 이행하겠다고 선언하였다. 그러나 싱 수상이 사전에 여론의 검증 없이 갑자기 만달위원회의 보고서를 이행하겠다고 한 것은 분명히 정치적인 책략이었다. 이는 부수상 데위 랄Devi Lal을 견제하면서 동시에 민중당 중심의 민족전선(National Front)의 입지를 강화하고, 나아가 카스트에 따른 정치세력을 재정비하려는 의도였다.

 그렇지만 이 조치로 인해서 힌디벨트(cow belt)에서 상층 카스트 출신의 많은 청년들이 분신자살하는 일이 일어나고, 사회적 대혼란이 생겨났다. 이에 대법원에서 1990년 10월 1일 싱 수상의 결정에 정지명령을 내렸다. 싱 수상은 집권 11개월 만에 물러났고, 찬드라 쉐카르 Chandra Shekar 내각이 잠시 뒤를 이어받았지만, 1991년 중간선거에서 나라심하 라오P.V.Narashimha Rao가 이끄는 국민회의당(I)이 다시 소수小數 정부를 이루었다. 국민회의당(I) 정부는 과거에는 만달위원회의 권고안에 대해 반대 입장을 취했지만, 이제는 지지로 그 입장을 바꾸었다. 국민회의당(I)은 민중당이 선언한 것과는 별도로 특별보장의 방식을 발표하였다. 그 내용은 후진계급에게 27퍼센트의 고용보장을 유지하고, 그 위에 상층 카스트 가운데 경제적으로 뒤쳐진 후진계층에게 10퍼센트의 고용기회를 보장한다는 것이다. 이는 헌법이 보장한 후진계급과 지정카스트와 지정부족에 대한 특혜가 후진계급 등이 역사적으로 불평등한 대우를 받은 것에 대한 보상이라는 점을 망각한 것이었다.

 이러한 결정에 대해 1992년에 대법원에서 법적 결정을 내렸다. 후진계급에게 27퍼센트의 고용기회를 주지만, 이 후진계급 안에서도 사회적으로 발전한 개인과 집단은 배제한다고 결정하였고, 상층 카스트 가운데 경제적으로 뒤쳐진 후진계층에게 10퍼센트의 고용을 보장하는 것은 유효하지 않다고 결정하였다. 그러나 이러한 결정은 후진계급에 대한 특별보장문제를 해결하는 것이 아니고 카스트주의를 더욱 강하게 만들었다. 그에 따라 힌두교와 무슬림 사이에 카스트가 다시 부활하였고, 전체적으로 보자면, 21세기에도 카스트가 인도 사회에서 강력한 힘을 발휘하게 되었다.

한편, 힌두 민족주의를 주장하는 인도국민당과 같은 힌두 보수정당이 등장하였다. 이 정당들은 '헌법적 세속주의'와 '세속적 인도민족주의'의 유효성에 대해서 의문을 제기하고 있다. 인도국민당에서는 이슬람 근본주의운동에 대항하는 이데올로기를 제시하고, 이 이데올로기에 근거해서 국가자원봉사단(國家自願奉仕團, RSS)의 활동을 전개하였다. 1990년대에 이르러서 인도국민당에서는 '만달 대 만디르(mandir, 사원)'라는 상징 구호를 주장하면서 '힌두 근본주의'를 내세웠다. 그에 따라, 인도국민당에서는 상층 카스트의 지지를 더욱 얻어내고, 힌두교도들의 표를 확보할 수 있었다.

만달 보고서에 따라 슈드라로 대표되는 후진계급이 그동안 지정카스트와 지정부족에게만 주어졌던 특별보장정책의 혜택을 받게 되자, 상층 카스트(브라만, 크샤트리아, 바이샤)가 크게 반발하게 되었다. 그와 동시에 하층 카스트는 주어진 혜택을 보장받기 위해서 정치투쟁에 참여하게 되었다. 그리하여 인도에서는 카스트 정치가 세력을 떨치게 되었다.

물론 지역에 따라 다양성은 있지만, 인도정치에서 '상층 카스트'와 슈드라 중심의 '후진계급'의 대결이 투표행위에서 중점적으로 나타났다. 그리고 대중사회당과 같은 달리트(불가촉천민)가 중심이 된 정당은 하층 카스트와 분리하여 독립하였다. 그래서 인도정치에서는 상층 카스트, 후진계급, 달리트(불가촉천민)라는 3범주의 집단이 세력대결을 벌이고 있는 형국이다.[23]

---

23 이광수 외, 『카스트 - 지속과 변화』(소나무, 2002), 71~77쪽.

이는 농촌지역에서도 마찬가지다. 다시 말해, 농촌지역에서는 후진 계급이 세력을 형성하고 있다. 인도가 독립한 뒤에 토지개혁을 하였고, 그 결과 대지주인 자민다르zamindar가 사라지고, 새로운 집단, 곧 중간 규모의 토지를 소유하면서 직접 경작하는 집단이 급속하게 등장하였다. 대大자민다르의 토지는 소小자민다르 또는 상층 소작인에게 넘어갔는데, 이들은 자민다리 체계 안에서 토지의 실질적 점유권을 가지고 있던 세력이었다. 소小자민다르와 상층 소작인은 새로운 토지소유계급으로 등장하였고, 이들은 바르나 체계에서 슈드라의 상층에 속하였다. 상층 카스트는 육체노동을 거의 하지 않지만, 이들은 상층 카스트와 달리 직접 농사일도 하고 가축을 기르는 일도 마다하지 않았다. 이 집단이 인디라 간디 정권이 추진한 녹색혁명의 새로운 농업기술을 적극적으로 수용하였다. 나아가 이들은 자신들이 토지의 주인이 되어야 한다고 주장한다. 왜냐하면 상층 카스트 지주(말릭, malik)는 생산 활동에 참여하지 않지만, 이들은 직접 논밭에서 땀을 흘리기 때문이고, 노동자(마즈두르, mazdur)는 땅을 소유할 자격이 없는 카스트이지만, 이들은 상대적으로 오염되지 않는 카스트이기 때문이라는 것이다.[24]

2) 위계단위에서 생활양식 차이의 단위로 변화

카스트의 의미가 위계단위에서 생활양식의 차이의 단위로 변화함에 따라 하층 카스트가 상층 카스트의 생활양식을 모방하는 일이 자주 발생하고 있다. 그러한 과정에서 카스트 사이에 충돌이 일어나고 있으

---

24 정채성, 「현대 인도 사회의 변화와 갈등: 카스트를 중심으로」, 『인도의 오늘』, 220~221쪽.

며, 현대 인도에서 카스트는 그 영향력을 잃어가고는 있지만 제한된 범위에서 아직도 영향력을 발휘하고 있다. 이러한 내용에 대해 알아 보자.

산스크리트화(Sanskritization)는 낮은 카스트의 사람이 자신의 등급을 올리기 위해서 자신의 관습과 생활양식을 특정 상층 카스트의 관습과 생활양식을 모방하여 바꾸려는 것이다. 스리니와스Srinivas는 초기에는 이러한 현상은 브라만화(Brahmanization)라고 하였지만, 후일 산스크리트화로 바꿔서 불렀다. 이러한 산스크리트화는 두 가지 차원에서 설명이 가능하다. 먼저, 역사적 특수성의 차원에서 보자면 산스크리트화 과정은 인도 역사 가운데 특정 시기마다 문화적 유형을 이끌었던 카스트가 다양했음을 의미하는 것이다. 그 다음으로, 특수한 맥락의 차원에서 보자면 인도의 여러 지역에서 모방되는 카스트의 문화적 유형이 다양함을 의미하는 것이기도 하다. 인도의 많은 지역에서 낮은 카스트의 사람이 브라만의 생활유형을 모방하는 것이 아니라, 크샤트리아의 생활유형을 모방하고 있으며, 지역에 따라서는 힌두교도가 아닌 무슬림의 생활유형을 모방하는 경우도 있다고 한다. 따라서 산스크리트화는 정치적·경제적 지배력을 갖추고 있는 지배 카스트의 생활유형을 낮은 카스트의 사람이 모방하는 것이라고 할 수 있다.

그런데 산스크리트화, 곧 상층 카스트의 생활유형을 모방하는 것은 일종의 도전으로 받아들여질 수 있다. 그래서 이전에는 하층 카스트가 상층 카스트의 생활유형을 모방하는 것이 금지되었고, 지배 카스트의 사람이 이런 모방을 막을 권한도 가지고 있었다. 그렇지만 오늘날에는 법원에서 하층 카스트의 사람이 상층 카스트의 관습과 의식을 모방할 권리를 인정하고 있고, 경찰에서 법원의 이러한 결정을 강제 집행하고 있다. 이렇게 되면 산스크리트화는 카스트를 올리겠다는 일종의 시위가 되고, 나아가 산스크리트화는 하층 카스트 사람이 경제적 위상에 근거해서 시위를 하는 것도 된다. 예를 들어, 집안 잔치에서 자동차나 오토바이를 타고 오는 친척들과 부유한 친구를 초대하는 것 등은 낮은 카스트의 사람이 자신의 경제적 위상을 나타내 보이는 일이기도 하다.

한편, 현대 인도 사회에서 카스트의 지위를 평가하는 데 세속적인 요인이 점점 중요해지고 있다. 그렇다고 해서 카스트의 위계에 대한 전통적 관념이 아무 소용이 없다는 것은 아니다. 예를 들면, 남부 인도에서 전통적으로 하층 카스트로 간주되었던 양치기, 야자 채취자, 어부 카스트 등이 오늘날에는 정치권력에 접근하거나 경제력을 가지게 되었는데, 이러한 현상에 대해 상층 카스트가 불만을 토로하곤 한다.

인도는 독립 후에 보상적 차별정책, 토지개혁, 여러 복지정책을 실시하였는데, 이러한 정책이 최하층 카스트의 지위를 변화시켰다기 보다는 이 지정카스트 가운데 영향력 있는 개인에게 혜택이 돌아가게 하였다. 예를 들면, 인도 농촌의 지정카스트의 경우 근대화의 물결에 적극적으로 대처한 개인과 이 사람을 따라 도시로 옮겨간 적은 숫자의 가족을 제외하고, 그 카스트 내부의 다른 구성원에게는 혜택이 미치지 않았다. 시골에 남아 있는 지정카스트 사람의 경우 대체로 사회적 조건에 변화가 없다.

카스트를 상향으로 이동하려는 시도로 인한 갈등은 농촌지역에서는 카스트 사이의 충돌로 나타난다. 낮은 카스트의 사람이 도시에서 누리던 지위를 시골에서도 계속 누리고자 할 때 카스트 사이에 폭력사태가 일어난다. 매년 카스트 사이에 많은 폭력사건이 일어나고, 이러한 일이 주 의회에서 논의되는 것도 이러한 맥락 때문이다. 이러한 폭력사건은 지배 카스트의 사람이 카스트의 상향이동을 시도하는 낮은 카스트의 사람에 대해 대량학살, 폭행과 강간, 경제적·사회적 보이콧 등을 하는 것으로 나타난다. 보통 지정카스트의 사람이 폭력의 대상이 되는데, 비하르 주나 안드라프라데시 주에서는 이러한 폭력사태가 빈번하다고 한다.

오늘날 카스트 관계와 연결되는 정淨과 부정不淨의 관념에도 중요한 변화가 생기고 있다. 여기서도 이중적인 문화가 생겨나고 있다. 하나는 전통적 가치에서 바라보는 것이고, 다른 하나는 현대적이고 평등한 관점에서 접근하는 것이다. 이런 점은 농촌사회가 전환기에 들어섰음을 보여주는 예이다. 이렇게 '정'과 '부정'의 관념이 약화되긴 했지만, 불가촉천민(지정) 카스트에 대한 차별은 여전하다.

그리고 '정'·'부정'과 연관되는 결혼관습과 의례에도 여러 가지 변화가 있었지만, 카스트 안의 결혼이라는 규범은 변하지 않았다. 예전에는 다른 카스트와 결혼하는 것은 파문으로 이어지고, 이는 카스트 지위를 잃어버리는 것으로 결론이 내려졌지만, 오늘날의 농촌사회에서는 다른 카스트와 결혼하는 것도 어느 정도 관용적으로 받아들이고 있다. 또 결혼할 수 있는 카스트의 범위가 넓어지고 있다. 예전에는 결혼이 가장 작은 단위인 자티 안에서 이루어졌지만, 오늘날에는 자티의 장벽이 개개 카스트의 엘리트에 의해서 도전받고 있다. 이들은 도시에서 교육받은 사람들이다. 이는 교육과 도시화를 통해 형성된 사회적 각성(계급의식)과 관련이 있다.[25]

오늘날의 인도 농촌에서 카스트가 각 구성원들의 생활양식을 규제하

---

25 이광수 외, 『카스트 – 지속과 변화』, 201~207쪽.

는 위계질서라고 보기는 어렵다. 카스트가 개별적인 집단으로 존재하지만, 카스트가 카스트 사이의 이해관계를 해결하는 하나의 위계질서로 더 이상 작용하지는 않는다. 또한 카스트의 지위를 평가하는 데 전통적인 분류보다는 세속적인 요인이 더욱 중요해지고 있다. 그래서 오늘날에는 개개 카스트 사람은 물질적 자원을 추구하고, 교육과 정치권력의 몫을 차지하기 위해서 서로 경쟁하고 있다.

3) 현대 인도 농촌의 카스트의 변화

앞에서 설명한 것처럼 카스트가 정치적 의미의 동질적 집단이고, 생활양식 차이의 단위로 그 의미가 바뀌었는데, 이러한 변화는 인도 봉건질서를 유지하던 인도 농촌에서도 발견된다. 그래서 인도의 농촌에서도 카스트가 경제적 측면에서 동질적인 집단이 아니고, 더 이상 위계적 질서를 부여하는 것이 아니다. 인도의 농촌에서 부농과 중농에 대해 농업노동자와 빈농이 대결하는 것이 실제 대립의 양상인데, 이 대립을 카스트주의가 카스트의 대립인 것처럼 바꾸고 있다. 이에 대해 좀 더 알아보자.

인도는 독립한 뒤에 농업개혁을 실시하였다. 그 결과는 기대한 것에 미치지 못하였다. 농업개혁으로 인해 토지소유에 근거한 농촌의 불평등구조는 그대로 유지된 채, 농업생산의 상업화와 농업의 자본주의적 관계가 진전되었다. 그에 따라 인도 농촌의 카스트-계급구조는 큰 변화를 나타내었다. 그것은 카스트제도에 기초한 전통적 사회 모습과는 다른 계급의 모습이 나타났다는 것이다. 카스트제도는 결코 사라지지 않았지만, 봉건적 지주제는 사라지고 낡은 형태의 상층 카스트 지배도 힘을 잃었다. 그리고 카스트제도의 기초로서 불평등을 정당화시켜 주는 기능, 곧 토지소유자와 토지를 소유하지 못한 농민 사이의 불평등을 정당화시켜 주던 위계적位階的 가치관도 더 이상 영향력을 발휘하고 있지 못하다.

따라서 인도 농촌에서 카스트 공동체는 급속히 변화하였고, 오늘날 카스트는 직업이나 경제력에서 동질적 집단이 아니라고 할 수 있다. 전통적으로 카스트가 인도 농촌에서 직업과 경제적 지위를 결정하였는데, 오늘날 이러한 기능을 더 이상 담당할 수 없는 것이다. 이제는 같은 카스트 성원 사이에서도 토지소유 정도에 따라 부농, 중농, 빈농, 소작농, 농업노동자 등의 여러 계급이 나타나게 되었다. 그리고 토지소유의 여부에 따라 경제적 지위가 결정된다.

물론 카스트 내부의 계급분화는 지역에 따라 다양하게 나타나지만, 대체로 보자면 경제력과 카스트는 어느 정도 비례하는 경향이 있다. 구체적으로 말하자면, 부농, 중농, 전문직 종사자 사이에서 상층 카스트와 중간 경작농 카스트 출신의 비율이 높고, 하층 카스트는 매우 적다. 또한 지정카스트와 지정부족, 무슬림, 기독교도 등의 소수민小數民은 여전히 빈곤계층으로 남아 있다.

스리니와스Srinivas에 따르면, 토지소유와 카스트 지위 사이에는 2가지 방향의 관계, 곧 토지소유가 카스트의 지위를 향상시키는 관계와 상층 카스트라고 해도 토지소유자가 아니면 카스트에 걸맞은 대우를 받지 못하는 관계가 존재한다고 한다. 전통적으로 보자면, 토지소유는 소유자의 위신을 높이고 존중을 받도록 하였으며, 이는 시간이 흐름에 따라 토지소유자의 카스트 지위를 상승시키는 것으로 이어졌다. 만약 브라만이 아닌 카스트 성원이 토지를 소유하게 되면, 브라만의 생활을 모방하는 산스크리트화(Sanskritization)가 이루어졌고, 이처럼 토지소유를 통해 카스트 지위와 사회적 위신이 상승되었다. 이와 반대로, 상층 카스트라고 할지라도 토지를 소유하지 못하면, 생계를 위해서 직접 농사일을 해야 했고, 그에 따라 상층 카스트로서 의례적 지위에 걸맞은 대접을 받을 수 없었다. 이렇게 보자면 토지소유자가 대체로 상층 카스트 지위를 누리는 경향이 있지만, 카스트가 반드시 경제적 이해를 나타내는 '계급'과 일치하는 것은 아니었다. 카스트는 경제적 이해를 우선시하는 계급보다는 더 넓은 개념으로 보인다.

인도에서는 전통적으로 카스트 범주에 의해서만 사회적 분화가 나타나는 것이 아니고, 넓은 의미의 경제적 범주, 곧 생산 체계의 지위에 따라서도 사회적 분화가 이루어졌다. 그래서 인도 농촌의 실제적 대립은 카스트를 중심으로 생기지 않는다. 다시 말하자면 상층 카스트 지주에 대해 하층 카스트 농민과 농업 노동자가 대결하는 것이 아니고, 부농과 중농에 대해서 농업노동자와 빈농이 대결을 하고 있다. 나아가 이들의 관계가 카스트 체계에 기초한 관계와 가치관, 곧 전통적인 후원관계와 위계적 가치관이 점차 사라짐에 따라 계급의 관계로 바뀌고 있다. 이러한 관계 속에서 인도의 농민은 불평등에 대해 투쟁하고 있다. 하지만 이러한 농민의 투쟁이 확고한 계급의식에 근거를 둔 것은 아니다. 왜냐하면 계급적 갈등이라고 볼 수 있는 것이 종종 카스트와 민족 집단 사이의 갈등으로 변형되고 있기 때문이다.

여기서 카스트주의를 살펴보면, 카스트의 동질감이 경제적 이해관계를 넘어서는 경우가 많다. 상층 토지소유계급은 중농과 농업노동자 사이에서 자신의 카스트 감정을 호소하고 다른 카스트에 대한 편견을 공공연하게 부추긴다. 그리고 하층 카스트로서 가난한 사람은 자신이 속한 카스트 안에서 부유한 카스트 지도자를 지지하면, 자신의 경제적·

정치적·교육적 상황이 개선될 것이라는 환상을 품는다. 실제로 토지소유계급과 토지 없는 농민계급 사이의 대립과 충돌이 생길 때, 카스트는 토지 없는 농민계급 사이를 분열시키는 요인이 된다. 이는 카스트의 장벽이 경제적 계급의 이해관계를 능가한다는 것을 보여주는 예이다.[26]

---

26 이광수 외, 『카스트―지속과 변화』, 135~148쪽.

고홍근·김우조·박금표·최종찬, 『인도의 종파주의』, 한국외대 출판부, 2006.

김경학, 『인도문화와 카스트 구조』, 전남대 출판부, 2001

김도영, 『내가 만난 인도인』, 산지니, 2007 2쇄.

김도영, 『인도인과 인도문화』, 산지니, 2009 2쇄.

김선자, 『변신이야기』, 살림, 2004 2쇄.

김주희·김우조·류경희, 『인도여성 –신화와 현실』, 한국외대 출판부, 2005.

김현자, 『신화, 신들의 역사 인간의 이미지』, 책세상, 2004.

김형준 엮음, 『이야기 인도사』, 청아출판사, 1998 2쇄.

길희성, 『인도철학사』, 민음사, 1984.

남상욱, 『인도, 21세기 새로운 강자로 떠오르고 있다』, 일빛, 2000.

노영자 엮음, 『신화로 만나는 인도』, 부산외국어대 출판부, 2001 2판.

류경희, 『인도신화의 계보』, 살림, 2004 2쇄.

류성민, 『종교와 인간』, 한신대학교 출판부, 1997.

문을식, 『인도의 사상과 문화』, 여래, 2001.

민희식, 『법화경과 신약성서』, 불일출판사, 1986.

박금표, 『인도사 108장면』, 민족사, 2007.

박정석, 『카스트를 넘어서』, 민속원, 2007.

반고지 편, 『인도의 전통과 변화』, 현음사, 1992 3쇄.

백좌홈·이광수·김경학, 『내가 알고 싶은 인도』, 한길사, 1997.

서경수, 『인도 그 사회와 문화』, 현대불교신서 23, 동국대 역경원, 1992 재판.

서행정 외, 『인도의 사상가』, 한국외국어대 출판부, 2007.

유성욱, 『인도의 역사 Ⅰ』, 종교와 이성, 2007.

윤백중, 『인도 10억, 인도를 잡아라』, 삶과 꿈, 2006.

윤호진, 『무아 윤회문제의 연구』, 민족사, 1996 3쇄.

원의범, 『인도철학사상』, 집문당, 1983 4판.

이거룡, 『이거룡의 인도사원순례』, 한길사, 2003.

이거룡, 『아름다운 파괴』, 거름, 2005 3쇄.

이광수, 『인도는 무엇으로 사는가』, 부산외국어대 출판부, 2004 3쇄.

이광수 외, 『카스트 - 지속과 변화』, 소나무, 2002.

이병욱, 『인도철학사』, 운주사, 2008 2쇄.

이옥순, 『인도에는 카레가 없다』, 책세상, 1997 5쇄.

이옥순, 『여성적인 동양이 남성적인 서양을 만났을 때』, 푸른역사, 1999 2쇄.

이옥순, 『우리안의 오레엔탈리즘』, 푸른역사, 2003 2쇄.

이옥순, 『식민지 조선의 희망과 절망, 인도』, 푸른역사, 2006.

이옥순, 『인도에 미치다』, 김영사, 2007 2쇄.

이옥순, 『인도현대사』, 창비, 2007.

이은구, 『인도문화의 이해』, 세창출판사, 1999 3쇄.

이은구, 『힌두교의 이해』, 세창출판사, 2000 2쇄.

이은구, 『IT혁명과 인도의 새로운 탄생』, 세창미디어, 2003.

이은구, 『인도의 신화』, 세창미디어, 2003.

이지수, 『인도에 대하여』, 통나무, 2003 2판.

이태승, 『인도철학산책』, 정우서적, 2007.

장기근, 『중국의 신화 - 천지개벽과 삼황오제』, 범우사, 1997.

장지훈, 『한국고대 미륵신앙연구』, 집문당, 1997.

정병조, 『인도철학사상사』, 경서원, 1980 재판.

정병조, 『인도사』, 대한교과서주식회사, 1995 3판.

정승석, 『본 대로 느낀 대로 인도기행』, 민족사, 2000.

정태혁, 『인도철학』, 학연사, 1984.

징태혁, 『인도 종교칠학사』, 김영사, 1985.

조길태, 『인도사』, 민음사, 1997 3쇄.

조수동, 『인도철학사』, 이문출판사, 1997 3판.

차창룡, 『인도신화기행』, 북하우스, 2007.

한학성, 『영어공용어화, 과연 가능한가』, 책세상, 2004 3쇄.

홍대길, 『꿈틀대는 11억 인도의 경제』, 신구문화사, 2004.

홍세화, 『쎄느강은 좌우를 나누고 한강은 남북을 가른다』, 한겨레신문사, 2000 17쇄.

中村元 外 著, 김지견 역, 『불타의 세계』, 김영사, 1999 3판.

中村元 著, 김용식·박재권 공역, 『인도사상사』, 서광사, 1983.

早島鏡正·高崎直道 外, 정호영 옮김, 『인도사상의 역사』, 민족사, 1993 3쇄.

小西正捷 著, 인도사회연구회 번역, 『카스트의 세계』, 여래, 1992.

후지다 고다쓰 외 지음, 이지수 옮김, 『원시불교와 부파불교』, 대원정사, 1992 2쇄.

츠카모토 게이쇼(塚本啓祥) 지음, 호진·정수 옮김, 『아쇼카왕 비문』, 불교시대사, 2008.

스즈타니 마사오·스구로 신죠오 지음, 정호영 옮김, 『대승의 세계』, 대원정사, 1991.

스가누마 아키라 저, 문을식 역, 『힌두교입문』, 여래, 1994 2쇄.

山崎元一 著, 전재성·허우성 역, 『인도사회와 신불교운동』, 한길사, 1983.

후쿠오카 마사유키 지음, 김희웅 옮김, 『21세기 세계의 종교분쟁』, 국일미디어, 2001.

시마다 다카시 지음, 신현호 옮김, 『2시간 만에 이해하는 인도』, 국일증권경제연구소, 2002.

사카키바라 에이스케 지음, 정택상 옮김, 『인도를 읽는다』, 황금나침반, 2005.

리처드 워터스톤 지음, 이재숙 옮김, 『인도』, 창해, 2005.

존·M·콜러 지음, 허우성 옮김, 『인도인의 길』, 세계사, 1995.

스탠리 월퍼트 지음, 이창식·신현승 옮김, 『인디아, 그 역사와 문화』, 가람기획, 2000, 2쇄.

앤터니 기든스 지음, 김미숙 외 옮김, 『현대사회학(제3판)』, 을유문화사, 2001 3판 5쇄.

나레드라 자다브 지음, 강수정 옮김, 『신도 버린 사람들』, 김영사, 2008 47쇄.

D.N. 자 지음, 이광수 옮김, 『인도민족주의의 역사만들기: 성스러운 암소신화』, 푸른역사, 2004.

다니엘 핑크 지음, 김명철 옮김, 『새로운 미래가 온다』, 한국경제신문, 2007 수정1판.

람 샤란 샤르마 지음, 이광수 옮김, 『인도고대사』, 김영사, 1996 2쇄.

비람마·조시안·장-뤽 라신느 지음, 박정석 옮김, 『파리아의 미소』, 달팽이, 2004.

폴 브런튼 지음, 『인도 명상기행』, 정신세계사, 1998 3쇄.

베로니카 이온스 지음, 임웅 옮김, 『인도신화』, 범우사, 2004.

하인리히 침머 지음, 조셉 캠벨 엮음, 이숙종 옮김, 『인도의 신화와 예술』, 대원사, 1997 2쇄.

자닌 오브와예 지음, 임정재 옮김, 『고대인도의 일상생활』, 우물이 있는 집, 2004.

수와미 하르쉬아난다 지음, 김석진 옮김, 『인도의 여신과 남신』, 남평문화사, 1987.

가빈 플러드 지음, 『힌두교-사상에서 실천까지』, 산지니, 2008.

로버트 찰스 제너 지음, 남수영 옮김, 『힌두이즘』, 여래, 1996.

슈 헤밀턴, 고길환 옮김, 『인도철학입문』, 동문선 현대신서 163, 동문선, 2005.

장 피요자 지음, 『인도철학』, 한길크세쥬 20, 한길사, 2000.

R. 뿔리간들라 지음, 이지수 옮김, 『인도철학』, 민족사, 1991.

S.C. Chatterjee·D.M.Datta 지음, 김형준 옮김, 『학파로 보는 인도사상』, 예문서원, 1999.

하인리히 짐머 초록, 조셉 캠벨 엮음, 김용환 옮김, 『인도의 철학』, 대원사, 1992.

Mysore Hiriyanna 지음, 김형준 옮김, 『강좌 인도철학』, 예문서원, 1993.

라다크리슈난 지음, 이거룡 옮김, 『인도철학사 Ⅰ, Ⅱ, Ⅲ, Ⅳ』, 한길사, 1996, 1997, 1999, 1999.

김경학, 「인도의 카스트제도」, 『내가 알고 싶은 인도』, 한길사, 1997 2쇄.

김장겸, 「동남아문학에 나타난 인도서사시」, 『동남아 인도문화와 인도인사회』, 한국외국어대학교 출판부, 2001.

류경희, 「힌두교와 동남아 종교문화」, 『동남아 인도문화와 인도인 사회』, 한국외대 출판부, 2001.

서행정, 「인도의 라마야나와 동남아의 라마야나」, 『동남아 인도문화와 인도인사회』, 한국외국어대학교 출판부, 2001.

안옥선, 「화이트헤드의 종교와 신 개념에 대한 고찰」, 『천태사상과 동양문화』, 불지사, 1997.

이광수, 「인도의 다문화주의: 근대주의와 식민주의를 넘어서」, 『인도사에서 종교와 역사 만들기』, 산지니, 2006.

이광수, 「아리야인 인도기원설과 힌누민속수의」, 『인노사에서 종교와 역사 만들기』, 산지니, 2006.

이은구, 「힌두-무슬림의 종파적 갈등: 야요댜 사태를 중심으로」, 『인도의 오늘』, 한국외대 출판부, 2002.

정채성, 「현대 인도사회의 변화와 갈등: 카스트를 중심으로」, 『인도의 오늘』, 한국외대 출판부, 2002.

최종찬, 「인도의 언어와 사회」, 『인도의 오늘』, 한국외국어대출판부, 2002.

브리태니커 백과사전 '인도' 항목.

이병욱

1961년 서울에서 출생.

고려대학교 대학원 철학과에서 「천태지의 철학사상 논구」로 박사학위를 받았다. 현재 고려대, 중앙승가대, 동국대 평생교육원에서 강의하고 있다.

저서로 『불교사회사상의 이해』, 『천태사상연구』, 『고려시대의 불교사상』, 『에세이 불교철학』, 『인도철학사』, 『천태사상』, 『한국불교사상의 전개』 등이 있다.

한권으로 만나는 인도

초판 1쇄 발행 2011년 3월 25일 | 초판 3쇄 발행 2016년 8월 25일
지은이 이병욱 | 펴낸이 김시열
펴낸곳 도서출판 너울북

(02832) 서울시 성북구 동소문로 67-1 성심빌딩 3층

전화 (02) 926-8361 | 팩스 0505-115-8361

ISBN 978-89-956393-9-9 03910 값 13,000원

http://cafe.daum.net/unjubooks 〈다음카페: 도서출판 운주사〉